Julia Buchebner / Stefan Stockinger

Innen wachsen – außen wirken

Julia Buchebner / Stefan Stockinger

Innen wachsen – außen wirken

Eine nachhaltige Zukunft beginnt in uns selbst

ENNSTHALER VERLAG STEYR

Erklärung
Die in diesem Buch angeführten Vorstellungen, Vorschläge und Therapiemethoden sind nicht als Ersatz für eine professionelle medizinische oder therapeutische Behandlung gedacht. Jede Anwendung der in diesem Buch angeführten Ratschläge geschieht nach alleinigem Gutdünken des Lesers. Autor, Verlag, Berater, Vertreiber, Händler und alle anderen Personen, die mit diesem Buch in Zusammenhang stehen, können weder Haftung noch Verantwortung für eventuelle Folgen übernehmen, die direkt oder indirekt aus den in diesem Buch gegebenen Informationen resultieren oder resultieren sollten.

Mit dem Kauf dieses Buchs unterstützt du Klimaschutzprojekte der BOKU (Universität für Bodenkultur Wien), die in Ländern des Globalen Südens Treibhausgasemissionen einsparen und einen Beitrag zur Erfüllung der SDGs (Sustainable Development Goals, Ziele für nachhaltige Entwicklung) leisten.

www.ennsthaler.at

ISBN 978-3-7095-0131-3
Julia Buchebner/Stefan Stockinger · Innen wachsen – außen wirken

Ennsthaler Gesellschaft m.b.H. & Co KG, 4400 Steyr, Austria
Satz: Thomas Traxl
Grafiken: Stockinger/Buchebner
Covergestaltung: © Ernst Miesgang, www.ernstmiesgang.com
Druck und Bindung: PBtisk a.s.

FSC www.fsc.org
MIX
Paper from responsible sources
FSC® C004378

Inhalt

Vorwort

Jeden Tag erblicken rund um den Globus mehr als 200.000 Babys das Licht der Welt, mit einem lauten JA zum Leben. Und doch gehen zunehmend mehr Menschen mit einem inneren NEIN durchs Leben. Jeden Tag erhöht sich unser Wissen zur Errichtung einer nachhaltigen Zukunft. Und dennoch schreiten die ökologischen Zerstörungen wie Klimawandel, Artensterben oder die Verschmutzung der Ozeane immer rascher voran. Ist das nicht paradox? Und während der Klimawandel schon jetzt ganze Erdteile unbewohnbar zu machen droht, hat sich die nächste Krisenwelle bereits in Stellung gebracht: Gemäß der Weltgesundheitsorganisation (WHO) wird Depression schon 2030 die weltweit größte Krankheitslast mit sich bringen.

Die Welt brennt und die Menschen brennen aus – Zufall? Keineswegs. Denn der gemeinsame Nenner all dessen, von Klimawandel und Burn-out-Epidemie lautet Ausbeutung. Die Ausbeutung von Natur und Menschen zur Maximierung von Profit in einer zutiefst konkurrenzorientierten, neoliberalen Hegemonie. Eine Hegemonie, die schon seit vielen Jahrzehnten aufrechterhalten wird. Durch globale Propaganda, eine ständige Präsenz negativer Schlagzeilen, die zunehmende Isolation der Menschen zueinander und durch die scheinbare Freiheit andauernder Erreichbarkeit, die längst zum Gefängnis geworden ist.

Während die Folgen unserer aktuellen Wirtschaftspraxis auf die Natur weitgehend bekannt sind, ist dies bei den psychologischen und seelischen Auswirkungen noch nicht ganz der Fall. Doch auch diese sind hoch riskant für uns als Gesellschaft. So hat etwa unser ständiges Multitasking oft fatale Folgen für unser Gehirn. Denn dabei werden all unsere negativen Erinnerungen in den Arbeitsspeicher des Gehirns hochgeladen und wir kommen in einen getriebenen Zustand mit erhöhter Stressaktivierung. So fangen wir vieles an, machen wenig fertig und haben dadurch kaum reale

Erfolgserlebnisse. Die Frage »Wofür habe ich heute meine Energie verwendet?« ist deshalb Normalität geworden. Die Folgen für unsere Psyche sind eine Mischung aus Angst, Isolation und einem ausufernden Konsumverhalten als Ersatzbefriedigung für fehlende Erfolgserlebnisse und mangelnden Sinn des eigenen Tuns.

Menschen in diesem psychischen Zustand befinden sich oftmals in den sogenannten Bullshit-Jobs, wählen signifikant häufiger autoritäre und unsoziale Parteien und interessieren sich nicht für den Zustand unserer Welt. Zu all dem gesellen sich evolutionär bedingte Fehlannahmen des menschlichen Geistes. Dieser denkt nämlich linear und kann komplexe Systeme intuitiv nicht verstehen. Wenn etwas gut ist, muss mehr davon besser sein, so der Glaube. Doch stimmt dies in komplexen Systemen nie, und irgendwann wird mehr vom Guten dann schlechter. Mehr Kommunikation, mehr Besitz, mehr Konsum führen nicht zu einer besseren, freudvolleren und gesünderen (Innen-)Welt, sondern ins genaue Gegenteil.

In dieser Situation schließt das Buch von Julia Buchebner und Stefan Stockinger eine wichtige Lücke. Denn eine nachhaltige Entwicklung der Welt beginnt nicht durch politische Ankündigungen für das Jahr 2050, sondern vor allem beginnt sie in den Köpfen und Herzen von uns Menschen. Vom Zustand des Planeten als Spiegel unserer eigenen Befindlichkeit hin zur Vision eines umfassenden Wandels spannen sie dabei einen breiten Bogen. Sie führen uns in Gefilde, mit denen man beim Thema Nachhaltigkeit oft nicht in Berührung kommt. Wird doch nachhaltige Entwicklung zumeist anhand von Veränderungen der äußeren Welt gemessen – CO_2-Reduktion, Plastikverbot, nachhaltige Landwirtschaft und vieles mehr. Julia und Stefan hingegen spüren den Entstehungsbedingungen und der Entfaltung nachhaltiger Entwicklung im Innen nach.

Es mag zwar durchaus vorkommen, dass Veränderungen im Außen eine innere Veränderung nach sich ziehen. Doch auch äußere Entwicklungen wie Gesetze und Vorschriften haben letztlich immer ihren Ausgang in den Gedanken, Gefühlen und Haltungen von Aktivisten, Politikern oder anderen Menschen in entsprechender Vorbildfunktion. Wir landen also wieder im Innen.

Welche Werte werden uns in einer Gesellschaft vermittelt, in der sich alles um Äußerlichkeiten dreht? Wie wirkt sich das auf unsere emotionale Kompetenz, Empathie und Kooperationsfähigkeit aus? Welche Weltsicht erlangen wir, wenn wir bereits in der Schule möglichst alles auswendig lernen sollen und somit unauffällig an das hierarchische System angepasst werden?

Wird uns in den meisten Universitäten, Ausbildungszentren und Unternehmen nicht von vornherein abtrainiert, was echte Offenheit und Neugier überhaupt bedeuten? Und können wir als Gesellschaft in solch einem Umfeld überhaupt jemals wahrhaft erwachsen werden, unser Selbst herausbilden, ein selbstständiges Denken entwickeln und somit unsere soziale und ökologische Verantwortung übernehmen?

Diese und viele andere Fragen werden Julia und Stefan aufgreifen und von verschiedenen Seiten beleuchten. Die Autoren beschreiten mit uns einen systematischen Weg, der ganz unverfänglich beginnt, ehe er uns über unsere tiefsten Tiefen schließlich zu unseren höchsten Höhen führt und so – möchte man sagen – den Kreis gar nicht schließt, sodass wir dann wieder am Anfang stünden, sondern uns viel eher als Absprungrampe dient. Als Absprungrampe zur inneren Entwicklung und zur wirklichen Entfaltung dessen, was in uns steckt. In vollem Vertrauen darauf, dass sich in jedem von uns letztlich etwas Gutes entfalten möchte.

Am Beginn dieser Reise werden wir neugierig gemacht, unsere Wertehaltungen zu reflektieren und die Frage zu stellen, welche Werte im eigenen Verhalten zum Ausdruck kommen. Das ist wichtig, stellt doch das Bewusstsein über die eigenen Werte den ersten Baustein innerer Entwicklung dar.

Doch mit der Betrachtung von Werten gibt sich dieses Buch nicht zufrieden – danach geht es erst richtig los! In wahrer Ehrlichkeit vor uns selbst lernen wir auch unsere Schatten kennen und widmen uns unseren Verdrängungs- und Verleugnungsmechanismen. Angst vor Mangel, Angst vor Wertlosigkeit, vor Verletzt-Werden, vor Ausgrenzung, vor dem Scheitern. Nur wer seine Schatten kennt und umarmen lernt, kann emotional reifen, muss nicht mehr vor ihnen davonlaufen oder sie auf andere projizieren, sondern kann sie in sein Selbst integrieren. Und das schafft gleichsam die Basis für echte Empathie und eine Kultur der Menschlichkeit und des Miteinanders.

Nach dem Tal der Schatten sind wir schließlich bereit, mit Julia und Stefan in Höhen vorzudringen, die wir am Beginn des Buches noch gar nicht geahnt hätten. Geht es doch letztlich darum, zu erkennen, dass nichts unabhängig existiert. Wir sind zutiefst verbunden mit den Menschen in unserem Leben, mit dem, was uns unmittelbar umgibt, mit der Natur, mit allen Lebewesen und mit der allumfassenden Existenz allen Seins. Vorsicht an dieser Stelle vor »aufgeladenen« Worten wie »Schöpfung« oder »Spiritualität«. Sind sie doch nur Versuche, uns dem ewigen Rätsel unserer Existenz anzunähern, das wir doch niemals lösen können. Denn unser Leben, in dem alles, was wir wahrnehmen, nur in uns selbst passiert, in dem ständig wir selbst im Mittelpunkt stehen, kann uns auf wundersame Weise doch nur dann wirkliche Erfüllung und Geborgenheit geben, wenn wir unsere Verbindung mit allem anderen anerkennen, pflegen und verantwortungsvoll gestalten.

So zeigen uns Julia Buchebner und Stefan Stockinger in diesem wunderbaren Buch, wie wir zum Kern unseres Wesens vordringen können, um dann unsere Welt zu verändern. Und dies im Vertrauen darauf, dass das Beste in uns immer schon da ist.

Univ.-Prof. Dr. Wolfgang Lalouschek
Facharzt für Neurologie, Biologe, Systemischer Coach, Buchautor, Lehrstuhl für Psychosomatik an der Sigmund Freud Privatuniversität Wien, Gründer der Initiative planetYES für nachhaltige Entwicklung – *www.planetyes.com*

Wien, im März 2021

Praktische Hinweise

Wir Autoren sind seit 15 Jahren im Bereich der Nachhaltigkeit aktiv. In dieser Zeit ist uns eine Sache klar geworden: Die Welt von morgen braucht mehr als nur neue Technologien oder Gesetze. Sie braucht einen generellen Werte- und Bewusstseinswandel – und dieser beginnt zuallererst in uns selbst!

Da solch eine ganzheitliche Verwandlung aber nicht allein im Kopf stattfinden kann, haben wir in diesem Buch auch Elemente für das Herz und den Körper mit eingebaut. In jedem Kapitel findest du also Übungen (Ü) mit Fragen zur Selbstreflexion, Meditationsanleitungen und andere Körperübungen. Wir laden dich ein, diese Übungen in Ruhe durchzuführen, um den größten Nutzen aus diesem Buch zu ziehen und deiner eigenen Tiefe noch ein Stück näherzukommen. Wir haben die Übungen in vielfacher Weise sowohl mit Seminarteilnehmern als auch bei uns selbst angewandt und freuen uns, sie nun mit dir teilen zu dürfen.

Weiters möchten wir erwähnen, dass wir uns nach langen Überlegungen gegen eine geschlechterspezifische Differenzierung entschieden haben. Eine politisch korrekte Ansprache aller Geschlechter hätte viele Textstellen sehr sperrig klingen lassen und den Lesefluss unterbrochen. Wenn wir also von Pionieren sprechen, sind auch immer die Pionierinnen gemeint. Reden wir von Bürgern, so reden wir natürlich auch von den Bürgerinnen. Wir hoffen, dass du unserer Entscheidung für das generische Maskulinum Verständnis entgegenbringen kannst und dich auch als Frau oder als Mensch mit anderer Geschlechtsidentität in all unseren Texten angesprochen fühlst!

Nun wünschen wir dir eine spannende Lektüre. Solltest du im Anschluss unseres Buchs an der praktischen Vertiefung der Inhalte interessiert sein und uns zu einem Vortrag oder Seminar einladen wollen, so freuen wir uns über eine Kontaktaufnahme über den Verlag oder unsere Webseite *www.zukunftsalchemie.at.*

Für Mutter Erde und all ihre wundervollen Geschöpfe.
Für die Menschen und die Liebe in ihren Herzen.
Für alles, was unser Leben so schön und lebenswert macht.
Mögen wir mutig neue Wege gehen
und gemeinsam eine neue Zeit auf Erden einläuten.

TEIL I

Die Reise beginnt

1. Willkommen in der westlichen Welt

Hello, Hola, Bonjour – willkommen in der westlichen Welt!

Freu dich, du wurdest an einem der besten Orte in einer der besten Zeiten unserer gesamten Menschheitsgeschichte geboren. Kaum zuvor lebten so viele Menschen in einer so sicheren Umgebung mit beinahe endlosen Möglichkeiten und zudem genügend Zeit und Geld, diese auch nutzen zu können.

Wer fremde Länder besuchen will, steigt einfach ins Flugzeug und fliegt hin. Will man es dabei noch gemütlich haben, bucht man First Class. Braucht es diese Vielfalt auch im eigenen Zuhause, besorgt man sich Möbel, Kleider, Obst und Gemüse aus allen möglichen Weltregionen zum Spottpreis im Einkaufscenter um die Ecke. Und wem diese reale Welt noch immer nicht genügt, der steigt über die Virtual Reality in einen gänzlich neuen Erfahrungsraum jenseits aller Grenzen ein.

Uns geht es gut, zumindest gesamt gesehen. Und selbst wenn es uns nicht gut ginge, würden wir es wohl kaum merken. Denn wir haben gelernt, uns immer und überall zu vergleichen. Und solange es uns besser geht als irgendwelchen anderen, geht es uns irgendwie auch gut, oder?

Um auf Nummer sicher zu gehen, haben wir noch entsprechende Gradmesser entwickelt. Das Bruttoinlandsprodukt (BIP) ist ein solcher. Ist es gestiegen, geht es uns gut. Liegt das Wirtschaftswachstum höher als woanders, geht es uns gut. Haben wir ein neues Auto, Handy, Spiel oder Fitnessgerät, geht es uns gut. Sind diese Dinge dann noch eine Spur teurer, exklusiver oder auch preiswerter als die von jemand anderem, geht es uns manchmal sogar noch besser. Und weil sein Auto exklusiver war als ihr Auto, gleichzeitig das ihre aber preiswerter als das seine, sind alle zufrieden. Eine klassische Win-win-Situation, irgendwie jedenfalls.

Viele von uns leben also in dem Glauben, die bestmögliche Welt bereits erschaffen zu haben. Und weil uns dieser Glaube so viel wert ist, sind wir auch bereit, ihn um jeden Preis aufrechtzuerhalten. Doch dieser Preis wird immer höher. Für die Erhaltung unserer Wirtschaft bezahlen wir mit unserem Sozialsystem. Für den Luxus Tausender Konsumgüter bezahlen wir mit ständigen Umweltkatastrophen. Und für unsere Gesundheit bezahlen wir seit Corona sogar mit einer drastischen Einschränkung unserer Bewegungsfreiheit. Die Rechnung wird immer länger und unser Budget immer geringer, doch das scheint uns nicht zu stören. Selbst wenn uns immer mehr dämmert, dass unser westliches System womöglich doch nicht so genial ist wie angenommen, erscheint es uns noch immer besser als alle anderen Systeme. Und somit muss es auch erhalten bleiben, koste es, was es wolle!

Gefangen in diesem Glauben würden wir am liebsten ewig so weitermachen, und alles wäre »in Ordnung«. Wenn da nicht noch diese andere Welt wäre, die nicht-westliche. Trotz unseres Empfindens, es gehe uns besser als anderen, begreifen wir, dass es manch anderen gerade deshalb schlecht geht, weil es uns so gut geht. Keine neue Information, schon klar. Spätestens seit Social Media ist auch den Letzten unter uns bewusst geworden, dass unser westlicher Lebensstandard an anderen Orten oft zu verheerenden Problemen führt. Doch auch hierauf hatten wir lange Zeit die Antwort, dass wir unseren Lebensstil, unsere Werte und Güter einfach nur in die gesamte Welt exportieren sollten, und irgendwann würde es allen Menschen ebenso gut gehen wie uns im Westen. Schon wieder eine Win-win-Situation. Herrlich, zumindest in der Theorie.

1.1 Die Geschichte der äußeren Zerstörung

Die Praxis jedoch erzählt eine andere Geschichte, als oben beschrieben. Denn unser Planet, der als Grundlage für all diese Überlegungen dient, ist kein endloses Rohstofflager. Und damit er »funktioniert« und seine Leben spendenden Aufgaben überhaupt für uns übernehmen kann, braucht er ganz spezielle Bedingungen und auch jede Menge Platz und Zeit. Für unseren »Masterplan« –

siehe oben – bedeutet dies wiederum das Aus. Ein ewiges »Weitermachen wie bisher« ist also nicht möglich. Denn egal, wie gewieft das manche Ökonomen auch durchrechnen mögen, die Natur wird dabei nicht mitspielen. Unsere Ressourcen sind eine Limited Edition, Ende der Geschichte.

Beispiel Plastikverschmutzung

Um zu sehen, dass diese Geschichte langsam wirklich ihr Ende nimmt, braucht man nicht sonderlich weitsichtig zu sein. Nehmen wir als erstes Beispiel die seit Jahren heftig diskutierte Verschmutzung durch Plastik zur Hand. Vom Kleinkind bis zur Oma und vom Punk bis zur Konzernerbin sind sich quasi alle einig: Dieses künstliche Material schafft massive Probleme und wir müssen es in den Griff bekommen oder am besten durch Alternativen ersetzen.

Solch eine schöne Einigkeit hat man selten im Umweltbereich. Ein Grund dafür ist wohl, dass wir das Plastikproblem eher weit in der Ferne sehen und uns somit nicht so leicht gegenseitig die Schuld zuschieben können beziehungsweise müssen. Die Bilder in den Medien zeigen vor allem die verschmutzten Meere und Flüsse in Asien. Und jeder, der schon einmal in Indien am Ganges entlangging oder in Bali zur falschen Zeit bei der falschen Strömung das Meer besucht hat, weiß, dass die Bilder nicht lügen. Auch vor der pazifischen Küste der USA tummelt sich ein riesiger Müllstrudel. Der sogenannte Great Pacific Garbage Patch ist der größte seiner Art und hat mittlerweile eine Fläche erreicht, die 19 Mal so groß ist wie Österreich.[1] Wer sich zuvor noch gefragt hat, warum wir vom »Ende der Geschichte« sprechen, der hat hier eine erste Antwort.

Apropos Österreich. In der schönen Alpenrepublik haben wir das Plastikproblem ja im Griff, oder? Obwohl wir uns gerne als Recycling-Weltmeister bezeichnen, fällt die Bilanz dann leider doch nicht so gut aus. Im Jahr 2015 benötigte die Herstellung von Kunststoffen mehr als 1,1 Millionen Tonnen Rohstoff. 96 Prozent davon wurden über Erdöl gedeckt. Gerade einmal vier Prozent kamen von recyceltem Regranulat bzw. erneuerbaren Alternativen.[2] Bedenkt man, dass wir seit mehreren Jahrzehnten brav unseren Müll trennen und entsorgen, kommt man zu dem Schluss, dass unser derzeitiges Recycling seine Grenzen hat und nur einen geringen Teil zur Lösung des Problems beitragen kann. Und wen wundert's: Plastik ist nicht nur Bestandteil von Tragetaschen oder Getränkeflaschen, es ist überall! Kaum ein Elektrogerät, Haushaltsartikel oder Baustoff kommt ohne Plastik aus. Mehr als 60 Prozent aller Textilien bestehen teilweise oder gänzlich aus Polyester. All unsere Lebensmittel sind in Kunststoff verpackt, und selbst die meisten Kosmetika enthalten mittlerweile Mikroplastik. Kurz gesagt, wir schmieren uns Erdöl auf die Haut und finden das obendrein noch sexy. Und auch wenn das allein schon verrückt klingen mag, ist es in diesem Fall nicht das eigentliche Problem. Das entsteht erst später. Denn irgendwann waschen wir das Zeug wieder vom Körper ab, wodurch es in den Kanal gelangt, der wiederum in einen Fluss mündet, und somit landet das Mikroplastik schließlich nach langer Reise im Meer. Laut Schätzungen kommt allein im Mittelmeer bereits auf zwei Plankton-Lebewesen ein Teilchen Mikroplastik.[3]

Und hier im Meer wird es so richtig spannend, denn auf unserer Erde läuft alles in Kreisläufen ab. Anders ausgedrückt: »All you ever do is coming back to you« (Man bekommt im Leben alles zurück). Wenn Meereslebewesen wie Fische oder Muscheln das Mikroplastik in sich aufnehmen und wir sie daraufhin verspeisen, schließt sich der Kreislauf wieder und das Mikroplastik kommt zurück zum Verursacher, dem Menschen. Dieses Mal allerdings nicht auf der Haut über Kosmetika oder Kleidung, sondern gleich direkt in den Körper. Klingt alarmierend, oder? Doch obwohl wir pro Woche im globalen Durchschnitt fünf Gramm Mikroplastik über das Trinkwasser, die Luft und die Nahrung zu uns nehmen, gibt es offenbar keinen Grund zur Sorge.[4]

Die Weltgesundheitsorganisation (WHO) hat 2019 verkündet, dass Mikroplastik im Körper derzeit kein Problem darstelle.[5] Und hört man den ausführenden Organen bei ihren Reden zu, so beschleicht einen das Gefühl, dass selbst die Plastikverschmutzung zum Teil des großen Plans gehören muss. Denn solange es sich ökonomisch rechnet, nehmen wir die Verschmutzung von Natur und

Körper offenbar gern in Kauf. Wir können beides ja wieder säubern, sobald sich auch das ökonomisch rechnet. Streng genommen muss es sich also auch hier wieder um eine Win-win-Situation handeln. Wenn mit der Verschmutzung wie auch mit der anschließenden Säuberung etwas verdient werden kann, ist alles in Ordnung.

Wir scheinen nämlich immer noch einem mechanistischen Weltbild zu folgen, wonach auf unserem Planeten alle Vorgänge wiederholbar und reversibel sind. Was auch immer wir zerstören, kann auch wieder repariert werden, so der Glaube. Und diese Sichtweise prägt nicht nur unsere politischen Gremien und Organisationen, auch in weiten Teilen der Bevölkerung hält sie sich nach wie vor. In diesem Denken ist die Natur wie eine Maschine, unbelebt und beliebig steuerbar, frei nach den Wünschen jener Spezies, die sich diese Weltsicht ausgedacht hat. Und so fahren wir – völlig entspannt – gegen eine Wand und wissen dies sogar. Glauben jedoch, diese Wand kurz vor dem Aufprall noch aus dem Weg räumen zu können. Das heißt, sofern es sich ökonomisch rechnet ...

Beispiel Artensterben

Ein weiteres großes Thema, das in den vergangenen Jahren mächtig für Schlagzeilen gesorgt hat und selbst hartgesottene Sitzenbleiber vom Sessel heben könnte, ist der Verlust der Biodiversität. Alle zehn Minuten stirbt auf unserer Erde eine Art aus![6] Wir befinden uns somit bereits im sechsten Massensterben in der Geschichte unseres Planeten. Entgegen dem letzten Massensterben können wir diesmal aber keinen Meteoriten als Verantwortlichen heranziehen, sondern müssen uns selbst an der Nase nehmen. Und bevor wir wieder in die Ferne schweifen und dem Artensterben im Amazonas unsere Aufmerksamkeit schenken, sollten wir lieber bei uns zu Hause beginnen. In Deutschland etwa fanden Hobbyforscher heraus, dass der Insektenbestand in den letzten dreißig Jahren um achtzig Prozent zurückgegangen ist. In Österreich sind alle Reptilien- und Amphibienarten entweder auf der Roten Liste oder auf einer Vorwarnstufe dazu. Und auch die Schweiz zählt mehr als 4900 bedrohte Tierarten.[7] Mechanistisch gesehen kann man diesen

Zahlen natürlich entgegnen, dass das Aussterben der Rumpelstilzchen-Zwergheuschrecke keine Bedrohung für uns Menschen darstellt. Deshalb lassen wir diese stampfende Zwergheuschrecke mal außer Acht und beginnen mit einer altbekannten Artgenossin, der Biene.

»Stirbt die Biene aus, so haben wir Menschen nur noch fünf bis zehn Jahre zu leben.« Immer wieder erschüttern uns Wissenschaftler mit solch haarsträubenden Thesen. Auch wenn wir Autoren dieser Drastik nicht ganz zustimmen, ist uns das Thema sehr wichtig, denn auch wir wollen in Zukunft nicht nur Brot mit Kartoffeln und Reis essen. So ähnlich könnten nämlich unsere Mahlzeiten in einer Zukunft ohne Bienen aussehen. Immerhin sind die bestäubenden Insekten, allen voran die Biene, für etwa ein Drittel all unserer Ernteerträge verantwortlich. Ohne Bienen gäbe es also kaum noch Äpfel, Birnen, Erdbeeren, Zwetschgen, Melonen, Kaffee, Kürbisse, Karotten, Zwiebeln oder auch Bohnen. Dies würde zudem unsere Versorgung mit Proteinen, Vitaminen, Mineralstoffen und Spurenelementen, wie etwa Eisen, massiv beeinträchtigen. Außerdem würden die Blühpflanzen verschwinden und unsere Landschaft würde noch ein Stück kahler werden, als sie es ohnehin bereits ist.

Anhand der Biene sieht man also schon sehr gut, wie sehr wir Menschen von der Natur abhängig sind. Bedenkt man nun, dass neben der Varroamilbe die Pestizide, vor allem die Klasse der Neonicotinoide, stark zum Bienensterben beitragen, wird die Kehrseite unserer wechselseitigen Abhängigkeit sichtbar. Und auch wenn die Pestizidhersteller ihre Verantwortung gern herabspielen, ist vielen Menschen langsam klar geworden, dass sich in unserem Umgang mit der Natur etwas ändern muss. Das Bienensterben hat uns hierbei ungewollt geholfen, weil es direkt vor unserer Haustür stattfindet und somit einen größeren Einfluss zu haben scheint als andere Umweltprobleme: Wenn der Imker oder die Imkerin aus der Nachbarschaft ihre Völker verlieren, brennt sich das in unseren Köpfen ein – und zwar stärker, als wenn ein Fisch in den Weiten des Mittelmeers an Plastik zugrunde geht.

Beispiel Klimawandel

Ein weiteres globales Thema, das uns wohl wie kein anderes im 21. Jahrhundert prägen wird, ist der Klimawandel. Solltest du womöglich gedacht haben, wir könnten zur Nische jener gehören, die den Klimawandel ablehnen oder gar leugnen, müssen wir dich enttäuschen. Wir sind seit über einem Jahrzehnt im Bereich der Nachhaltigkeit tätig und deshalb kommt für uns die Leugnung des Klimawandels in etwa dem Glauben gleich, die Erde wäre eine Scheibe. Abgesehen von ein paar Astronauten kann niemand wirklich sagen, dass unsere Erde rund ist, dennoch erscheint alles andere de facto unmöglich und alle Forschungsergebnisse und Bilder sprechen dieselbe Sprache. Somit gibt es bei diesem Thema schon lange eine breite Einigkeit: Die Erde ist keine Scheibe, Punkt. Auch beim Klimawandel gibt es – glücklicherweise – eine ebensolche Einigkeit. Dass sich das Klima auf unserer Erde über die Zeit hinweg immer verändert hat, wissen wir schon lange. Dass dies derzeit ungewöhnlich schnell passiert und durch uns Menschen verursacht wird, wurde dann im 20. Jahrhundert entdeckt.

In den 1950er-Jahren konnten die Klimaberechnungen erstmals mit Computern unterstützt werden, und seit den späten 1960er-Jahren fließen die Messungen von Satelliten in die Klimatologie mit ein. Eine breite Forschung, auch seitens der Ölkonzerne, gab es in den 70er- und 80er-Jahren. 1988 wurde schließlich das IPCC (Intergovernmental Panel on Climate Change) – der Weltklimarat – gegründet. Dies war zugleich der Zeitpunkt, als die Klimaproblematik auf breiter Ebene erkannt wurde und die Ölfirmen begannen, im großen Stil ihre eigenen Forschungsergebnisse zu leugnen und viele Millionen für Desinformationskampagnen auszugeben.[8] Dazu mehr in einem späteren Kapitel.

Neu ist das Phänomen Klimawandel also schon lange nicht mehr und wir können bei seiner Beschreibung auf weit über fünfzig Jahre Forschungsergebnisse zurückgreifen. Mithilfe von Eisbohrkernen können wir heute genaue Informationen über das Klima der vergangenen Jahrtausende gewinnen. Abbildung 1 zeigt uns dazu, wie sich die Konzentration von Kohlendioxid in der Erdatmosphäre im

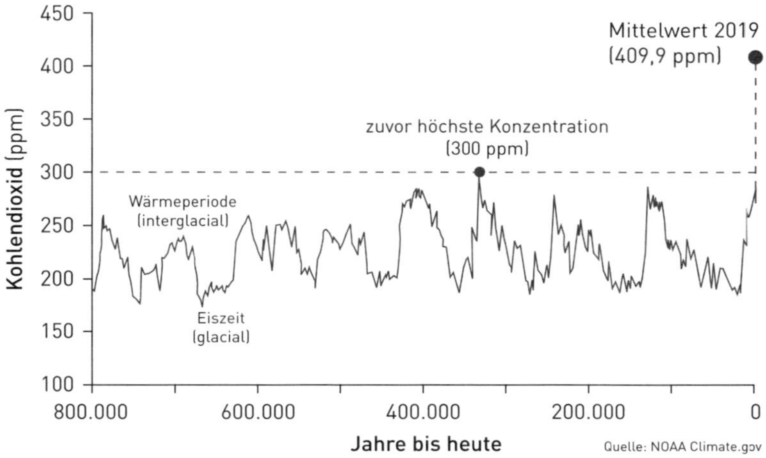

Abb. 1: Der CO_2-Gehalt unserer Atmosphäre in den vergangenen 800.000 Jahren.[9]

Lauf der Zeit verändert hat. Demzufolge gab es die aktuelle CO_2-Konzentration in den vergangenen 800.000 Jahren, ja wahrscheinlich sogar drei Millionen Jahren, nicht!

Der starke Anstieg anthropogener Treibhausgasemissionen, hauptsächlich angetrieben durch das Wirtschafts- und Bevölkerungswachstum seit Beginn der Industriellen Revolution, hat in weiterer Folge auch zu einem Anstieg der globalen Erdtemperatur geführt. So wissen wir heute, dass die Temperatur im globalen Mittel um etwa 1 °C im Vergleich zum vorindustriellen Niveau angestiegen ist. Für Europa war das Jahr 2018 mit einem Anstieg um 1,78 °C das bisher heißeste in der Messgeschichte.[10] Auf unserem Kontinent haben wir mittlerweile vier Jahre in Folge die Ein-Grad-Grenze überschritten[11], und seit den 1970er-Jahren war jedes Jahrzehnt wärmer als das vorherige[12]. Generell war es noch nie während der letzten 2000 Jahre – und sehr wahrscheinlich auch noch nie im Lauf der menschlichen Zivilisation – so warm wie heute.[13]

Nicht nur die wissenschaftlichen Ergebnisse sprechen diese Sprache, auch in unserem Alltagsleben ist dieser Wandel spürbar. Dass die Pegelstände großer Flüsse in den vergangenen Jahrzehnten gesunken sind, ist nichts Neues. In den letzten Sommern kam es durch die extremen Dürreperioden dazu, dass sie noch einmal deutlich weniger Wasser führten als sonst und sogar die Schifffahrt eingestellt werden musste. 2018 etwa hatte der Rhein als Deutschlands wichtigste Wasserstraße bei Düsseldorf zeitweise nur noch eine Fahrwassertiefe von weniger als zwei Metern.[14] Neben dem Wasserverkehr musste in diesem Jahr auch die Landwirtschaft starke Einbußen hinnehmen. Die Hektarerträge deutscher Landwirte lagen bei Getreide um 16 Prozent niedriger als in den Vorjahren, und wer im damaligen Sommer per Auto oder Bahn quer durch Mitteleuropa unterwegs war, konnte sich von den vertrockneten Feldern selbst überzeugen.[15]

Neben den Feldern hat auch unser geliebter Wald massive Probleme mit den veränderten Temperaturen der letzten Jahrzehnte. Unsere hochgezüchteten Fichtenwälder wollen es eigentlich kühl und sondern bei zu starker Hitze ein Stresshormon ab, das wiederum den Borkenkäfer anlockt. In einer Monokultur voll von Fichten hat dieser dann ein leichtes Spiel und kann binnen einer Saison ganze Waldstriche dem Erdboden gleichmachen. Auch deshalb, weil er sich aufgrund längerer Wärmeperioden jährlich einmal mehr fortpflanzen kann, als dies früher der Fall war.

Unsere Normalität ist eine Krise

Klimawandel, Artensterben und Plastikverschmutzung sind nur drei von vielen Dutzenden Beispielen, die bezeugen, wie wir Menschen auf die Natur Einfluss nehmen und sie schädigen oder irreversibel zerstören. Im Anthropozän, dem Erdzeitalter des Menschen, haben wir bereits sieben von neun planetaren Grenzen überschritten und damit die Stabilität und Resilienz unserer Ökosysteme massiv gefährdet.[16] Wer behauptet, dass unsere Normalität auch ohne Coronavirus einer einzigen Krise gleicht, der liegt also gar nicht so falsch.

Lange Zeit haben wir Menschen uns eingeredet, dass ökologische Probleme nur rein ökologische Folgen mit sich bringen und uns deshalb nicht unmittelbar zu kümmern brauchen. Somit wurde der Schutz der Natur eher als Benefit denn als Notwendigkeit, geschweige denn als etwas Selbstverständliches gesehen. In der Realität haben ökologische Probleme aber immer auch soziale und wirtschaftliche Auswirkungen zur Folge und betreffen uns damit ganz direkt. Als etwa die Ölbohrplattform Deepwater Horizon im Golf von Mexiko nach einer Explosion versank, zerstörten die 800 Millionen Liter an austretendem Erdöl nicht nur das dortige Ökosystem.[17] Auch Tausende von Fischern verloren ihre Existenz und der Tourismus und viele zuliefernde Betriebe mussten schließen.[18]

Wenn heute immer mehr Menschen aufgrund von Trockenheit, Unfruchtbarkeit, Wassermangel oder Waldrodung ihre bäuerliche Lebensgrundlage verlieren, dann machen sie sich auf und flüchten in andere Länder. Dies führt zu massiven Problemen in überfüllten Flüchtlingscamps und in der Folge auch zu sozialen Spannungen in unserer Gesellschaft, die, einfach formuliert, mit fremden Kulturen meist nicht wirklich umzugehen weiß.

Ökologische Katastrophen sind also eng mit sozialen und wirtschaftlichen Problemen verflochten und können zu Hunger, Armut, globaler Ungerechtigkeit oder im schlimmsten Fall zu gewalttätigen Auseinandersetzungen führen. Und was lange Zeit scheinbar nur auf fremde Länder zutraf, setzt sich mittlerweile auch bei uns immer weiter durch. Unser hiesiges Bienensterben führt auch zum Imkersterben und das wiederum bedroht die Existenz der ohnehin ständig unter Stress stehenden Landwirte. Der Borkenkäfer rodet nicht nur unsere Wälder, er führt auch viele Waldbesitzer in den Ruin. Und unsere durch Stickoxide und Feinstaub belastete Luft führte allein 2016 zu mehr als 400.000 Todesfällen innerhalb der EU.[19]

All diese Dinge wissen wir und finden sie bedenklich, tragisch oder sogar gefährlich. Doch gleichzeitig ist dies eben auch unsere akzeptierte Normalität. Solange es aber normal ist, unser Land in einzelne Monokulturen zu verwandeln, unsere Felder mit Gift zu bespritzen und unsere Luft mit Dutzenden Abgasen zu verunreinigen, so lange wird sich auch nichts ändern. Und so wird diese Normalität noch zu vielen weiteren Krisen führen und irgendwann unsere eigene Existenz bedrohen.

Wie aber könnte unsere Welt aussehen, wenn wir beginnen würden, diese geltende Normalität von ihrem hegemonialen Thron zu stoßen? Was wäre, wenn es ein neues »Normal« gäbe, das unsere Lebensgrundlagen nicht langfristig ruiniert? Und was, wenn es an uns läge, diese neue Normalität zu erschaffen?

1.2 Der globale Zustand als Spiegel unserer selbst

Im 21. Jahrhundert ist es die große Herausforderung unserer Spezies, wieder in Einklang mit der Natur zu kommen und sie in all unserem Tun mit zu bedenken. Damit uns dies als Kollektiv gelingt, braucht es die Anstrengung und Veränderung von jedem Einzelnen von uns. Wie wir bereits gesehen haben, ist unser Umgang mit der Natur eher von Zerstörung denn von Respekt und Miteinander geprägt. Die Verbindung zur Natur ist uns über weite Bereiche abhandengekommen, und viele Menschen haben darüber hinaus auch die Verbindung zu sich selbst verloren.

Könnte es also sein, dass es Parallelen gibt zwischen der Art, wie wir mit der Erde umgehen, und der Art, wie wir mit uns selbst umgehen? Könnte es sein, dass wir Menschen ähnlich kränkeln wie unser gesamter Planet? Wäre es möglich, dass der Zustand der Welt lediglich ein Spiegel für den inneren, geistigen und emotionalen Zustand der Menschheit ist? Wir sehen ein paar spannende Parallelen, die wir im Folgenden näher beleuchten wollen.

Burn-out im Menschen, Burn-out in der Natur

Beginnen wir mit der immerzu produktiven Marktwirtschaft. Ob diese wirklich produktiv ist, sei dahingestellt. Fakt ist, sie will es sein! Und da uns in unserer Kurzsichtigkeit nichts Produktiveres einfällt als eine Maschine, haben wir die gesamte Arbeitswelt auch entsprechend diesem Maschinen-Denken gestaltet. Nicht nur das, wir haben es sogar so weit gebracht, dass sich der heutige Mensch seine eigene Daseinsberechtigung erst verdienen muss. Es scheint, als wären wir nur dann wertvoll, wenn wir funktionieren, uns zu Tode arbeiten und dabei irgendetwas produzieren.

Mit diesem maschinellen »Funktionieren« in der Arbeitswelt geht die Tatsache einher, dass wir auch gesellschaftlich funktionieren müssen. Wir sollen brav sein, zur Arbeit gehen, unser Geld verdienen und es am besten allen anderen recht machen. Ob wir es dadurch auch uns selbst recht machen, steht oft nicht zur Debatte. Solche Bestrebungen beschreiben Psychotherapeuten wie der Deutsche Wolf Büntig als eine Dynamik, die man an der Basis aller psychosomatischen Krankheiten sieht.[20] Und dass diese vor allem in der Arbeitswelt immer stärker zunehmen, ist seit dem Massenphänomen Burn-out kein Geheimnis mehr.

In einer 2019 veröffentlichten Studie mit rund tausend Erwachsenen wurde festgestellt, dass 19 Prozent der österreichischen Bevölkerung zumindest erste Anzeichen dieser Störung aufweisen, 17 Prozent sich in einem Übergangsstadium befinden und 8 Prozent als erkrankt gelten.[21] Die Studienautoren erklären ferner, dass sich gemäß ihrer Forschung nur rund die Hälfte, 52 Prozent, als gesund betrachten können. Unser aktueller Umgang mit Arbeit lässt uns also ausbrennen und macht uns im schlimmsten Fall sogar krank. Zur Erklärung: »Ein Burn-out ist ein emotionaler, geistiger und körperlicher Erschöpfungszustand nach einem vorangegangenen Prozess hoher Arbeitsleistung, Stress und/oder Selbstüberforderung.«[22]

Die Analogie zur Natur ist in diesem Fall recht einfach zu sehen. Auch unser Planet leidet an einer Art Burn-out. Unser hohes, krank machendes Arbeitspensum führt natürlich auch zu einer dauerhaften Produktion aller möglichen Güter und dies wiederum zur Erschöpfung des Planeten. Die nachwachsenden wie auch die nicht nachwachsenden Ressourcen erschöpfen sich, die fruchtbaren Böden gehen zur Neige und die meisten Ökosysteme stehen, ebenso wie wir Menschen, ständig unter Stress.

Gerät ein Mensch ins Burn-out, so ist er gut beraten, sich erst einmal völlig zurückzuziehen und eine längere Auszeit zu nehmen. Auch eine mehrwöchige Kur in einer entsprechenden Klinik wird als sinnvolle Maßnahme genannt. Zusätzlich ist ein genereller Lebenswandel vonnöten, soll dieser Zustand nicht einige Jahre später erneut auftreten. Um dies zu begreifen, braucht man in der Regel kein Arzt zu sein. Der gesunde Menschenverstand reicht hierfür völlig aus.

Leider reicht dieser Menschenverstand meist nicht weit genug, um auch der Natur eine solche Auszeit zu gewähren. Gerade unsere Ökosysteme bräuchten dringend Zeiten der Ruhe, um nicht ins Burn-out zu geraten. Viele davon haben Tausende Jahre benötigt, um entstehen zu können und eine Vielfalt hervorzubringen, die wir an manchen Orten glücklicherweise noch immer zu sehen bekommen. Diese Vielfalt wird bald schon verschwinden und zahlreiche Ökosysteme werden sich nie wieder von ihren Beschädigungen erholen können. Ebenso wie jene Menschen, die ihre Symptome zu lange ignorieren und irreversible Schäden an Körper und Geist erfahren.

Ein Verständnis für die Ruhezeiten der Natur fehlt im gesellschaftlichen Bewusstsein jedoch meist gänzlich. Die einzigen Auszeiten, die unsere Erde in den vergangenen zwanzig Jahren erlebt hat, waren die Wirtschaftskrise rund um 2009 und die Coronakrise ein Jahrzehnt später. In diesen Zeiträumen lässt sich sogar anhand wissenschaftlicher Kennzahlen darstellen, dass eine kurzfristige Erholung auf unserem Planeten stattfand. So wanderte in diesen Zeiten etwa der »Welterschöpfungstag«, an dem die menschliche Nachfrage nach nachwachsenden Rohstoffen die Kapazität der Erde zur Reproduktion dieser Ressourcen übersteigt, weiter nach hinten.[23] Darüber hinaus kennen wir vermutlich alle die im April 2020 aufgenommenen Bilder aus Venedig, wo die sonst dauerbefahrenen Kanäle wegen der Ausgangsbeschränkungen einmal leer blieben, wieder klares Wasser führten und von zahlreichen Fischen und Schwänen besiedelt wurden. Oder die Luftbilder aus Frankreich, Spanien und China, wo der Ausstoß von Stickoxiden aufgrund der Corona-Maßnahmen im Vergleich zum Vorjahr drastisch zurückging.

Da wir nun aber wieder alles daransetzen, weitermachen zu können wie zuvor, war diese Erholung nur eine kurze Verschnaufpause für Mutter Erde. Verglichen mit dem menschlichen Burn-out war es wohl wie ein Wochenendtrip in den Wald, nach dem man am Montag pünktlich um 7 Uhr wieder zur Tat schreitet – um sich selbst und dem Planeten den Rest zu geben.

Der kollektive Pillenwurf

Nicht nur bei psychischen Symptomen wie dem Burn-out gibt es Analogien zwischen dem planetaren Zustand und uns selbst. Auch beim Umgang mit unserem Körper können wir das Ausmaß unseres Irrwegs gut sehen. Ein wacher Mensch weiß, dass ein gesunder Körper nur dann ein solcher bleibt, wenn man ihn täglich pflegt. Zu dieser Pflege gehören neben einer guten Work-Life-Balance und einer ausgewogenen Ernährung vor allem auch regelmäßige Bewegung, Sport, Meditation oder andere körperliche Betätigungen. Und da der Gesundheitsmarkt gerade Hochkonjunktur hat, hat diese Entwicklung schon zahlreiche Köpfe unserer geliebten Spezies erreicht.

Gleichzeitig gibt es immer noch zu viele von uns, die von all dem entweder nicht viel halten oder aber noch nichts mitbekommen haben. Sozialisiert nach einem veralteten Weltbild, behandeln sie ihren Körper so, als wäre er eine Maschine. Brummt das Köpfchen, gibt's Tablette Nummer eins, bei Magenbeschwerden die zwei, im Grippefall dann Pille Nummer drei, Tablette Nummer vier hilft bei Mangel an Vitamin D und die fünfte lässt die Muskeln schneller wachsen. Dem nicht genug, wird bei Beschwerden aller Art zur Sicherheit noch eine Reihe Antibiotika nachgelegt, frei nach dem Motto: »Hilft es nicht, dann schadet's auch nicht.«

Dass ein gesunder Mensch bei entsprechender Lebensführung über weite Lebensstrecken fast zur Gänze ohne Medikamente auskommen kann, ist vielen nicht einmal mehr bewusst. Zu sehr hat sich der Griff zur Pillenschachtel in unser Bewusstsein eingebrannt. So leben viele von uns ihr Leben unachtsam vor sich hin – im guten Glauben, dass es für alles, was kommt, die passende Tablette geben wird. Und wenn nicht, dann setzt sich dieses

Spielchen im Krankenhaus eben fort. Bis man irgendwann doch mal in die Grube fährt.

Im Bereich der Nachhaltigkeit lässt sich eine analoge Geschichte erzählen. Obwohl wir in manchen Bereichen schon erkannt haben, dass ein Umdenken dringend nötig ist, betreiben wir dies bestenfalls halbherzig. Auch im Umgang mit unserer Natur hat sich ein Verhalten eingestellt, das einem kollektiven Tabletteneinwerfen ähnelt.

Eine wache Gesellschaft denkt die Natur als ihren Leben spendenden Körper bei all ihren Handlungen von vornherein mit. Von einem wachen Zustand sind wir derzeit jedoch weit entfernt. Wir schädigen uns und unseren Heimatplaneten in dem irrwitzigen Glauben, dass es auch in diesem Fall für alle Probleme die passende Tablette geben wird. Anstatt etwa unsere fossilen Heizsysteme vollständig auf umweltfreundliche Alternativen umzustellen, entwickeln wir lieber immer neue Filter für unsere Schornsteine. Anstatt das Müllproblem an der Wurzel anzugehen, bauen wir immer bessere Müllanlagen. Und anstatt unseren Fleischkonsum und damit unsere Treibhausgase zu reduzieren, entwickeln wir Mundschutzmasken für Kühe. Nicht wegen Corona, sondern um die Methangase aus den Rindermäulern ein klein wenig zu reduzieren. Diese Gummimasken sind mit solarbetriebenen Ventilatoren versehen und sollen die Ausatmungen der Tiere in eine Kammer leiten und dort unschädlich machen.[24]

Auch wenn viele dieser Ideen sicherlich einer guten Absicht entspringen, beschäftigen sie sich einzig und allein mit der Bekämpfung des Symptoms und werden das Problem somit nie lösen können. Das ist schade, denn für viele Probleme gäbe es bereits sehr vielversprechende Alternativen, die wirklich einen Unterschied machen könnten. Für die Schonung der Ökosysteme gibt es die biologische Landwirtschaft, für den gerechten Handel haben wir das Fair-Trade-System eingeführt, und das Verkehrsproblem löst sich womöglich über eine Stärkung der öffentlichen Verkehrsmittel mit gleichzeitigem Carsharing von Elektroautos mit Strom aus PV-Anlagen.

Dank unzähliger Pioniere haben wir in den letzten Jahrzehnten neue Möglichkeiten entwickelt, wie eine zukunftsfähige Gesellschaft aussehen könnte und wie wir die ökologische Krise in den Griff bekommen. Würden wir diese Ideen als Masterplan verstehen, so könnten sie tatsächlich die Gesundung unserer Erde vorantreiben. Doch leider verwenden zu viele von uns diese neuen Möglichkeiten nur als Tablette für zwischendurch.

Als Geschenk kauft man seinen Liebsten gern mal die Pralinen in Bioqualität, im Alltag bleibt man bei jenen vom Diskonter. Eine Spende für den brasilianischen Regenwald ist immer drin, bei der Verhandlung mit den Bauern muss man aber doch die Preise drücken, um seine Boni zu erhalten. Und auch wenn man im Alltag mal gern aufs Auto verzichtet, so ist der jährliche Städtetrip über den Atlantik einfach ein Muss. Manchmal kaufen wir auch Öko-Schuhe, regionales Biogemüse, lassen die Eckbank vom örtlichen Tischler bauen und genießen die Firmenfeier am Bauernhof in der Region. Beim großen Rest unserer Lebenszeit heißt es dann halt doch wieder business as usual.

Man könnte diese Beispiele endlos weitertreiben und würde zu dem Schluss kommen, dass wir in Mitteleuropa zu einer Art Wochenend-Ökos geworden sind. Überall, wo es leicht geht, sind wir bereit, Abstriche für die Natur zu machen. Überall dort, wo nur eine kleine Tablette zu schlucken ist, tun wir dies gern, der Umwelt zuliebe. Der große Bewusstseinswandel sieht aber anders aus. Darum lass uns doch einmal ausmalen und untersuchen, wie ein echter und tiefgreifender Wandel aussehen könnte!

1.3 Die Vision eines umfassenden Wandels

Nachhaltigkeit bedeutet, Ökonomie, Ökologie und Soziales miteinander in Einklang zu bringen und heute das Leben so zu führen, dass die Lebensgrundlagen zukünftiger Generationen nicht gefährdet und dauerhaft erhalten werden. Leider ist unsere Lebensweise von solch einer Nachhaltigkeit weit entfernt. Wenn uns die vorigen Kapitel eines klargemacht haben sollten, dann, dass die missliche Lage, in der wir uns heute global befinden, nach mehr als nur Korrekturmaßnahmen verlangt. Kleine, punktuelle oder symptomorientierte Rettungsaktionen sind zwar wichtig, reichen aber einfach nicht aus, um eine zukunftsfähige und dauerhaft lebenserhaltende Gesellschaft zu verwirklichen.

Was wir heute vielmehr brauchen, ist eine Nachhaltigkeit, die als ganzheitlicher und umfassender Wandel in Erscheinung tritt. Ein Wandel, der alle Bereiche der Gesellschaft berührt: die Spielregeln und Funktionsweisen unserer Wirtschaftskreisläufe und Arbeitswelten; die Gestaltung unseres gesellschaftlichen und sozialen Zusammenlebens; die Fragen von Verteilungsgerechtigkeit im Hinblick auf Chancen, Macht und Kapital; die Art, wie wir demokratische und partizipatorische Prozesse in der Politik einsetzen; das Selbstverständnis, das wir von uns selbst haben, und wie wir auf die uns umgebende Welt blicken; das Ausmaß an Wertschätzung und Liebe, das zu schenken wir imstande sind; die Art und Weise, wie wir unsere Bedürfnisse befriedigen, und auf Basis welcher Ethik wir darüber entscheiden; und nicht zuletzt ein genaues Prüfen unserer Konzepte von Wohlstand und Lebensqualität sowie unserer Wertehaltungen und Prioritäten.

Bei einer wirklich zukunftsweisenden Vision darf es längst nicht mehr nur darum gehen, kein Unheil anzurichten oder die gesetzlichen Mindestanforderungen zu erfüllen. Vielmehr muss sie regenerative Kulturen[25] und Praktiken hervorbringen, die die Schäden der Vergangenheit wieder sanieren und ein gesundes Gleichgewicht zwischen Mensch, Gemeinschaft und Natur herstellen. Nicht Schadensbegrenzung, sondern echte Heilung, Regeneration und Kooperation mit der Natur sind das Gebot der Stunde!

Wie also könnte diese Welt aussehen, in der eine solch tiefgreifende Trendumkehr bereits gelungen ist? Welche Zukunft könnten wir erschaffen, wenn wir alle erforderlichen Kräfte für die Umsetzung beisammenhätten und entsprechend einsetzen würden? Wie würde sich das Leben auf Erden wohl gestalten, wenn Nachhaltigkeit und Naturverbundenheit auf allen Ebenen Eingang in unsere Lebensweise gefunden hätten?

Anstatt nur die Probleme zu betrachten, sollten wir uns wieder verstärkt mit Utopien und Visionen beschäftigen! Warum nicht einmal träumen von der Welt von morgen, wie wir sie uns wünschen? Sind es denn nicht die Träume, die unsere Sehnsucht schüren und uns Motivation und Antrieb für die Umsetzung schenken? Sind es nicht die positiven Zukunftsbilder, die uns Lust auf dieses schöne Morgen machen – viel mehr, als es die angstmachenden Katastrophenszenarien je vermögen?

Das gute Leben für alle

»Stellen wir uns eine Welt vor, die frei von Armut, Hunger, Krankheit und Not ist und in der alles Leben gedeihen kann. Eine Welt, die frei von Furcht und Gewalt ist. Eine Welt, in der alle Menschen lesen und schreiben können. Eine Welt mit gleichem Zugang zu hochwertiger Bildung, zu Gesundheitsversorgung und Sozialschutz. Eine Welt, in der das körperliche, geistige und soziale Wohlergehen gewährleistet ist. Eine Welt, in der wir unser Bekenntnis zum Menschenrecht auf einwandfreies Trinkwasser und Sanitärversorgung bekräftigen und in der erschwingliche und nährstoffreiche Nahrungsmittel in Fülle und für jeden vorhanden sind. Eine Welt, in der die menschlichen Lebensräume sicher, widerstandsfähig und nachhaltig sind und in der alle Menschen Zugang zu bezahlbarer, verlässlicher und nachhaltiger Energie haben.«[26] Diese Zeilen sind keineswegs nur das Wunschdenken von ein paar weltfremden Träumern. Nein. Sie finden sich etwa in der Präambel der wegweisenden Agenda 2030 der Vereinten Nationen (UN).

Deshalb möchten wir dich fragen: Ist es denn nicht dieses »gute Leben für alle«, nach dem wir Menschen uns eigentlich sehnen? Wollen wir denn nicht alle in einer Welt leben, in der auch unsere Kinder noch die unschätzbare Schönheit des Planeten mit eigenen Augen sehen und erfahren können? Wünschen wir uns denn nicht alle dieses Leben aus dem Herzen, das uns friedfertig, liebevoll und mitfühlend mit unserer Mitwelt sein lässt? Wollen wir denn nicht alle diese großzügigen Menschen sein, die lieber schenken als gierig horten? Wollen wir nicht viel lieber eine Wirtschaft in Richtung

Gemeinschaftlichkeit und Kooperation aufbauen, als weiterhin auf Profit und Konkurrenz zu setzen? Und ist es nicht unser tiefster und sehnlichster Wunsch, die unbändige Liebe, die tief in jedem von uns verborgen liegt, zu verschenken und auszudehnen, auf alles, was lebt? Wir Autoren sagen Ja!

Was wir als Gesellschaft daher brauchen, ist eine grundlegende Neuausrichtung all unserer Handlungen, wie es übrigens schon im Jahr 2000 in der visionären Erd-Charta[a] geschrieben steht.[27] Dieser Wandel muss sowohl breite strukturelle und systemische Alternativen hervorbringen, als auch die destruktiven Paradigmen in unseren Köpfen in lebensdienliche Welt- und Wertebilder überführen. Die ökologischen, ökonomischen, sozialen, kulturellen, ethischen und spirituellen Probleme und Hoffnungen der Menschheit sind eng miteinander verbunden, sie können nicht voneinander getrennt betrachtet werden.[28] Dementsprechend können sie auch nicht einzeln gelöst werden. Weshalb es erforderlich ist, einen umfassenden Blick auf das Ganze zu entwickeln.

In einer so vernetzten und komplexen Welt wie der unsrigen hängen beispielsweise Freiheit, Gerechtigkeit und Frieden eng zusammen mit dem Schutz der Natur und dem wirtschaftlichen Wohlergehen. Viel zu lange haben wir die Welt in kleine Stückchen, in einzelne Disziplinen geteilt und uns gegen den Blick über den Tellerrand gewehrt. Nun aber ruft die Welt nach globaler Partnerschaft und Zusammenarbeit, um umfassende Lösungen für die Herausforderungen unserer Zeit zu finden und realisieren zu können.

Wenn wir als Menschheit auf diesem Planeten also noch lange weiterbestehen wollen, so müssen wir erkennen, dass wir trotz aller Vielfalt an Kulturen und Lebensformen letztlich eine Familie sind. Eine globale Gemeinschaft, die einer gemeinsamen Herausforderung gegenübersteht. Da wir alle denselben Planeten bewohnen, teilen wir »die Sorge um das gemeinsame Haus«, meint etwa Papst

---

[a] Deklaration grundlegender ethischer Prinzipien für eine nachhaltige globale Entwicklung.

Franziskus in seiner berühmten, 2015 veröffentlichten Enzyklika »Laudato si«[29].Wir müssen also zusammenarbeiten, um jene Gesellschaft zu erschaffen, die wir uns im Grunde alle wünschen. Eine Gesellschaft, in der die Natur und die Menschenrechte, die soziale und wirtschaftliche Gerechtigkeit und eine Kultur des Friedens gewahrt werden.

Um diese Wünsche zu verwirklichen, müssen wir eine neue Wahl treffen und uns mit der ganzen Weltgemeinschaft und mit allem Lebendigen genauso verbinden wie mit unseren lokalen Gemeinschaften vor Ort. Wir sind Bewohner verschiedener Nationen und gleichzeitig der einen Welt. Und so sind wir als Weltbürger mitverantwortlich für das gegenwärtige und künftige Leben auf der Erde, und es ist unabdingbar, dass wir als Bevölkerung der Erde gemeinsam Verantwortung übernehmen. Und zwar für uns selbst, füreinander, für die größere Gemeinschaft allen Lebens und auch für künftige Generationen. Denn eine Welt, in der die negativen Auswirkungen unseres Lebensstils und unserer Wirtschaftsweisen alle betreffen, erfordert einen globalen Masterplan. Einen Masterplan, der aus einer globalen Perspektive der Gerechtigkeit heraus entworfen und umgesetzt wird.

Einen vielversprechenden Ansatz dazu liefern etwa die Sustainable Development Goals, die Ziele einer nachhaltigen Entwicklung, kurz SDGs genannt. Diese wurden 2015 von den Vereinten Nationen in ihrer »Agenda 2030« verabschiedet. Anhand von 17 Zielen und 169 Subzielen beschreiben sie, wie die »Transformation unserer Welt« aussehen kann, in der »people, planet and profit« – also Mensch, Natur und Wirtschaft – im Einklang miteinander stehen. Dabei werden neben sozialen Themen wie Armut, Bildung und Gleichstellung auch ökonomische Fragen, wie nachhaltige Wirtschaftsentwicklung, und ökologische Themen, wie der Schutz und die Regeneration der Ökosysteme, behandelt. – Ein wichtiger Meilenstein, wie wir finden! Alle 193 Mitgliedsstaaten der Vereinten Nationen haben die Agenda unterzeichnet und bekennen sich damit zur Umsetzung der Ziele auf nationaler wie internationaler Ebene.[30]

Mut zur eigenen Vision

Auf globaler Ebene gibt es sie also bereits, die Vision einer besseren und nachhaltigeren Welt. Wie aber sieht es auf der individuellen Ebene aus? Welche Zukunftsbilder tragen wir Menschen in uns? Kann die Utopie einer regenerativen Gesellschaft überhaupt funktionieren, oder sind wir als Individuen viel zu verschieden, um uns auf eine gemeinsame Zukunftsvision einzulassen? Diese Frage lässt sich wohl nicht vollständig beantworten. Mit dem folgenden Erlebnisbericht möchten wir dir jedoch Mut machen und zeigen, dass viel mehr möglich ist, als wir uns oft vorstellen können.

Im September 2020 hatte ich, Julia, die große Freude, beim Zukunftsdialog im Rahmen des Projekts »Tales of Tomorrow«[b] 23 Jungpolitiker und Jugendvertreter, Männer wie Frauen, aus den verschiedenen politischen Lagern mit einer meditativen Visionsreise ins Jahr 2035 zu entführen. Auf den Flügeln unserer Vorstellungskraft reisten wir in die Zukunft, öffneten uns für unsere eigenen Träume und Visionen und teilten diese den anderen im Anschluss mit.

Zugegeben war ich im Vorfeld schon unsicher, ob sich die Teilnehmer für diese unkonventionelle Methode öffnen würden und die Visionsreise in diesem kurzen Rahmen denn überhaupt funktionierte. Meine Bedenken waren schnell verflogen, denn die Ergebnisse waren wirklich verblüffend. Nicht nur, dass sich der Großteil der Teilnehmer gut einlassen konnte, sie alle hatten auch sehr ähnliche Visionen und Vorstellungen.

Ich dachte, wie kann es sein, dass Menschen aus so unterschiedlichen politischen Lagern, mit so verschiedenen ideologischen Hintergründen, von ein und derselben Zukunft träumen? Wie kann es sein, dass eine so bunt gemischte Gruppe von Menschen die gleichen Bilder über die Zukunft empfängt? Meine Erklärung dafür ist, dass wir Menschen uns im Herzen oft viel näher sind, als es der Ver-

---

[b] Gemeinsames Forschungsprojekt des Umweltbundesamtes und der Universität für Bodenkultur Wien, gefördert vom österreichischen Klima- und Energiefonds.

stand je vermuten würde. Der Verstand zieht ideologische Grenzen, unterscheidet zwischen »wir« und den »anderen«, teilt die Welt und die Menschen sozusagen in Schubladen ein.

Die tiefere Weisheit in uns kennt diese Trennungen allerdings nicht. Wir alle sehnen uns nach einer lebenswerten und liebevollen Zukunft. Nach einem Leben im Einklang mit uns selbst und der Natur. Nach einer Welt voller Wertschätzung und Miteinander. Nach Sinn und Freude im täglichen Tun. Leider sprechen wir viel zu selten über diese Träume. Dabei würden wir darin so viel Verbindendes finden! Wir würden sehen, dass wir viel mehr gemeinsam haben, als wir denken. Wir würden viel motivierter an einem Strang ziehen – jeder mit anderen Zugängen und Methoden, aber alle fokussiert auf das gemeinsame Ziel. Genauso, wie wir es damals beim Zukunftsdialog erleben durften.

Für einen Einblick in die Ergebnisse dieser Visionsreise habe ich die Erlaubnis eingeholt, einige Auszüge aus der gemeinsamen, parteiübergreifenden Vision zu teilen, die die Jungpolitiker und Jugendvertreter an besagtem September-Wochenende geschmiedet haben. Die Vision ist aus der Sicht des Jahres 2035 formuliert. Möge sie auch deine inneren Bilder beflügeln und dir ein Gefühl vermitteln, wie eine nachhaltige Zukunft aussehen könnte.[31]

Das Jahr 2035:

- Unsere Städte sind überall von Grün bedeckt: auf den Dächern, an den Fassaden, zwischen den Häusern und auf öffentlichen Plätzen. Die Stadt ist zu einem großen Park geworden, voller Artenreichtum und voller Natur.
- Der Individualverkehr hat rasant abgenommen und findet fast nur noch unterirdisch oder als Schwebeverkehr statt.
- Der öffentliche Raum ist wieder ganz an die Bedürfnisse der Menschen angepasst.
- Ehemalige Parkplätze sind zu Plätzen der Begegnung umgebaut. Hier wird gelacht, gespielt, geredet und freundlich miteinander umgegangen.

- Viele Menschen haben den Wert des Miteinanders, der Nachbarschaft und des Zusammenhalts neu für sich entdeckt. Man hilft einander aus, man tauscht und teilt Güter: Lebensmittel, Geräte, Elektroautos, Bücher u. v. m.
- Es gibt eigene Zonen der Stille, wo Menschen Kraft tanken und Ruhe finden können.
- Das Leben ist viel entschleunigter und bewusster geworden.
- Geld hat nicht mehr den Stellenwert, den es früher einmal hatte. Heute zählt vor allem, wie viel Zeit man im Leben hat und wie glücklich und zufrieden man ist.
- Unsere Arbeitsmodelle sind flexibler, ortsunabhängiger und dezentraler geworden.
- Im Beruf geht es vor allem darum, einer sinnvollen Tätigkeit nachzugehen, Freude bei der Arbeit zu erfahren und sich persönlich entfalten zu können.
- Arbeit wird fair entlohnt. Vormals unbezahlte Arbeit, wie die Pflege, der Haushalt, die Kindererziehung oder zivilgesellschaftliches Engagement, wird als gleichermaßen wichtig angesehen, wertgeschätzt und finanziell honoriert.
- Es gibt viel mehr nachhaltige Unternehmen, Produkte und Dienstleistungen. Diese werden transparent gekennzeichnet, sodass die Konsumenten genau wissen, welchen ökologischen und sozialen Fußabdruck ein Produkt hat.
- Urban Gardening ist zu einem beliebten Hobby avanciert, das viele Städter dazu einlädt, ihr eigenes Gemüse und Kräuter anzubauen.
- Die Menschen essen viel weniger Fleisch als früher, dafür qualitativ hochwertiges. Das Tierwohl ist zu einem wichtigen Anliegen geworden.
- Neue politische Partizipationsformate, ähnlich jenen der Bürgerinnen- und Bürger-Räte, sind aktiv in Entscheidungsfindungen integriert.
- Das Wissen wird den jungen Menschen nicht mehr frontal vermittelt, sondern auf eine Art und Weise, die sie befähigt, selbst aktiv zu werden und zu Lösungen beitragen zu können.

Wie geht es dir, wenn du solche Zeilen liest? Kannst du dich darauf einschwingen und die Bilder vor deinem inneren Auge lebendig werden lassen? Oder klingt das alles zu utopisch für dich? Natürlich werden wir niemals wissen können, wie unsere Zukunft aussieht oder welchen Lauf unsere Geschichte nehmen wird. Egal wie viele Forscher ihre Prognosen abgeben, das Ergebnis ist immer das gleiche: »Alles ist möglich, aber nix is fix.« Die Zukunft steht niemals fest. Sie ist ein Netz aus potenziellen Möglichkeiten. Sie will erträumt, erdacht und gewählt werden. Wir können uns diesbezüglich also nur folgende Frage stellen:

Welche Zukunft wollen wir denn? Wie wollen wir leben und wer wollen wir sein?

Diese Fragen muss sich jeder Mensch selbst stellen. Denn eine kollektive Vision kann nur dann Wirklichkeit werden, wenn sie von vielen einzelnen Individuen getragen wird.

Darum fragen wir dich heute: Welche Zukunft erträumst du dir? Welche Zukunftsbilder nährst du mit deinen Gedanken, Worten und Handlungen? Welche Realität erschaffst du für dich und damit für uns alle?

Viel zu oft glauben wir, dass es nicht wichtig sei, wie wir über die Zukunft denken. Doch das ist weit gefehlt! Denn so, wie wir unser eigenes Leben wählen und gestalten können, so gestalten wir zugleich auch den kollektiven Lauf der Dinge mit.

Vielleicht wärst du ja lieber klein und unbedeutend. Vielleicht würdest du am liebsten keine Verantwortung tragen. Vielleicht gefällt es dir zu hören, dass zuallererst einmal die anderen etwas unternehmen sollten.

Tja, tut uns leid, dich hier enttäuschen zu müssen. Denn wir sagen dir hier und jetzt: Du bist wichtig, du spielst eine Rolle, du bist ein Teil im Netz des Lebens und hast eine riesige Wirkung auf das, was rund um dich passiert.

Alles auf dieser Erde ist miteinander verbunden. Wir alle sitzen im selben Boot. Wir alle sind Mitgestalter des Lebens und der Zukunft. Darum fühl dich ermutigt und berufen, neue Bilder über UNSERE Zukunft zu malen. Neue Träume zu träumen. Neue

Wege zu denken und neue Möglichkeiten für möglich zu halten.

Visionen schenken uns Kraft, Sinn, Orientierung und Motivation. Wie also soll deine Zukunft aussehen? Wie sieht dein Bild einer lebenswerten Welt aus und wie möchtest du die Transformation dahin unterstützen? Für eine lebenswerte Zukunft brauchen wir deine Visionen, deine Gedanken, deine Liebe und – vor allem – deinen Einsatz. Wie sagte es Friedensreich Hundertwasser einmal so schön:

»Wenn einer allein träumt, ist es nur ein Traum.
Wenn viele gemeinsam träumen, ist es der Anfang einer
neuen Wirklichkeit.«

2. Warum wir den Blick nach innen richten müssen

Wir haben heute die Technik als auch die Ressourcen, die Vision einer nachhaltigen Welt zu verwirklichen. Theoretisch ist es möglich, alle Menschen mit ausreichend Nahrung zu versorgen und die dabei entstehenden Umweltauswirkungen sogar noch zu verringern.[32] Wir haben mit der Digitalisierung fast unbegrenzte Möglichkeiten, um in einen globalen Dialog zu treten und eine neue, humane Weltordnung zu erschaffen.

Überall auf diesem Planeten gibt es mittlerweile hervorragende Wissenschaftlerinnen und Wissenschaftler, die uns die Zusammenhänge der Welt verständlich machen und uns auf Basis der Vernunft zeigen können, welche Wege gesund und welche gefährlich sind. Nicht zuletzt gibt es Tausende und Abertausende von aktiven Pionieren in allen Bereichen der Gesellschaft, die neue Lebensstile leben, alternative Modelle ausprobieren und sich beherzt für einen neuen Umgang mit Mensch und Natur einsetzen. Es mangelt uns also nicht an Ressourcen, Wissen, Technik oder Kreativität, um eine neue Welt zu erschaffen.

Was ist es aber dann? Was hindert uns daran, eine soziale, naturbewusste und zukunftsfähige Gesellschaft aufzubauen? Was hält uns davon ab, ganzheitlich zu handeln und uns nach vorn blickend auszurichten? Welche Kräfte sind hier am Werk, die uns wider besseres Wissen am Status quo festhalten lassen? Tausende Forscher haben sich darüber bereits den Kopf zerbrochen. Die einen meinen, es läge am langweiligen Charakter von Daten und Fakten und dass man diese einladend, spannend und kreativ aufbereiten müsse, um die Leute für ein Umdenken zu begeistern. Andere wiederum sind der Meinung, dass unsere Medienlandschaft zu viel über Probleme berichtet, anstatt Lösungen anzubieten. Und dann gibt es noch jene, die meinen, fehlende beziehungsweise überteuerte

Alternativen seien schuld und dass zuerst Politik und Wirtschaft leistbare Angebote und Rahmenbedingungen schaffen müssten, bevor Menschen bereit für einen Wandel seien.

Vieles davon ist sicherlich wahr und auch richtig. Dass äußere Barrieren – wie fehlender politischer Wille, ökonomische Zwänge, mangelnde Verhaltensangebote und andere systemische Hindernisse – der Nachhaltigkeit entgegenstehen, ist unumstritten. Sie sind weithin bekannt und werden seit vielen Jahrzehnten umfassend diskutiert.

Was aber, wenn es auf dem Weg zur Zukunftsfähigkeit noch weit mehr Verhinderer gibt, die wir bislang vollkommen außer Acht gelassen haben? Verhinderer, die unterhalb der Grenze der offensichtlichen Wahrnehmbarkeit ihr Unwesen treiben? Was, wenn es eine andere Dimension der Wirklichkeit gibt, die wir bisher gar nicht zu konfrontieren gewagt haben?

Es ist doch so: Die ganze Aufmerksamkeit liegt immer darauf, was wir im Außen verändern, reparieren oder erfinden müssen, damit wir als Gesellschaft einen nachhaltigen Weg einschlagen können. Was aber wäre, wenn es auch einen inneren Weg der Nachhaltigkeit gibt? Und was, wenn dieser innere Weg das fehlende Bindeglied zur »Rettung der Welt« ist? Vielleicht ist die Erkenntnis, die uns bislang fehlte, jene, den Blick auf die Ursachen statt auf die Symptome zu richten.

Derzeit erleben wir die Symptome in Form von Klimawandel, Artensterben oder Waldrodung und versuchen sie mit zahlreichen äußeren Mitteln zu bekämpfen oder zumindest zurückzudrängen. Womöglich wäre es ein viel zielgenauerer Weg, sich den tiefer liegenden Ursachen dieser Symptome zu widmen. Und diese finden sich nicht nur in der äußeren Welt, sondern vor allem in uns selbst.

2.1 Über den Wert innerer Reife

»Früher dachte ich, die größten Umweltprobleme seien der Verlust der biologischen Vielfalt, der Zusammenbruch der Ökosysteme und der Klimawandel. Ich dachte, dass wir mit 30 Jahren guter Wissenschaft diese Probleme angehen könnten. Aber ich habe mich getäuscht. Die größten Umweltprobleme sind Egoismus, Gier und Gleichgültigkeit. Um damit aber umzugehen, brauchen wir eine spirituelle und kulturelle Transformation. Und wir Wissenschaftler wissen nicht, wie das geht.«

Nach weit über zehn aktiven Jahren im Nachhaltigkeitsbereich möchten wir diese Aussage des amerikanischen Umweltanwalts James Gustave Speth voll und ganz unterstreichen. Gerade in Hinblick auf Umweltschutz und Nachhaltigkeit waren die meisten aktiv Beteiligten stets davon überzeugt, mit »End-of-Pipe«-Technologien oder ausreichend Wissensgenerierung schon irgendwie die Kurve zu kratzen. Ein paar mehr Umweltgesetze hier, ein paar neue Innovationen da und dazu noch ein etwas besseres Marketing, und alles würde sich zum Guten wenden.

Innere Mechanismen, die in jedem Einzelnen und damit auch kollektiv in unserer Gesellschaft wirken, wurden hingegen vollkommen außer Acht gelassen. Diese Mechanismen sind zum Beispiel tief verinnerlichte Werthaltungen wie Hedonismus, Gewinnstreben oder Konkurrenz, die uns trotz aller Kritik nach wie vor am Kapitalismus festhalten lassen; es sind unbewusste Ängste, wie etwa die Angst vor Veränderung oder die Angst vor Mangel, die unsere umweltschädigenden Muster prägen; es sind unreflektierte Projektionen, die uns in Schuldzuweisungen verharren lassen, statt gemeinsam an Lösungen zu arbeiten; es ist der Egoismus in uns, der sich aus der Verantwortung stiehlt; es sind ein gefrorenes Herz und die emotionale Gleichgültigkeit, die uns blind machen für die Nöte der Welt.

Des Weiteren ist es die fälschliche Überzeugung, dass wir die Krone der Schöpfung sind, was unseren Raubzug auf diesem Planeten moralisch überhaupt erst vertretbar macht. Und es ist der Verlust einer sinnstiftenden Spiritualität, der Verlust der Verbundenheit mit uns selbst und der Welt, der uns dazu veranlasst, unser Glück im Außen statt im Innen zu suchen. Eine Suche, bei der wir jedoch niemals echte Befriedigung finden werden.

Diese drei Dimensionen – Werte, Gefühle und Weltbilder – sind innere Dimensionen, die keine Politik der Welt und keine technologische Erfindung allein je tangieren könnten. Denn sie liegen der äußeren Welt zugrunde und bilden das unsichtbare Fundament, auf dem politische, wirtschaftliche und soziale Systeme gebaut und gestaltet werden. Unsere äußere Welt ist ein Produkt unserer Innenwelt. Wir werden sie nicht ändern, bevor wir uns nicht selbst geändert haben!

Und genau deshalb können wir so viel gewinnen, wenn wir beginnen, den Blick nach innen zu richten. Wir können dabei einen Schlüssel finden, der uns weit mehr Türen öffnet und weit nachhaltiger wirkt, als es äußere Reparaturmaßnahmen alleine je vermögen. Und wir können darüber hinaus für uns selbst einen Weg finden, um ein erfülltes Leben im Einklang mit uns selbst, den Mitmenschen und der Natur zu führen.

Wie innen, so außen!

Die innere Verfassung bestimmt, wie du mit der Welt in Verbindung trittst und wie du dich darin verhältst. Es ist ja im persönlichen Leben nichts anderes: Wenn du dich schlecht fühlst, bist du vermutlich nicht so freundlich wie sonst. Vielleicht siehst du generell alles etwas pessimistischer und fühlst dich auch schneller angegriffen. Hast du hingegen richtig gute Laune, wirst du viel eher strahlen. Du wirst den Fokus auf die schönen Dinge legen und sehr wahrscheinlich anderen gegenüber offen und freundlich sein.

So ähnlich verhält sich das auch im großen Maßstab. Wenn unser kollektiver Geist oder die »Seele der Gesellschaft« nicht heil sind, wenn wir unser Weltbild im Kern auf Macht, Kampf und Ausbeutung aufbauen, dann wirken wir auch nach außen hin destruktiv. Dann können wir natürlich auch in den äußeren Lebensbereichen keine heilvolle und regenerative Welt erwarten. Solange wir in alten, zerstörerischen Denkmustern stecken, wird kein Wandel in Richtung einer nachhaltigen Gesellschaft möglich sein!

Wenn wir eine zukunftsfähige, lebensbejahende Welt erschaffen wollen, dann müssen wir uns auch persönlich verändern und zuerst einmal in uns selbst die Voraussetzungen dafür schaffen. Das klingt nicht nur logisch, das ist auch logisch! Doch leider scheinen dies nur sehr wenige Menschen zu berücksichtigen.

Kaum jemand kümmert sich wirklich um die Stärkung persönlicher Qualitäten, den Aufbau von seelischer Reife oder ein innerliches Wachstum. Die wenigsten Menschen hinterfragen ihr eigenes Sein. Noch dazu, wenn es um ein scheinbar so »äußerliches« Thema wie nachhaltige Entwicklung geht. Doch gerade hier hat die Nachhaltigkeit ihren blinden Fleck und somit auch ihr größtes Potenzial für einen Wandel. Aus unserer Sicht bedarf es also eines großen Bewusstseinswandels. Denn noch einmal: Innen und Außen gehören zusammen. Das war schon immer so und wird auch immer so bleiben.

Innere Reifung und innere Erkenntnis gehen der äußeren Veränderung voraus. Wie oft waren es die großen, unbeantworteten Fragen unseres Lebens, die wir tagein, tagaus wälzen mussten, bevor wir uns zu neuen und mutigen Schritten in unserem Leben durchringen konnten? Wie oft mussten wir nach einem Streit zuerst mit uns selbst ins Reine kommen, bevor wir zum Verzeihen bereit waren? Wie oft sind wir in einer Sache immer wieder gegen die Wand gelaufen, bevor wir erkannten, dass es ein inneres Umdenken braucht?

Wenn die Innenschau im Leben des Einzelnen schon so einen Unterschied macht, dann denk doch einmal daran, was innere Reife für die Gesellschaft als Ganzes bedeuten würde! Stell dir einfach mal vor, wie viel mehr Zusammenhalt und Kooperation wir erreichen könnten, wenn mehr Menschen wieder Zugang zu ihrem eigenen Herzen finden.

Wie viel mehr Frieden es in der Welt geben würde, wenn mehr Menschen Frieden in sich selbst finden! Wie viel bewusster wir mit den Ressourcen unserer Erde umgehen würden, wenn mehr Menschen erkennen, dass wahres Glück nicht in materiellen Dingen zu finden ist. Wie viel mehr Sorge wir für andere und unseren Planeten tragen würden, wenn Liebe und Mitgefühl anstatt des Egos unser Handeln bestimmen. Wie viel mehr Schönheit in der Welt zu finden wäre, wenn jeder Mensch sein volles Potenzial zum Strahlen bringt und sein Umfeld mit der liebevollsten Version seiner selbst beschenkt.

Wir sind überzeugt: Diese Welt ist möglich! Alles, was es braucht, ist, den Widerstand gegen die innere Dimension des Menschen fallen zu lassen. Aufzuhören, die Lösungen nur im Außen zu suchen, und stattdessen endlich damit zu beginnen, in völliger Offenheit den Blick nach innen zu richten.

Durch die aktive Innenschau und andere Formen der inneren Arbeit, die in diesem Buch vorgestellt werden, können wir eine völlig neue Sicht auf die Welt gewinnen und am eigenen Leib erfahren, was es bedeutet, ein liebender und innerlich reifer Mensch zu werden – eine wache Person, die ihr Leben im Einklang mit sich selbst, ihrer Mitwelt und der Erde führt.

Du wirst sehen, wie das unserer Erfahrung nach gelingen kann und wie wir die inneren Ressourcen im Sinn einer nachhaltigen Entwicklung am besten einsetzen können.

Doch zuerst müssen wir uns noch einigen Hindernissen stellen, die uns bislang den Weg in eine zukunftsfähige Welt versperrt haben. Denn innere Reife bedeutet nicht nur, ein glückliches und stets unbeschwertes Dasein zu feiern oder alles positiv zu sehen. Es bedeutet vor allem auch, sich seinen inneren Konditionierungen zu stellen, das scheinbar Dunkle in sich zu umarmen und über althergebrachte Muster hinauszuwachsen. Denn nur was uns bewusst ist, können wir auch loslassen.

Und so wollen wir in den nächsten Abschnitten des Buchs den Blick auf jene inneren, psychologischen und seelischen Faktoren werfen, die uns Menschen daran hindern, aufzuwachen und eine neue und gedeihliche Zukunft zu wählen.

2.2 Der innere Schweinehund

Zum Einstieg in die Thematik möchten wir »den inneren Schweinehund« etwas genauer unter die Lupe nehmen. Dieses kleine Fabeltierchen kennen wir alle, und weil er in unserem Inneren haust und uns von dort aus immer wieder gekonnt manipuliert, eignet er sich besonders gut als »Begleiter« für unsere ersten Schritte in Richtung mehr Bewusstheit.

So können wir uns langsam an die innere Ebene herantasten und uns an diese neue Denkweise gewöhnen, bevor wir später in die tieferen Sphären unseres Seins abtauchen. Für den Anfang gehen wir es also erst einmal sachte an.

Der innere Schweinehund bezeichnet die Trägheit gegenüber einer als richtig erkannten Handlung – oder auch die Willensschwäche, die eine Person daran hindert, ethisch gebotene oder sinnvolle Tätigkeiten auszuführen. Gerade wenn es um die ethisch gebotenen Maßnahmen im Bereich Nachhaltigkeit und Naturschutz geht, verwandelt sich der innere Schweinehund sehr schnell in ein mannigfaltiges Wesen mit zahlreichen überaus »interessanten« Eigenschaften.

Unwissen und mangelnde Urteilskraft

Zwei gewiefte Eigenschaften des inneren Schweinehunds sind seine vorgegaukelte Unwissenheit und die mangelnde Urteilsfähigkeit. Wenn wir gar nicht wissen, was die eigentlichen Probleme sind, was sie verursacht und wie wir angemessen darauf reagieren können, dann fällt uns eine richtige und lösungsorientierte Handlung natürlich schwer. Und ja, manche Menschen mögen es vielleicht wirklich nicht besser wissen.

Fraglich wird es aber dann, wenn man im Jahr 2020 einen Hausmann dabei erwischt, dass er noch immer nicht imstande ist, Plastik-, Papier- und Glasabfälle entsprechend zu trennen, und dies mit Unwissenheit begründet. Oder wenn Autokonzerne die Abgaswerte ihrer Dieselfahrzeuge per Software nach unten manipulieren, um gesetzliche Grenzwerte zu umgehen – und die Spitzen des Managements dann in den Interviews stets ihre Unwissenheit beteuern.[33]

Aber Vorsicht, diese vermeintliche Unwissenheit ist nicht nur bei den anderen zu finden! Vielleicht ist ja auch dir schon mal der Spruch: »Ich will es gar nicht wissen …« über die Lippen gekommen. In solch einem Fall wird man vom inneren Schweinehund gewarnt, dass dieses zusätzliche Wissen einem womöglich das Leben erschwert und man lieber unwissend bleibt. Man weiß zwar, dass »etwas nicht stimmt«, versucht aber, sich mit Unwissenheit davor zu schützen. Ob das streng genommen noch als Unwissenheit zählt, ist allerdings eine andere Frage.

Für unser zentrales Thema ist das aber ohnehin nicht wirklich relevant. Denn in unserer digitalisierten Informationsgesellschaft ist es unwahrscheinlich, über lokale wie globale Umweltprobleme nicht Bescheid zu wissen. Auch wenn der Durchschnittseuropäer den Treibhauseffekt vermutlich nicht beschreiben, die SDGs (Sustainable Development Goals) nicht aufzählen und auch die Fotosynthese nicht erklären kann, so wissen dennoch die meisten in unseren Breiten, dass wir Umweltprobleme haben und damit an ökologische Belastungsgrenzen stoßen. Irgendwie und irgendwo ist es uns allen schon mal untergekommen, dass das ein oder andere »Problemchen« vorliegt – und dass wir uns dem auch widmen sollten.

So stuften in einer repräsentativen Umfrage des deutschen Umweltbundesamts im Jahr 2019 satte 68 Prozent der Befragten den Umwelt- und Klimaschutz als sehr wichtige Herausforderung ein. Sie gaben ihm eine ähnlich hohe Bedeutung wie den beiden anderen Topthemen Bildung (65 Prozent) und soziale Gerechtigkeit (63 Prozent).[34] Unter den Jugendlichen im Alter von 14 bis 22 Jahren waren es sogar 81 Prozent, die Umwelt- und Klimaschutz als sehr wichtig erachteten. Diese Zahlen zeigen recht deutlich, dass der Bevölkerung die künftigen Herausforderungen weitgehend bekannt sind und sie diese zumeist auch als wichtig erachtet.

Was somit viel stärker ins Gewicht fallen dürfte als die Unwissenheit, ist die mangelnde oder getrübte Urteilsfähigkeit, mit welcher der innere Schweinehund über den Belang eingehender Informationen entscheidet.

Jene, die die Umweltproblematik bereits erkannt und auch akzeptiert haben, urteilen gern mit dem Glauben, sie allein könnten ohnehin nichts ändern. Manch andere hingegen beruhigen sich selbst über die Leugnung des Offensichtlichen: »Wer weiß, ob das alles stimmt, was man uns erzählt? Wem kann man heutzutage noch glauben? Wer sagt, dass der Klimawandel tatsächlich menschengemacht ist? Den gab es doch schon immer, oder!?«

Der innere Schweinehund liebt es, Informationen anzuzweifeln und generell eine skeptische Grundhaltung gegenüber Veränderungen einzunehmen. Denn solch eine Skepsis schützt gleich einmal effektiv vor notwendigen, weiterführenden Überlegungen.

Die Macht der Gewohnheit

Hat es die Information trotz aller Gegenwehr doch irgendwie in unser System geschafft, so liegen die nächsten Barrieren in unseren Gewohnheiten und Routinen. Diese laufen längst wie Automatismen ab und flüstern uns ganz heimlich und leise ins Ohr: »Wir haben es immer schon so gemacht, also machen wir es auch künftig so. Warum sollten wir daran etwas ändern? Das ist doch viel zu anstrengend und bringt ja ohnehin nicht viel.«

Im Vergleich zu einem Umdenken haben die Routinen und Gewohnheiten des inneren Schweinehunds einen entscheidenden Vorteil: sie sind wahnsinnig bequem. Man muss gar nicht mehr nachdenken, wie etwas funktioniert oder wie man in dieser oder jener Situation handeln soll. Es ist in Fleisch und Blut übergegangen, und das erspart Zeit, Nerven und vielleicht sogar Geld.

Hast du eine Ahnung, wie viel Energie es eine Person kosten kann, etwas anders zu machen, als sie es von Kind auf gelernt hat? Sie muss ihre Komfortzone verlassen und sich womöglich sogar einen Fehler eingestehen, den sie jahrelang vollzogen hat. Darüber hinaus muss sie sich einer neuen Herausforderung stellen, und egal, wie groß oder wie klein diese auch sein mag, es ist und bleibt etwas, mit dem sie sich auseinandersetzen muss. Und das ist vielen von uns nicht immer lieb.

Stell dir einen Kettenraucher vor, der seit jeher seine Zigaretten mit dem Auto holt. Denkst du, es würde ihm leichtfallen, für seinen Einkauf auf das Rad umzusteigen oder gar mit dem Rauchen aufzuhören? Denk an eine begeisterte Fleischesserin, die seit Jahrzehnten täglich Wurst, Speck, Koteletts und Würstel konsumiert. Wie schwierig wäre es wohl für sie, nur noch einmal pro Woche Fleisch zu essen? Sie müsste ihr Kochverhalten komplett umstellen, sich einen Plan für die Mittagspausen machen und könnte in ihrem Stammlokal nur noch die Gemüselaibchen aus dem Tiefkühler »genießen«.

Oder denk etwa an eine deutschsprachige Familie, die seit einem Jahrzehnt mindestens einmal jährlich in den Urlaub nach Mallorca fliegt. Sie kennt jeden Winkel der Insel, hat längst ihre Lieblingsrestaurants gewählt und fühlt sich wie daheim. Die Kinder haben sogar schon Freunde gefunden und sprechen ein paar Worte Spanisch. Es fiele dieser Familie bestimmt alles andere als leicht, auf einmal mit dem Zug an die Nordsee zu fahren und dort Urlaub zu machen. Was für ein Aufwand, die Zugverbindungen zu recherchieren, sich mit einer neuen Region vertraut zu machen und sich auf unbekannte Wetterverhältnisse einstellen zu müssen. Das alles ist kein leichtes Unterfangen, denn der innere Schweinehund liebt Gewohnheiten und ändert nur ungern seine vertrauten Routinen. »Was der Bauer nicht kennt, frisst er nicht«, diese alte Volksweisheit trägt viel Wahres in sich und beschreibt die Liebe zu unseren Gewohnheiten nur zu gut.

Ausreden für den Selbstwert

Was also tun, wenn man weiß, dass man etwas ändern sollte, sich aber einfach nicht dazu durchringen kann? Richtig, man findet Rechtfertigungen und wird in Sachen Ausreden so richtig kreativ und erfinderisch! Denn wenn nicht, wird die innerlich wahrgenommene Widersprüchlichkeit zwischen Wissen, Werten und Handlungen irgendwann unerträglich.

Dieses als »kognitive Dissonanz« bezeichnete Phänomen führt sehr schnell zu inneren Spannungen, die wir möglichst rasch überwinden wollen. In solchen Fällen sind also Ausreden, Scheinlösungen und hausgemachte Illusionen das Mittel der Wahl für unseren inneren Schweinehund. Typische Sager sind etwa:

- »Ach was, es ist doch alles gar nicht so schlimm, wie es aussieht.«
- »Die Politiker sind es, die handeln müssen!«
- »Es ist mir viel zu teuer, Biomilch zu kaufen.«
- »Wieso soll ich mich einschränken, ich zahl schon genug Steuern für den Sozialstaat.«
- »Jetzt habe ich so viel Geld in das neue Auto investiert, jetzt möchte ich es auch ordentlich nutzen.«
- »Was kann ich allein denn schon groß verändern? Mein eigenes Verhalten spielt doch ohnehin keine Rolle.«

Wir reden das Problem klein, ziehen uns aus der Verantwortung und stellen andere oder auch uns selbst einfach als unfähig dar. Die Psychologie nennt dieses Phänomen »Self-Serving Denials«, also Selbstschutz-Behauptungen oder selbstwertdienliche Ausreden. Nehmen wir als Beispiel ein gescheitertes Unternehmen her. Im Konkursfall argumentieren die Eigentümer gern, dass das Management wohl versagt haben müsse. Das Management selbst ortet die Gründe bei der Konkurrenz, den Zulieferern oder der Belegschaft, während die Mitarbeiter wiederum dazu tendieren, dem Management und der Aktionärsversammlung die Schuld in die Schuhe zu schieben. Und sieht man noch etwas genauer hin, wird man auch welche finden, die den Konkurs ohnehin schon immer vorausgesehen haben und nun froh sind, sich endlich was Neues suchen zu können. So finden alle Beteiligten die passende Ausrede, um durch das Scheitern nicht am eigenen Selbstwert zweifeln zu müssen. Das ist wirklich eine grandiose Strategie, um sich selbst auszutricksen, sich wieder besser zu fühlen und letztlich auch nichts an sich selbst verändern zu müssen!

Alibi-Aktionen für das gute Gewissen

Eine andere Strategie, um sich und sein Verhalten nicht ändern zu müssen, sind die sogenannten Alibi- oder Jo-Jo-Aktionen. Anstatt etwas grundsätzlich zu verändern, tut man einfach so, als würde man sich nachhaltig verhalten. Bei den Alibi-Aktionen sucht man sich etwa im ganz kleinen Rahmen eine nachhaltige Verhaltensänderung, die leicht zu bewerkstelligen ist und einem nicht wehtut. Dies hilft darüber hinweg, bei den großen Problemen nicht wirklich hinsehen zu müssen und trotzdem ein gutes Gefühl zu behalten.

Eine Alibi-Aktion ist zum Beispiel, wenn du die Kartonummantelung eines Joghurtbechers sorgfältig abnimmst und mit dem Altpapier trennst, aber täglich mit deinem SUV in den Supermarkt um die Ecke fährst und exotische Früchte aus aller Herren Länder kaufst. Oder wenn du dem Bettler auf der Straße gern mal einen Euro schenkst, gleichzeitig aber Lohndumping bei deinen Mitarbeitern betreibst und in Verhandlungen um jeden Cent feilschst.

Der Jo-Jo-Effekt wiederum beschreibt die negative Rückkopplung von zuvor gesetzten Maßnahmen. Die meisten von uns haben den Jo-Jo-Effekt bei sich selbst oder im Bekanntenkreis sicherlich schon beobachten können. Zum Beispiel, wenn jemand eine Diät zur Gewichtsabnahme macht. Zuerst wird eine Woche lang gefastet und auf alles Mögliche verzichtet. Doch weil dieser Verzicht so schwerfällt, wird im Anschluss in gewohntem Maße weitergegessen, und das Gewicht schlägt sofort wieder nach oben aus. Dies führt zur nächsten Diät inklusive anschließenden Fressattacken. Und wenn man das Ganze ein paar Mal wiederholt, verhält sich das Gewicht ähnlich einem Jo-Jo, es pendelt ständig auf und ab. Das ist nicht nur nervig, sondern sogar gefährlich. Studien aus den USA und Deutschland zeigen, dass eine oftmalige Gewichtsschwankung Herz-Kreislauf-Erkrankungen fördert und schlimmere gesundheitliche Auswirkungen hat als das Übergewicht selbst.[35]

Auch in der Nachhaltigkeit ist der Jo-Jo-Effekt wohlbekannt. So hat man etwa festgestellt, dass manche Menschen umweltschädlicher handeln, nachdem sie sich zuvor einmal kurzfristig nachhaltig verhalten haben.[36] Den Klassiker kennen wohl die meisten von uns: Man verzichtet ab und zu auf das Auto und benutzt die öffentlichen Verkehrsmittel, um damit den redlich verdienten Langstreckenflug in den Urlaub rechtfertigen zu können. Ein anderes Beispiel wäre, sich ein benzinsparendes Auto zu kaufen, das man aber dann umso häufiger nutzt, weil es ja so wahnsinnig benzinsparend ist.

Mit Alibi- und Jo-Jo-Aktionen waschen wir also unser Gewissen rein, was aber im Endeffekt durch ein anderes, viel schädlicheres Verhalten wieder wettgemacht wird.

Die sieben Drachen der Untätigkeit

Es gibt noch viele Dutzend weitere Strategien, die wir im Lauf der Zeit entwickelt haben, um in alten Mustern bleiben zu können und uns im Sinne der Zukunftsfähigkeit nicht verändern zu müssen. Ja, wir sind mittlerweile richtig kreativ geworden, was diese Strategien anbelangt.

Der kanadische Umweltpsychologe Robert Gifford hat im Jahr 2011 die unterschiedlichsten Gründe zusammengefasst, warum es vielen so schwerfällt, sich aktiv für Nachhaltigkeit und Naturschutz einzusetzen. In einer Publikation im »American Psychologist« hat er diese psychologischen Hürden als »Die sieben Drachen der Untätigkeit« benannt.[37] Vieles davon lässt sich wunderbar auf den inneren Schweinehund umlegen, den wir zuvor beschrieben haben. Manch andere Punkte und viele weitere »Drachen« werden wir dann an späterer Stelle noch mal im Detail aufgreifen. Daher seien hier die »sieben Drachen« nur in aller Kürze benannt:[38]

- **Begrenztes Denkvermögen:** Fehleinschätzungen und unangebrachter Optimismus hinsichtlich der ökologischen Probleme.
- **Ideologien:** Bestehende Weltanschauungen wollen nicht infrage gestellt werden.
- **Vergleiche mit anderen:** Sich zu sehr an den Meinungen anderer und den gängigen sozialen Normen orientieren.
- **Unumkehrbare Kosten:** Einmal getroffene Investitionen lassen sich so schnell nicht mehr rückgängig machen.
- **Missbilligung:** Mangelndes Vertrauen und Verleumdung wissenschaftlicher Ergebnisse.
- **Wahrgenommenes Risiko:** Das finanzielle oder soziale Risiko des Handelns und der Konsequenzen erscheint zu groß.
- **Begrenztes Handeln:** Einfache Verhaltensveränderungen werden durchgeführt, schwierigere nicht.

Wie können wir nun unseren inneren Schweinhund oder diese gefährlich anmutenden »Drachen der Untätigkeit« überwinden? Wie schaffen wir es, diesen Strategien nicht auf den Leim zu gehen, sondern konsequent an den Zielen und Lösungen für eine nachhaltige Zukunft zu arbeiten?

Um die Frage zu beantworten, müssen wir zuerst verstehen, dass all diese psychologischen Barrieren nicht ohne Grund existieren und dass sie mit noch viel tieferen Mechanismen in Zusammenhang stehen. Mechanismen, deren wir uns in der Regel nicht bewusst sind und die wir somit kaum betrachten.

An so manchen Gewohnheiten halten wir womöglich deshalb fest, weil tief in unserem Inneren die Angst vor Veränderung schlummert. Weil wir uns mit dieser Angst aber nicht konfrontieren wollen, bleiben wir lieber in unseren gewohnten Bahnen und halten unsere Muster und Automatismen aufrecht.

Auch bestimmte Werte oder Weltbilder können unsere Entwicklung und Motivation negativ beeinträchtigen. Wir müssen also erst einmal verstehen, dass der innere Schweinehund nur die Spitze des Eisbergs ist – Gefühle, Werte und unsere zugrunde liegenden Annahmen über die Welt befinden sich auf den tieferen Ebenen darunter. Diese Ebenen werden wir später ausführlich betrachten. Erst mal wollen wir dir eine Übersicht geben, welche inneren Verhinderer es auf dem Weg in eine nachhaltige Zukunft gibt und was die »innere Dimension« der Nachhaltigkeit für uns Autoren bedeutet.

2.3 Die innere Dimension der Nachhaltigkeit

Wir freuen uns riesig, dir unser Eisbergmodell der inneren Ebenen zu präsentieren, die den Weg in eine zukunftsfähige Welt aus unserer Sicht entscheidend beeinflussen und daher in den Nachhaltigkeitsdiskurs integriert werden sollten.

Unser Modell unterscheidet grundsätzlich vier Ebenen: **die Verhaltensebene, die Werteebene, die Gefühlsebene und die spirituelle Ebene**. Auf jeder dieser Ebenen sind bestimmte »innere

Verhinderer« angesiedelt, die in jedem Individuum vorhanden sind, aber je nach Konditionierung, Lebenserfahrung, seelischer Reife etc. unterschiedlich stark ausgeprägt sein können. Gleichzeitig birgt jede dieser Ebenen einen Schatz, einen zentralen Schlüssel, der uns die Tore in ein zukunftsfähiges 21. Jahrhundert öffnen kann.

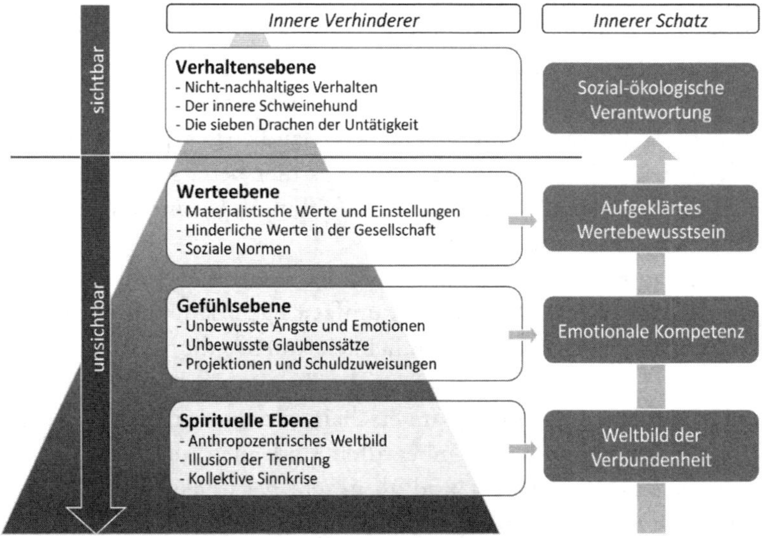

Abb. 2: Eisbergmodell: Die innere Dimension der Nachhaltigkeit

Die Metapher des Eisbergs deutet an, dass nur ein kleiner Teil über der Oberfläche sichtbar ist, während der weitaus größere Teil unsichtbar unter der Oberfläche schlummert, aber deshalb nicht weniger real oder hinderlich ist. Du erinnerst dich sicher: Die Wächter auf der Titanic haben den »winzigen« Eisberg anfangs auch nicht wahrgenommen oder als gefährlich erachtet. Der massive Koloss darunter war es jedoch, der schließlich das Schiff zum Sinken brachte.

Diese Sichtbarkeit bzw. Unsichtbarkeit von inneren Mechanismen ist auch mit unterschiedlichen Maßen an Bewusstheit verbunden.

So ist man sich in der Regel des eigenen Verhaltens bewusst beziehungsweise kann es mit nur wenigen Fragen relativ leicht ins Bewusstsein geholt, erinnert, reflektiert und sichtbar gemacht werden. Wir haben im Kapitel über den inneren Schweinehund ja schon darüber berichtet.

Weniger bewusst hingegen sind die Werte und Einstellungen, die unserem Verhalten zugrunde liegen und im Eisbergmodell bereits unter der Oberfläche angeordnet sind. Werte sind wie Orientierungsleitfäden, die uns sagen, was in der Gesellschaft oder in einem bestimmten sozialen Umfeld als erstrebenswert gilt und was nicht. Nicht jede Person hat ihre eigene Wertelandkarte explizit verfügbar oder bewusst abrufbar, daher bedarf es hier bereits tiefergehender Reflexionsarbeit, um die eigenen, handlungsrelevanten Werte und Wertekonflikte zu identifizieren.

Noch unbewusster ist uns die Ebene unserer Gefühle und des eigenen Schattens. Der Schatten umfasst nach dem Schweizer Psychiater C. G. Jung alle Persönlichkeitsanteile, die verdrängt oder verleugnet wurden, weil sie einem bestimmten Selbstbild von uns entgegenstehen, uns unliebsam erscheinen oder sozial unerwünscht sind.[39] Auf dieser Ebene inbegriffen sind auch alle Gefühle wie Ängste, Trauer oder Wut und all unsere negativen Glaubenssätze (»Ich bin wertlos«, »Ich bin nicht gut genug« etc.), die wir nicht haben wollen und daher in unser Unterbewusstsein verfrachtet haben.

Wenn wir nun beginnen, auf persönlicher Ebene »Schattenarbeit« zu leisten, werden wir lernen, unsere eigenen Wunden und Glaubenssätze zu transformieren, und setzen so ein tiefgreifendes Heilungspotenzial für uns und den Planeten frei. Du wirst noch staunen, wenn wir dir im dritten Teil unseres Buchs die Wirkung des tiefenpsychologischen Schattens auf die Nachhaltigkeit vor Augen führen.

Zu guter Letzt treffen wir am Urgrund des Eisbergmodells auf die spirituelle Ebene, die sich mit Ausnahme einiger sehr wacher Menschen tief im Unbewussten versteckt. Sie stellt den größten Hebel für die Nachhaltigkeit dar, da alle darüberliegenden Ebenen auf ihr fußen. Hier liegen alle Grundannahmen über das Leben, über die wir nicht einmal mehr nachdenken, weil sie uns so selbstverständlich vorkommen. Zum Beispiel, dass der Mensch die Krone der Schöpfung sei oder dass wir voneinander getrennte »Fleischklöpschen« seien, die ohne Sinn und Zweck auf der Erde »herumstrawanzen«.

Letztlich lassen sich – und das werden wir noch ausführlich erläutern – viele unserer ökologischen Probleme auf eine spirituelle Krise des Menschen zurückführen. Der Mensch hat vergessen, wer er in Wahrheit ist, wie viel Kraft und Lebendigkeit durch seine Adern fließt, welche Träume in ihm schlummern und wie viel Liebe er eigentlich zu verschenken hat.

Das Loslösen aus überholten Weltbildern, das Erlangen von innerer Freiheit und das tiefe Empfinden von Verbundenheit ist also etwas, woran wir arbeiten können und müssen, wenn wir eine nachhaltige und zukunftsfähige Welt erschaffen wollen. Gleichzeitig aber ist genau das auch ein Prozess der Gnade, der meist viel Zeit verlangt und den wir nur bedingt aktiv beeinflussen können. Mit diesem Paradoxon müssen wir wohl oder übel leben. Was wir aber auf alle Fälle tun können, ist ein erhöhtes Bewusstsein dafür zu entwickeln, wer wir sind, was wir können, was wir erschaffen wollen und wie wir mit unserer Natur und Umwelt in Verbindung stehen. Und allein damit ist schon sehr viel gewonnen.

In den folgenden Abschnitten möchten wir anhand des Eisbergmodells erörtern, wie eine gesellschaftliche Verwandlung in Richtung Nachhaltigkeit aussehen könnte. Und auch wenn dieser Wandel viel gemeinschaftliches Engagement im Außen benötigt, so wollen wir in diesem Buch vor allem auf die innere und individuelle Ebene eingehen und den erforderlichen Transformationsprozess von hier aus betrachten.

Wir werden, von oben beginnend, den Eisberg Schritt für Schritt nach unten wandern und auf jeder Ebene die Frage stellen, wie wir die erlangten Erkenntnisse über die »inneren Verhinderer« positiv und zukunftsweisend nutzen können. Das wird uns helfen, den Pfad des Problemdenkens zu verlassen und eine neue, lösungsorientierte und visionäre Perspektive einzunehmen.

Jeder der drei tiefer liegenden Ebenen – Werte, Gefühle und Weltbilder – ist nachfolgend ein eigener Buchteil gewidmet. In jedem

Teil beschreiben wir neben den hinderlichen Faktoren auch immer Schlüssel und Methoden, durch die wir zu mehr Bewusstheit und Achtsamkeit für uns selbst und für unsere Mitwelt gelangen können.

Zudem zeigen wir, wie wir jene inneren Kernkompetenzen erreichen können, die wir für die Gestaltung einer lebenswerten Zukunft brauchen:

- Ein aufgeklärtes Wertebewusstsein
- Emotionale Kompetenz
- Ein neues Weltbild der Verbundenheit

Natürlich haben diese Kernkompetenzen keinen Anspruch auf Vollständigkeit. Unser Hauptanliegen ist die Beschreibung eines bewussten, reifen und zukunftsfähigen Menschen, der es vermag, das 21. Jahrhundert mit Liebe und Verantwortung zum besten Wohle aller mitzugestalten. Diese Beschreibung kann von dir beliebig ergänzt und weitergedacht werden. Du darfst, nein, SOLLST sogar all unsere Ideen prüfen und kritisch hinterfragen, denn dies zählt zu den wichtigsten Eigenschaften jeder wachen Person.

Da sich das vorangegangene Kapitel bereits mit der Verhaltensebene beschäftigt hat, wollen wir nun weiter abtauchen ins Unbewusste, immer tiefer und tiefer, bis an die Wurzeln unserer Existenz. Am tiefsten Punkt werden wir schließlich erkennen, was die Transformation unseres Bewusstseins tatsächlich für die Erhaltung des Planeten bedeutet und welche Schätze wir für unser Leben daraus mitnehmen können. In diesem Sinn wünschen wir dir viele gute Erkenntnisse, spannende Denkprozesse, inspirierende Gefühle und eine angenehme Reise – nach innen!

TEIL II

Aufgeklärtes Wertebewusstsein

3. Werte als Richtungsweiser

Der österreichische Neurologe und Psychiater Viktor Frankl meinte einmal, dass man Werte nicht lehren, sondern nur vorleben könne. Da wir diese Einstellung grundsätzlich teilen, hat es uns auch viel Zeit und Muße abverlangt, all unsere Gedanken, Erfahrungen und wissenschaftlichen Erkenntnisse zum Thema Werte in passende Texte zu packen. Wir hoffen, dir damit ein paar interessante Einsichten vermitteln zu können und dich darin zu bestärken, mit gutem Beispiel voranzugehen und zukunftsfähige Werte nach außen hin vorzuleben.

Warum wir Werte überhaupt betrachten müssen, zeigt uns etwa der sogenannte »Knowledge-Action-Gap«. Er beschreibt die häufig vorhandene Kluft zwischen Wissen und Verhalten, die wir schon beim inneren Schweinehund beobachten konnten. Wir wissen zum Beispiel, dass Fernreisen via Flugzeug klimaschädliche Gase in die Atmosphäre blasen, dennoch lassen wir uns zu gerne die südliche Sonne auf den Bauch scheinen. Wir wissen, wie unwürdig die Lebensbedingungen von Tieren in der Massentierhaltung sind, aber auf unser Schnitzel wollen wir nicht verzichten. Wir wissen auch, dass Textilarbeiter in Bangladesch nicht gerade in einem fairen, sicheren oder gesunden Arbeitsumfeld beschäftigt sind, dennoch ist das neue T-Shirt einfach zu toll, um nicht zuzugreifen.

Hand aufs Herz: Wie oft hast du schon etwas gemacht, von dem du wusstest, dass es dir oder anderen womöglich Schaden zufügt? Eben! Diese Dinge passieren einfach, und irgendwann geht es uns allen mal so. Doch was lenkt uns da?

Um diese Frage zu beantworten, sollten wir einen Blick auf all die inneren Werte werfen, die unseren Handlungen zugrunde liegen. Sie beeinflussen unser Verhalten, auch wenn uns das nicht immer bewusst ist. Gerade bei komplexen Problemstellungen, wo der Verstand allein nicht mehr ausreicht, um eine geeignete Entscheidung zu treffen und eine entsprechende Handlung zu setzen, wird fehlendes Wissen häufig durch Werte ersetzt. Dies passiert umso stärker, je unübersichtlicher die Situation ist.[40] Im Alltag lenken oftmals Routinen, Reflexe, Triebe, Automatismen oder die Ratio unser Verhalten. Bei komplexen Entscheidungen oder Konflikten hingegen sind es die Werte, die uns als Richtungsweiser oder Handlungsmotivatoren dienen.

Gerade soziale und ökologische Probleme fallen in diese Kategorie. Sie sind hochkomplex, mit zahlreichen Wertekonflikten behaftet und mit anderen gesellschaftlichen Bereichen so stark verwoben, dass es uns schwerfällt, rein rational zu einer praktischen Lösung zu gelangen.

In unserer globalisierten und vernetzten Welt ist alles mit allem verzahnt und der soziale und technologische Wandel beschleunigt sich ständig. Dadurch wird es für uns Bürger zunehmend schwieriger, sachlich zu beurteilen, wie sich eine bestimmte Maßnahme im persönlichen Alltag auf die Umwelt auswirkt oder welche Alternative einer anderen vorzuziehen ist. In solchen Fällen wird Handeln nur noch auf Basis von Wertentscheidungen realisierbar und der Mensch als rational handelndes Wesen wird dann schnell zur Fiktion.

Aber was sind Werte eigentlich konkret, wie funktionieren sie und auf welche Weise beeinflussen sie unser Verhalten?

Es ist wahrlich keine leichte Aufgabe, auf diese Fragen passende Antworten zu finden. Rein wissenschaftlich gesehen befassen sich die unterschiedlichsten Disziplinen mit der Werteforschung, wie zum Beispiel die Philosophie, die Soziologie, die Psychologie, die Ökonomie und sogar die Naturwissenschaften. Die Soziologie etwa untersucht die Bedeutung von Werten für die Gesellschaft als Ganzes, die Psychologie hingegen für das einzelne Individuum. Allein schon deshalb können die verschiedenen Theorien auch einmal auseinanderklaffen.

Trotz der Fülle an Disziplinen, Studien und Hypothesen haben wir versucht, die für uns wesentlichen Aussagen und Essenzen zusammenzufassen und mit unseren eigenen Erfahrungen verständlich aufzubereiten. Auf den nächsten Seiten wirst du also erfahren, was Werte konkret sind, wie sie auf unser Umwelt- und Sozialverhalten wirken und welche speziellen Werthaltungen eine zukunftsfähige Entwicklung behindern wie auch fördern können.

3.1 Wie Werte unser Verhalten beeinflussen

In den gängigen Definitionen werden Werte als »Vorstellungen vom Wünschenswerten« bezeichnet. Sie dienen uns als Beurteilungskriterien oder Maßstäbe, mit denen wir Dinge, Menschen oder Handlungen entweder positiv oder negativ bewerten können. Wenn also zum Beispiel in einer Bevölkerungsgruppe der Wert »Leistung« sehr hochgehalten wird, dann werden alle Handlungen, die auf Leistungsbereitschaft und Ehrgeiz basieren, für gut befunden. Und alle »Faulsäcke« für schlecht.

Wir legen also mithilfe unserer Wertestandards fest, was wir als erstrebenswert erachten, moralisch oder ethisch für gut befinden und wie wünschenswerte Endzustände und Verhaltensweisen unserer Ansicht nach auszusehen haben. Wenn wir etwas positiv bewerten, dann führt dies dazu, dass wir diese Werte erreichen wollen, während negativ beurteilte Werte abgelehnt werden. Darüber hinaus fühlen wir uns gut und belohnt, wenn wir in Übereinstimmung mit unseren Werten handeln.[41] Das verdeutlicht, wie sehr Werte die Auswahl und Beurteilung unserer Verhaltensweisen und der Verhaltensalternativen beeinflussen können. Sie bilden gewissermaßen die Identität einer Gesellschaft, weil sie das Handeln und auch das Denken der Gesellschaftsangehörigen systematisch regeln und lenken.[42]

Ob und inwiefern Werte die Beziehung des Menschen zu seiner natürlichen Umwelt beeinflussen, wird etwa in der Umweltpsychologie, der Sozialpsychologie oder auch in der Anthropologie und Philosophie seit mindestens drei Jahrzehnten umfassend untersucht und diskutiert. Als gemeinsames Ergebnis lässt sich ableiten, dass neben anderen Faktoren, wie Bildung oder Verhaltensanreizen, auch unsere Werte einen wichtigen Einflussfaktor auf unser Umwelt- und Sozialverhalten darstellen.

Werte sind vor allem für die Suche und das Verarbeiten von Informationen relevant, denn sie bestimmen, welche Informationen wir bevorzugen oder wie wir Erfolg und Nutzen bewerten. Sie wirken auch auf die Stetigkeit und Regelhaftigkeit unseres Verhaltens. Also zum Beispiel, wie lange oder mit welchem Engagement wir eine bestimmte Aktivität oder eine Sache verfolgen. Zu guter Letzt sind sie auch bei der Entscheidungsfindung ein wichtiger Faktor und beeinflussen etwa die Wahrscheinlichkeit, mit der wir umweltfreundliche Entscheidungen den anderen vorziehen.[43]

Stell dir als Beispiel eine Person vor, die seit zehn Jahren mit dem Auto zur Arbeit fährt. Neulich hat sie von den ständig steigenden CO_2-Emissionen gehört und dass der Verkehr einen wesentlichen Beitrag dazu leistet. Jetzt steht diese Person vor der Entscheidung, ob sie weiterhin mit dem Auto zur Arbeit fahren oder auf Alternativen umsteigen soll. Laut dem US-amerikanischen Soziologen Talcott Parsons kommen bei dieser Entscheidung drei wesentliche Aspekte ins Spiel:[44]

- Der **kognitive Aspekt** lässt uns mögliche Alternativen wahrnehmen, hier zum Beispiel den Bus, das Fahrrad oder die Mitfahrt bei einem Kollegen oder einer Kollegin, die in der Nähe wohnen.
- Der **kathektische**[c] **Aspekt** erlaubt es uns, mögliche Alternativen im Hinblick auf individuelle Wünsche und Bedürfnisse abzuschätzen. In unserem Beispiel wären dies Fragen über passende Busintervalle, die Dauer der Busfahrt, die Geografie und Lage der Fahrradstrecke oder auch die Beziehung zum Arbeitskollegen bzw. zur Arbeitskollegin.
- Mit dem **evaluativen Aspekt** werden die Alternativen schließlich aufgrund von Wertestandards abgewogen und beurteilt. So könnte sich die Person etwa gegen den Bus entscheiden, weil ihr der Wert Pünktlichkeit sehr wichtig ist und sie diesen Wert mit der Variante »Bus« womöglich nicht einhalten könnte. Sie könnte

---

[c] Das Wort ist ein Zungenbrecher :-), es beschreibt eine Art Gewinn- und Verlustrechnung in Bezug auf die eigenen Bedürfnisse.

sich aber auch für den Bus entscheiden, weil ihr der Wert Sparsamkeit viel bedeutet und das Busticket günstiger kommt als der Treibstoff für das Auto. Die Person könnte sich für das Fahrrad entscheiden, wenn sie Aktivität schätzt und gern etwas für ihren Körper tut. Wenn ihr aber gutes Auftreten wichtig ist und sie vielleicht nicht verschwitzt zur Arbeit kommen will, dann ist das Fahrrad tabu. Ebenso wird sie die Mitfahrgelegenheit entsprechend ihrem Grad an Sympathie, ihrer Offenheit für Neues oder ihrem Sinn für Gemeinschaft beurteilen.

Natürlich könnte man nun argumentieren, dass dieser Entscheidungsprozess grundsätzlich davon abhängt, ob es überhaupt die besagten Alternativen wie Bus, Bahn oder sichere Fahrradwege gibt. Strukturelle Einschränkungen, wie etwa ein fehlendes öffentliches Verkehrsnetz, werden wahrscheinlich dazu führen, dass unsere Person ihr Auto verwendet, obwohl ihr der Klimaschutz eigentlich viel wert wäre. Nichtsdestotrotz spielen immer auch innere Parameter eine Rolle. Denn selbst in flachen Gegenden mit gutem Verkehrsnetz nehmen viele Leute nach wie vor das Auto – ein strukturelles Problem kann also ausgeschlossen werden.

Darüber hinaus müssen wir uns die provokante Frage stellen, ob nicht die strukturellen Einschränkungen an sich schon einen Spiegel unserer herrschenden Werte darstellen. Bringt denn nicht das Fehlen des öffentlichen Verkehrsnetzes die Prioritätensetzung der Politik und in weiterer Folge die Werte der Wählerschaft zum Ausdruck? Zeigen uns die schmalen und teils gefährlichen Fahrradstreifen auf unseren Straßen nicht auch, dass das kräftige Auto einfach höher bewertet wird als das gesunde, umweltfreundliche Fahrrad? Sind also äußere Beschränkungen nicht gleichzeitig auch wieder ein Hinweis für unsere inneren Wertehaltungen? Wir glauben schon!

Ein bisschen Forschung gefällig?

Egal wie man es auch drehen und wenden mag, unsere Werte wirken auf unsere Handlungen ein und sind somit mitverantwortlich für unser gesellschaftliches Verhalten. Eine spannende Studie dazu liefern Tom Crompton und seine Kollegen in ihrem Bericht »Common Cause – The Case for Working With Our Cultural Values« aus dem Jahr 2010.[45] Darin erörtern sie den Zusammenhang zwischen gewissen Werthaltungen auf der einen und bestimmten Verhaltensweisen auf der anderen Seite. In Anlehnung an den weltweit anerkannten Wertekreis von Schwartz[46] mit seinen zehn universellen Werten differenzieren sie unterschiedliche Kategorien. Auf der einen Achse finden wir selbsttranszendierende (über das eigene Ego hinausgehende) und selbstbezogene Werte, auf der anderen Achse wandlungsoffene und konservierende Werte.

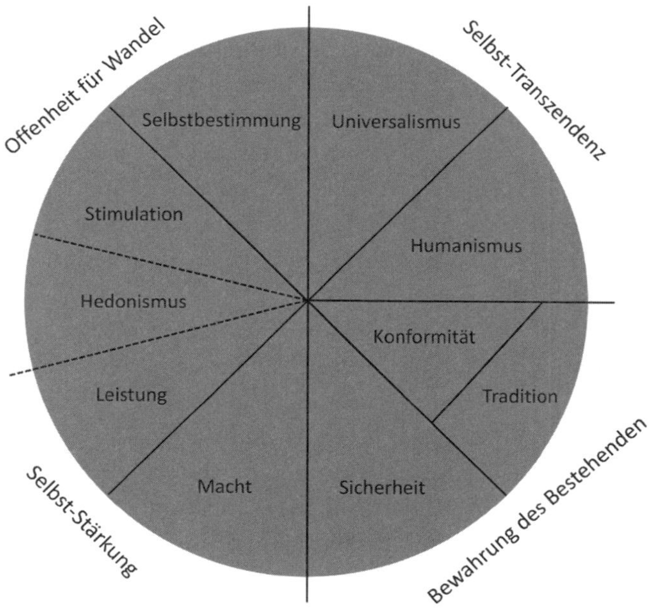

Abb. 3: Wertekreis nach Shalom Schwartz[47]

Laut den Studienergebnissen zeigen Menschen mit starker Orientierung an selbsttranszendierenden und wandlungsoffenen Werten eine höhere Sensibilität für globale Probleme als andere Gruppen.

Weiterhin sind sie eher bereit, diesen Problemen konstruktiv zu begegnen, sei es über eine Veränderung des persönlichen Verhaltens oder durch Einmischung in den gesellschaftspolitischen Diskurs.

Einer der für förderlich befundenen Werte ist beispielsweise »Universalismus«, definiert als Verständnis, Wertschätzung, Toleranz und Schutz für das Wohl aller Menschen und der Natur. Ein zweiter, sehr stark mit nachhaltigem Verhalten einhergehender Wert ist »Selbstbestimmung«, definiert als Unabhängigkeit in Gedanken und Handlungen.

Dem gegenüber steht eine Orientierung an selbstbezogenen Werten und Lebenszielen, die nachweislich mit einer geringeren Besorgnis für globale Umwelt- und Sozialprobleme einhergeht. Beispiele hierfür sind Macht, Leistung oder auch finanzieller Erfolg. Zudem steigt bei solchen Wertorientierungen die Wahrscheinlichkeit für geringere Empathie, vermehrt manipulatives Verhalten, hierarchisches Denken, stärkere Vorurteile, weniger Großzügigkeit, geringeres politisches Engagement und mehr Konkurrenzverhalten. Wie du dir sicherlich denken kannst, handelt es sich dabei um Qualitäten, die einer nachhaltigen Entwicklung nicht gerade dienlich sind.

Darüber hinaus gibt es mittlerweile einige Studien, die zeigen, dass selbsttranszendierende Werte auch mit dem persönlichen Klimaengagement in engem Zusammenhang stehen.[48] In einer der ersten Publikationen, die sich explizit mit der Beziehung zwischen Werten und Überzeugungen zum Klimawandel befasste, sollte die Akzeptanz politischer Klimaschutzmaßnahmen untersucht werden. Man fand heraus, dass die Bereitschaft, politische Maßnahmen zu akzeptieren, positiv mit selbsttranszendierenden Werten zusammenhing. Außerdem zeigten nachfolgende Untersuchungen, dass jene Menschen, die biosphärische[d] und altruistische Werte vertraten, eher Bedenken hinsichtlich der Risiken und Folgen des Klima-

[d] Menschen mit biosphärischen Werten sind der Ansicht, dass die Natur geschützt gehört.

wandels hatten und weniger skeptisch waren gegenüber der Schwere des Problems als Menschen mit egozentrischen Werten.

Andere Studien wiederum untersuchten den Einfluss von extrinsischen und intrinsischen Werten auf das individuelle Verhalten. Zur Erklärung: Als intrinsisch werden jene Werte bezeichnet, welche die angeborenen, psychologischen Bedürfnisse direkt befriedigen und eher nicht von materieller Natur sind, während extrinsische Werte kompensatorisch eingesetzt werden, meist mit materiellen Gütern in Verbindung stehen und nicht per se befriedigend wirken.[49]

Beispiele für intrinsische Werte sind etwa persönliches Wachstum, emotionale Beziehungen oder das Gemeinschaftsgefühl. Extrinsische Werte gehen in Richtung Image, Status oder finanzieller Erfolg. Sieht man sich die Studienergebnisse an, so zeigen diese quer durch die Bank, dass intrinsische Wertorientierungen nicht nur mit höherem Wohlbefinden, sondern auch mit einer höheren sozialen und ökologischen Verantwortung gekoppelt sind, während sich Menschen mit extrinsischen Werthaltungen weniger umweltfreundlich verhalten.

So stellte man etwa bei einer Untersuchung mit knapp tausend Universitätsstudenten aus sechs Nationen fest, dass Studierende mit hohen Werten bezüglich Macht und Leistung andere Menschen eher als Konsumenten und nicht als Teil der Natur betrachteten.[50] Diese Studierenden hatten auch viel weniger Sorgen angesichts der Tatsache, dass sich Umweltschäden negativ auf Mitmenschen, Kinder, künftige Generationen oder nicht-menschliches Leben auswirken.

Natürlich lassen sich solche Effekte nicht nur individuell, sondern auch auf der Ebene ganzer Nationen beobachten. So fand im Jahr 2011 eine Untersuchung statt, wie sich unsere kulturellen Werte auf das Wohlbefinden künftiger Generationen auswirken.[51] Bei den zwanzig reichsten Nationen unseres Planeten wurde etwa festgestellt, dass jene Länder, die Harmonie und Miteinander als gesellschaftliche Werte verfolgten, pro Kopf weniger CO_2 emittierten als Länder, die Wohlstand, Leistung und Status eine höhere Priorität einräumten. Die Harmonie-orientierten Länder wiesen auch ein größeres Wohlbefinden bei den Kindern auf, die nationalen Gesetze zum Mutterschaftsurlaub waren großzügiger gestaltet und es gab weniger an Kinder gerichtete Werbung. Das muss man sich mal auf der Zunge zergehen lassen!

Zusammenfassend ist es aus Sicht der Forschung also unbestritten, dass es gewisse Werte gibt, die ein sozial- und umweltrelevantes Verhalten stärker begünstigen, als andere Werte dies tun. Deshalb ist es auch so wichtig, die innere Dimension der Werte in all den Debatten rund um die Nachhaltigkeit genauso zu berücksichtigen wie soziale, ökologische, ökonomische oder technische Fragestellungen.

Übung – Ich und meine Werte

Was genau sind deine persönlichen Werte? Um sich dessen besser bewusst zu werden, markiere in der folgenden Liste doch bitte 10 Werte, die dir relevant erscheinen. Im Anschluss vergleiche sie nochmals und entscheide dich für eine Endauswahl deiner 5 wichtigsten Kernwerte.

Achtsamkeit	Resilienz	Autonomie
Dankbarkeit	Selbstreflexion	Mitgefühl
Großzügigkeit	Selbstwirksamkeit	Gerechtigkeit
Mäßigung	Leistung	Gemeinschaft
Nächstenliebe	Gesundheit	Offenheit
Optimismus	Weisheit	Rationalismus
Verantwortung	Zivilcourage	Nachhaltigkeit
Vertrauen	Sicherheit	Kooperation
Wissbegierde	Konformität	Tapferkeit
Genuss	Natur	Selbstbestimmung
Tradition	Macht	Toleranz

Konkurrenz	Humor	Erfolg
Kreativität	Familie	Respekt
Freiheit	Spiritualität	

Nun stell dir bitte die Frage, wie du deine wichtigsten Werte in den zwei unten genannten Lebensbereichen beachtest/umsetzt. Bewerte die einzelnen Kategorien mit Noten: 5 = beachte ich immer; 1 = beachte ich nie.

WERT	**PRIVAT**	**BERUFLICH**
a.		
b.		
c.		
d.		
e.		

Abschließend noch einige Fragen bzw. Gedankenanstöße:

1. Gibt es dir wichtige Werte, die du eher im Berufsleben lebst, und andere, die dir privat oder in der Beziehung wichtiger sind? Wenn ja, was könnte dies für Auswirkungen haben?
2. Bist du auf Werte aufmerksam geworden, die miteinander in Konflikt stehen?
3. Hast du in der oberen Liste einen Wert entdeckt, den du gern noch mehr kultivieren würdest?
4. Könnten manche deiner Werte eine nachhaltige Entwicklung behindern? Wie oder in welchen Situationen?

3.2 Der Mensch, ein Herdentier

Werte haben nicht nur Einfluss auf das Verhalten des Einzelnen, sondern bilden auch eine sinnstiftende Legitimationsgrundlage für die sozialen Normen und damit für ein geregeltes gesellschaftliches Zusammenleben an sich. Soziale Normen sind wie Standards, Leitlinien oder Grundsätze, nach denen eine Gesellschaft oder eine Gruppe von Menschen ihr Zusammenleben ausrichtet. Sie definieren, was die Gesellschaft von uns erwartet. Sie sind die ungeschriebenen Regeln, an die wir uns halten, weil wir dazugehören wollen. Soziale Normen sagen aus, wie erwünscht ein bestimmtes Verhalten ist und welche Meinung eine relevante soziale Gruppe über dieses Verhalten hat.

Dieser Normierungsprozess beginnt schon im Kindesalter, wo uns relevante Werte und Normen über »Sozialisierungsinstanzen« wie etwa die Eltern, die Schule oder die Medien vermittelt werden. So erlernen wir bereits in jungen Jahren, dass man Bitte sagen soll, wenn man etwas möchte. Erhält man, was man will, so soll man dies mit einem Danke abgelten – so gehört sich das nun mal. Bitte und Danke zählen zu den ersten sozialen Normen, die wir hierzulande aufschnappen.

Im Lauf unserer Entwicklung übernehmen und verinnerlichen wir die gesellschaftlichen Standards immer weiter und machen sie zu einem Bestandteil der eigenen Persönlichkeit. Je älter wir werden, desto höher wird die Anzahl an Normen, und als heranwachsende Menschen passen sich die meisten von uns immer mehr der Gesellschaft und ihren Regeln an. Im Erwachsenenalter wird dann schließlich von uns erwartet, dass wir die geltenden Normen kennen und auch beachten, sodass wir in der Öffentlichkeit nicht »unangenehm« auffallen. Mit Ausnahme kleiner Abweichungen sollen wir also den geltenden Standards entsprechen und mit dem Zeitgeist und seinen Normen mitschwimmen. Wie sagte es Albert Einstein einst so schön: »Um ein tadelloses Mitglied einer Schafherde zu sein, muss man vor allem ein Schaf sein.«

Soziale Normen sind allgegenwärtig und wirken tief in uns. Wenn sie darüber hinaus durch soziale Kontrolle und Sanktionen wie Bestrafung oder Belohnung abgesichert sind, werden diese Normen und die dahinterliegenden, gesellschaftlichen Werthaltungen schnell zu einem Orientierungsrahmen für das eigene Verhalten. Denn wir wollen nicht aus der Reihe tanzen und schon gar nicht verurteilt oder ausgegrenzt werden! Stattdessen wollen wir anerkannt und geliebt werden und einfach nur dazugehören – weshalb wir uns mit der Zeit immer stärker an all die Normen der uns umgebenden Gesellschaft anpassen. Selbst wenn uns das nicht gefallen mag, macht uns genau das zu jenen Herdentieren, die wir eigentlich niemals sein wollten.

Wenn wir noch einen Schritt weitergehen, findet die sogenannte Internalisierung von Normen statt. Davon spricht man, wenn sich jemand entsprechend einer Norm verhält, ohne dabei überhaupt noch an die Sanktionen oder Folgen der jeweiligen Norm zu denken. Wir spielen einfach das Verhalten ab, das wir seit jeher gelernt und von unseren Mitmenschen kopiert haben, ohne dies jemals infrage zu stellen. Wie ein automatisches Programm oder ein Autopilot, der uns durch das Leben lenkt. Damit erleichtern wir uns zwar den Alltag und ecken vermutlich bei anderen weniger an, gleichzeitig verlieren wir aber auch die Fähigkeit, einmal kritisch auf bestimmte Entwicklungen zu blicken. Dieses bequeme Verhalten beschneidet unsere Möglichkeit, den eigenen Lebensstil zu hinterfragen oder mutig einen neuen Weg einzuschlagen. Einen Weg, der vielleicht viel authentischer wäre und sich auch in unserem tiefen Inneren stimmig anfühlen würde.

Soziale Normen und wie sie auf uns wirken

Du kannst dir sicher bereits vorstellen, dass die sozialen Normen auch für die Nachhaltigkeit von beachtlicher Bedeutung sind. Beginnen wir unseren Diskurs dazu am besten in einer Umgebung, die wie kaum eine andere bekannt ist für ihre sozialen Regeln und Normen: in der Nachbarschaft.

In einer Studie zum Thema Umwelt und Energie zeigte sich, dass der Vergleich mit der umliegenden Nachbarschaft einer der größten Motivationsfaktoren war, den Energieverbrauch im eigenen Haushalt zu reduzieren.[52] Wenn die Menschen Informationen darüber bekamen, wie gut oder wie schlecht sie im Vergleich zu den anderen Haushalten in Sachen Energieverbrauch abschnitten, spornte sie das stark an, noch mehr Energie zu sparen. Erhielten die Leute hingegen nur Informationen darüber, wie viel Energie in kWh oder wie viel Geld sie selbst eingespart hatten, so fiel die Einsparung deutlich geringer aus.

Ähnliche Ergebnisse lieferte ein anderes Experiment zum Thema Herdenverhalten und Nachhaltigkeit. Dabei wurde untersucht, mit welchen Botschaften Hotelgäste wohl eher umweltfreundlich agieren würden.[53] Es zeigte sich, dass zum Beispiel ein Schild mit der Aufschrift »Die Mehrheit der Gäste verwendet ihre Handtücher wieder« effektiver war als der klassische Appell, man möge seine Handtücher bitte öfters verwenden. Am besten jedoch schnitten jene Botschaften ab, die das Gruppenverhalten der unmittelbaren und situativen Umstände miteinbezogen, wie etwa: »Die Mehrheit der Gäste in diesem Raum hat ihre Handtücher wiederverwendet.«

Nicht nur im privaten Bereich eines Hotelzimmers, auch im öffentlichen Raum lässt sich dieses Verhalten nachweisen. So zeigte sich, dass auf öffentlichen Plätzen,[54] wo schon viel Müll herumlag, die Menschen eher noch mehr Müll dazu schmissen als auf sauberen Plätzen. Die Stimme im Kopf sagt uns in solchen Fällen offenbar, dass es entsprechend der sozialen Norm wohl in Ordnung sei, seinen Dreck hier wegzuwerfen, da es die anderen ja ebenfalls tun. Umgekehrt bedeutet ein sauber gehaltener Platz, dass nichts weggeworfen werden darf, da die Leute hier ordentlich sind. Viktor Frankl scheint also recht zu behalten mit seiner These, dass Werte und Normen am besten vorgelebt werden sollten.

Der Mensch und sein Verhalten als Herdentier sind mittlerweile sehr gut erforscht. Und wenn man sich aus dieser Forschung eine Sache merken möchte, dann die, dass wir die Konformität offenbar lieben, ob wir wollen oder nicht. Es sind neben unseren Eltern und prägenden Lebensereignissen vor allem die sozialen Normen, die einen zentralen Einflussfaktor auf unser Verhalten darstellen. Dies kann sowohl positiv als auch negativ genutzt werden.

Den positiven Aspekt finden wir dann, wenn die jeweilige Norm sozial oder umweltfreundlich orientiert ist und man sich deshalb daran anpassen möchte. Ein Versuch: Häng doch an deinem Arbeitsplatz einfach mal einen Zettel auf den Kopierer mit der Aufschrift: »Zwei von drei Kollegen arbeiten papierlos.« Es sei dir versichert, dass du mit der Macht sozialer Normen eine Änderung im Papierverbrauch beobachten wirst.

Einen weiteren positiven Aspekt der Konformität kann man erleben, wenn man sich gewissen Gruppen zugehörig fühlt und dadurch eine kollektive Überzeugung der eigenen Wirksamkeit generiert. Man identifiziert sich sozusagen mit den normativen Vorstellungen einer Gruppe, und diese Normen werden dann in bestimmte Verhaltensweisen übersetzt. Denken wir nur an die Umweltschutzbewegung »Extinction Rebellion«, »Fridays For Future« oder an »Black Lives Matter«. Ihnen allen liegt eine gewisse soziale Norm zugrunde, die die Gruppenmitglieder kennen und an die sie sich im Sinne einer positiven Zukunft auch zu halten versuchen.

Auf der anderen Seite können tief sitzende und vom Mainstream bisweilen hochgehaltene Normen und Standards aber auch einen negativen Einfluss auf unser Verhalten ausüben. So hat man etwa festgestellt, dass junge Mädchen auf den Fidschi-Inseln drei Jahre nach Einführung des Fernsehens begonnen haben, sich stärker mit ihrem körperlichen Erscheinungsbild zu beschäftigen und sich mehr mit anderen zu vergleichen.[55] Darüber hinaus hat sich gezeigt, dass auch die Essstörungen dieser Gruppe dramatisch zunahmen.

Ebenso interessant ist der Einfluss sozialer Normen in Bereichen des Studiums. Wie in Ausbildungen generell der Fall, hat auch jede Studienrichtung ihre eigenen Normen und Regeln. So wird es Untersuchungen zufolge Jura-Studierenden in den USA während des Studiums förmlich abtrainiert, sich um andere zu sorgen oder für das Gemeinwohl einzustehen.[56] Im Gegenzug dazu werden extrinsische Werte aktiviert und das eigene Aussehen nimmt an Bedeutung zu. Weiters deuten die Studienautoren darauf hin, dass die vielen berufsbezogenen Probleme – von Depressionen über exzessiven Konsum bis hin zum Mangel an ethisch-moralischem

Verhalten – womöglich mit dem Ablauf des Rechtsstudiums selbst zu begründen sind.

Was bedeuten diese Beispiele nun für die Macht sozialer Normen in Bezug auf unsere Gesellschaft? Betrachten wir doch nur ein paar der gängigen Beschreibungen unserer westlichen Welt, wie Leistungsgesellschaft, Konsumgesellschaft, Überfluss-, Wegwerf- oder Wohlstandsgesellschaft. Welche sozialen Normen kommen darin zum Ausdruck? Welche Werte sind uns als Bevölkerung dadurch wohl wichtig? Was macht solch eine gesellschaftliche Ausrichtung mit uns als Individuen? Und was denkst du, ist das Ergebnis von all dem, was wir bisher zum Thema Werte und Normen gehört haben?

In einer konsumorientierten Welt wie der unsrigen scheint es die Norm zu sein, die Quelle des Glücks und den Sinn des Lebens in äußeren und materiellen Dingen zu suchen. Das würde so natürlich kaum jemand zugeben. Wenn wir in unseren Firmenseminaren die Leute fragen, was ihnen im Leben wirklich wichtig sei, so kommen »Familie«, »Freunde« und »Gesundheit« als häufigste Antworten. Doch sehen wir uns diese Antworten etwas genauer an. Bedenken wir einfach mal, dass trotz rückläufiger Zahlen ein Viertel aller unselbstständig Beschäftigten mit Vollzeitjob im Schnitt auf mehr als acht Überstunden pro Woche kommt.[57] Oder dass freie Dienstnehmer im Mittel mehr als 45 Stunden pro Woche arbeiten und sich gleichzeitig die Mehrheit der in Teilzeit Beschäftigten eine Aufstockung ihrer Stunden wünscht.[e]

Wenn wir dann noch hinzunehmen, dass wir jede Woche durchschnittlich acht bis zehn Stunden in Verkehrsmitteln verbringen, so stellt sich die Frage, wann denn bitte Zeit ist für die scheinbar so wichtigen Werte wie Familie oder Freunde.[58] Weiterhin sei zum wiederholten Male gesagt, dass sich eine dauerhafte Überforderung in der Arbeit auch nicht mit dem Wert Gesundheit vereinbaren lässt. Belügen wir uns also selbst, wenn wir Familie, Freunde und Gesundheit als hohe Werte nennen? Nicht unbedingt. Doch unsere

---

[e] Daten aus dem Jahr 2014.

sozialen Normen wollen uns glauben machen, dass man seiner Familie etwas bieten muss, um geliebt zu werden, dass unsere Freunde unseren Status schätzen und dass unser Körper auch mit 50 noch so aussehen sollte, als hätten wir im Jungbrunnen gebadet. So rackern sich viele von uns Tag für Tag ab, für materielle Güter, Aussehen und Dienstleistungen. Und übersehen dabei, dass anstelle von »Familie, Freunde und Gesundheit« die Werte »Leistung und Status« das Steuer übernommen haben. Sie definieren ihr »gutes Leben« dann gern über ihren Besitz anstatt etwa darüber, wie sie sich fühlen oder wie sehr sie sich selbst verwirklichen können. Je mehr man hat, desto wertvoller ist man. Je mehr man leistet, desto mehr Anerkennung verdient man. Das sind nur ein paar unserer kollektiven Glaubenssätze. Erfolg wird noch immer im Außen gemessen, und so sind es vor allem die materiellen Güter, die den Grad des Erfolgs anzeigen sollen. Jede geschickte Werbekampagne greift auf diese sozialen Normen zurück und versucht uns einzureden: Sei jung! Sei schön! Sei erfolgreich!

Wir Autoren sind immer wieder schockiert darüber, dass diese Strategie noch immer funktioniert, und es macht uns traurig, dass vor allem junge Menschen diesem Wahn oft anheimfallen: wie viele Menschen sich etwa bereits in jungen Jahren einer Schönheitsoperation unterziehen; wie viele sich hohe Kredite aufnehmen, nur um sich ein teures Auto leisten zu können; und wie viele es als ihr höchstes Ziel ansehen, um jeden Preis reich zu werden, ohne je einen Gedanken darüber zu verlieren, was wahres Glück für sie bedeuten könnte.

Diese Entwicklung ist sowohl auf individueller als auch auf gesellschaftlicher Ebene sehr bedenklich. Wann werden wir endlich aufhören, diesen sogenannten »Idealbildern« hinterherzulaufen? Wann beginnen wir, zukunftsfähige Werte und Normen für uns zu etablieren und damit auch geistig in einem neuen Jahrhundert anzukommen?

Wenn wir die Zukunft auf positive Weise gestalten wollen, so müssen wir uns über die Wirkung von sozialen Normen Gedanken machen. Es ist wichtig, individuelle wie kollektive Werthaltungen zu thematisieren, ihren Einfluss auf eine nachhaltige Entwicklung zu verstehen und letztlich Wege und Methoden zu finden, diese im Sinne der Zukunftsfähigkeit, Verantwortung und Lebensfreundlichkeit auf breiter Basis zu verändern. Nur wenn uns bewusst ist, wie uns Werte und Normen am Weg in eine zukunftsfähige Gesellschaft hindern bzw. fördern, können wir in Sachen Nachhaltigkeit auch wirklich etwas verändern.

3.3 Wie Werte die Nachhaltigkeit bremsen

Welche individuellen und kollektiven Werthaltungen hindern uns bisweilen daran, in eine wirklich lebenswerte Zukunft zu gelangen? Welche Grundüberzeugungen und Annahmen über das Leben stehen uns im Weg?

Wir haben schon angedeutet, dass manche unserer Werte eher zu einem nachhaltigen Verhalten führen als andere. Aber Vorsicht! Wir möchten nicht den Eindruck erwecken, dass einige Werte deshalb besser sind als andere oder dass gewisse Werte per se schlecht seien. Nein! Auch extrinsische und materielle Werte können uns im richtigen Verständnis einen guten Dienst erweisen. Es wird nie eine Gesellschaft geben, die frei von extrinsischen und materiellen Werten ist. Solange der Mensch Nahrung, Wasser und Luft zum Überleben benötigt, so lange werden auch äußere Werte eine Rolle spielen. Und so hat aus unserer Sicht natürlich jeder Mensch, der sich beispielsweise an Werten wie Leistung, Konkurrenz oder Macht orientiert, dieselbe Lebensberechtigung wie jedes andere Wesen auch, und das steht völlig außer Frage. Wir wollen also niemanden diskreditieren.

Was wir aber tun wollen, ist, manche unserer althergebrachten Werte auf ihre negativen Auswirkungen hin zu erörtern, um im Anschluss die Frage zu stellen, wie sich diese im Sinne der Zukunftsfähigkeit transformieren lassen.

Wie man den Status quo erfolgreich konserviert

Wenn man als Österreicher die Tradition infrage stellen will, hat man »nicht alle Tassen im Schrank«. In der schönen Alpenrepublik wird Tradition großgeschrieben, und wer sich dagegenstellt, begeht gesellschaftlichen Selbstmord. 2011 noch wünschten sich laut Gallup-Umfrage 17 Prozent der Bevölkerung einen Kaiser zurück.[59] Auch wenn die Mehrheit des Landes mit derartigen Traditionen abgeschlossen hat, so hält sie an anderer Stelle umso vehementer daran fest.

Tradition hat viele gute Seiten, und um den Wert mancher Dinge zu erkennen, ist oftmals Zeit – und somit eine gewisse Konservierung – notwendig. Gleichzeitig gibt es Traditionen, die die Wende zu einer naturverbundenen Gesellschaft stark behindern. Bevor wir diese für den D-A-CH-Raum (Deutschland, Österreich, Schweiz) aufzeigen wollen, beginnen wir mit ein paar Traditionen aus dem Ausland. Denn dann fällt es bekanntlich leichter, auch in den eigenen Sumpf zu blicken.

Die Traditionelle Chinesische Medizin, kurz TCM, ist mittlerweile in vielen Teilen der Welt bekannt. Auch wenn sie von schulmedizinischer Seite gern belächelt wird, haben sich Methoden wie Akupunktur, Shiatsu, Qigong oder die chinesische Ernährungslehre im Westen stark verbreitet. Viele Bereiche dieser Tradition können als sehr hilfreich und wertvoll erachtet werden. Dennoch gibt es wie bei jeder jahrtausendealten Tradition Dinge, die veraltet sind. Ein Beispiel: Seit Jahrhunderten werden in der TCM Nashornhörner und Tigerknochen als Heilmittel verwendet. Und obwohl führende TCM-Mediziner längst davon abraten, hat sich diese Tradition in der Bevölkerung fortgesetzt. Auch das Handelsverbot von 1993 konnte nur bedingt Abhilfe schaffen, da die Produkte danach auf dem Schwarzmarkt vertrieben wurden.[60]

Seit 2018 sind der Handel und die Verwendung beider Produkte wieder bedingt erlaubt, was die Situation verschlimmert hat. Sofern man in China diese Tradition nicht ändert, wird sie wohl nur durch das Aussterben der jeweiligen Art beendet werden. Bei einer Bevölkerung von 1,4 Milliarden Menschen gegenüber weltweit rund

4000 Tigern und 30.000 Nashörnern ist dies nur eine Frage der Zeit – oder eben der Werte.

Nicht nur in der Medizin, auch für künstlerische Zwecke sind tierische Materialien in China sehr beliebt. 2006 wurde etwa die Elfenbeinschnitzerei zum nationalen Kulturgut erklärt mit der Begründung, dass es eine jahrtausendealte Tradition sei. Zigtausende Elefanten mussten schon ihr Leben lassen für Schmuck und kunstvolle Statuen. Erst als der Staatschef selbst zum Gegner von Elfenbein wurde, kam es 2018 zum Handelsverbot.[61] Unterstützt von großen Marketingkampagnen mit Beteiligung nationaler Prominenz könnte der Anstoß zu einem Wertewandel hier wirklich funktioniert haben. Laut Umweltverbänden sinkt die Zahl der Elfenbeinverkäufe, allerdings von einem hohen Niveau ausgehend.

Tierhörner als Kunst und deren Knochen als medizinische Heilmittel? Das klingt doch nach frühem Mittelalter! So oder ähnlich sehen das sicher viele hier bei uns in Mitteleuropa. Und dass bei dieser Geschichte die Chinesen eine tragende Rolle spielen, passt auch perfekt ins Bild. Vor kaum einer anderen Kultur hat der Westen im vergangenen Jahrzehnt mehr Ängste geschürt als vor dem Land der Mitte. Anstatt diese Ängste aber zu befeuern, möchten wir vielmehr einige Parallelen zwischen fernöstlichen und heimischen Traditionen ziehen.

Nehmen wir als erstes Beispiel den Steinbock zur Hand. Kein anderes Tier verkörpert den Alpenraum so stark wie dieser prächtige Bock, den man hierzulande quasi als zweites Wappentier ansehen könnte. Erste Höhlenmalereien existieren aus der Jungsteinzeit, und heute nennen unsere Kinder den Steinbock meist als ersten Vertreter bei der Frage nach heimischen Wildtierarten.[f] Seine Symbolträchtigkeit kam dem Steinbock selbst aber weniger zugute. Wegen seiner angeblich magischen Kräfte wurde er vor hundert Jahren fast ausgerottet. Die Jagd nach ihm und seine »Verwendung«

---

[f] Stefans Erfahrung aus über hundert Vorträgen in Deutschland und Österreich mit jungen Menschen im Alter von 11 bis 14 Jahren.

waren damals Tradition. Die Hörner galten als Statussymbol, das Blut sollte gegen Harnkrankheiten helfen, und seinen Gedärmen, wie dem Magen, wurden Heilkräfte gegen Durchfall, Grippe bis hin zu Depressionen nachgesagt. Da halfen auch die bereits Anfang des 17. Jahrhunderts ausgesprochenen Bejagungsverbote nichts.

Weder die Schweiz noch Frankreich, Deutschland oder Österreich zählten um 1900 auch nur einen einzigen Alpensteinbock.[62] Lediglich im italienischen Gran Paradiso, dem privaten Jagdrevier von König Vittorio Emanuele III., konnten unter strenger Bewachung von bewaffneten Schutzmännern etwa hundert Steinböcke erhalten werden. Da der König dem Schweizer Bundesrat allerdings keine Tiere für die Wiederansiedelung abgeben wollte, mussten andere Maßnahmen ergriffen werden. Entgegen dem Wert der Ordnung engagierten die Schweizer verschiedene Wilderer, die 1906 im Jagdrevier einbrachen, die ersten drei Kitze stahlen und in die Schweiz lieferten. Viele weitere folgten, und eben dieser Mut, entgegen den gesetzlichen Regelungen und Werten zu handeln, hat dem Steinbock das Fortbestehen gesichert. Später erklärte sich dann auch der König bereit, Tiere für die Wiederansiedelung bereitzustellen. Und so können wir im Alpenraum heute wieder auf eine Population von etwa 40.000 Tieren blicken.

Die Jagd zählt aus der Sicht des Menschen zu einer der ältesten Traditionen überhaupt. Neben dem Nahrungsmittel Fleisch lieferte sie uns über Knochen und Felle auch die Materialien für Kleidung, Werkzeuge oder Kunstobjekte. Und wer weiß, ob unsere Spezies überhaupt überlebt hätte, wären wir nur Sammler geblieben.

Gleichwohl ist die Jagd im 21. Jahrhundert längst keine Tradition mehr in dem Sinn, dass sie unser Überleben sichern muss. Es ist wohl eher so, dass sie mittlerweile dem Leben auch gefährlich werden kann. Während wir vor hundert Jahren den Steinbock fast ausgerottet haben, ging es im letzten Jahrzehnt dem Seeadler an den Kragen. Auch er, das offizielle Wappentier Österreichs, wäre schon ausgestorben, hätten diverse Umweltverbände nicht massive Schutzmaßnahmen ergriffen.

Jede Tradition, so auch die Jagd, muss ihre eigenen Praktiken reflektieren, wenn sie ihre Werte auch im Sinn eines größeren Ganzen hochhalten möchte. Wer Jagd betreibt, um die Wildbestände auf einem für den Wald gesunden Maß zu halten, kann sich sowohl Jäger als auch Heger bzw. naturverbunden nennen. Wer allerdings Hirsche schießt, um sich deren Geweihe als Statussymbol an die Wand zu hängen, ist geistig eher noch im Mittelalter verankert. Wäre dieser Jemand in China geboren, würde er wohl auf einem Elfenbeinstuhl sitzen und sein Gewissen mit zerriebenen Tigerknochen zu heilen versuchen.

Die Technik wird's schon richten?

Ein Wert, der bei uns im Westen sehr stark mit dem Wohlstand einherzugehen scheint, ist der technische Fortschritt. Technik begeistert, und es gibt heutzutage wohl kaum einen Bereich mehr, wo uns die Technik nicht auch das Leben ein großes Stück erleichtert hat. Nichtsdestotrotz ist der technische Fortschritt sehr oft mit der Ausbeutung von Ressourcen verbunden. Dass er auch unser soziales Miteinander stark verändert, ist beim Blick auf die digitalisierte Welt nicht neu, aber nicht Thema dieses Buchs. Deshalb wollen wir ihn hier einmal über ein Beispiel unter die Lupe nehmen, das für manche womöglich neu ist. Die folgende Geschichte zeigt uns bestens, warum wir auch im technisch-wissenschaftlichen Bereich unser gesamtes Welt- und Wertebild ändern müssen, um als Gesellschaft zukunftsfähig zu werden.

Als die beiden Wissenschaftler Alfred Sallmann und Rudolph Pfister in den 1960er-Jahren in der Schweiz die chemische Verbindung Diclofenac synthetisierten, war dies ein großer Erfolg.[63] Vermutlich taten sie ihre Arbeit aus Leidenschaft und in dem guten Glauben, der Welt einen Gefallen zu tun. Viele Menschen würden dem wohl beipflichten, denn Diclofenac hilft bei Fieber, Entzündungen oder auch Rheuma.

Aufgrund der positiven Ergebnisse begann man später, diese Arznei auch in der Tiermedizin einzusetzen. Vor allem in Indien fand das kostengünstige Medikament ab den 1990er-Jahren regen Absatz in der Anwendung bei Kühen. Und bei über 300 Millionen Kühen ist das natürlich jede Menge Diclofenac. Da Rinder in Indien aus Glaubensgründen nicht geschlachtet werden, verenden sie meist irgendwo auf Feldern oder in freier Natur. Tausende Jahre lang stellte dies kein Problem dar, denn die Kadaver wurden von einem Millionenheer an Geiern entsorgt. Durch die Einführung der Arznei waren die Kadaver der Kühe aber plötzlich mit Diclofenac belastet, was bei den Geiern zu einem tödlichen Nierenversagen führte. Innerhalb von Jahrzehnten starben je nach Art zwischen 97 und 99 Prozent der indischen Geier aus.[64] Da half es auch nicht mehr, dass beginnend mit 2006 in Pakistan, Nepal, Bangladesch und Indien Verbote für die Arznei ausgesprochen wurden. Für die mehr als vierzig Millionen Geier, die bis dahin verendet waren, kam diese Maßnahme zu spät.

Das Problem zog noch weitere Kreise. Seitdem die Geier verschwunden sind, fressen Ratten und Hunde die Rinderkadaver. Da jene Tiere mit dem Stoff weniger Probleme haben, führte dies zu einem erheblichen Anstieg in deren Population. Dadurch wiederum stieg die Anzahl an Hundebissen und gleichzeitig die Zahl der Todesfälle durch Tollwut. Schätzungen nationaler Naturverbände zufolge kostete das Geiersterben 34 Milliarden Dollar und 47.000 Menschenleben. Da stellt sich die berechtigte Frage, ob Diclofenac noch immer als »kostengünstig« bezeichnet werden kann.

Auch wenn diese Geschichte für sich sprechen sollte, würden wohl manche noch immer ganz technokratisch argumentieren, dass die Inder ihre Rinderkadaver einfach »zeitgemäß« entsorgen müssen. Dem kann man auch ganz technokratisch kontern: Ein einzelner Geier erbringt durch seine Fressgewohnheiten eine sogenannte Entsorgungsleistung von 9200 Euro jährlich. Die Aufzucht und Bewahrung der Geierbestände ist somit deutlich günstiger als der Bau von Krematorien. In einem Land mit einem jährlichen BIP pro Kopf von ca. 2000 Euro ist dies ein entscheidender Faktor. Man könnte jetzt natürlich noch meinen, die Inder sollten Teile ihres Glaubens reflektieren. Angesichts der vielen Probleme durch verrottende Rinderkadaver ist dies womöglich kein schlechter Tipp.

Gleichzeitig ist aber auch unsere westliche Wissenschaft dazu angehalten, die eigenen Werte und Überzeugungen infrage zu stellen, denn die Inder hätten kein Diclofenac, wenn wir es nicht auf dem ganzen Globus verbreitet hätten. Zudem ist Diclofenac seit 2014 auch in der EU als allgemeine Tiermedizin zugelassen – und könnte somit auch bald die wenig verbliebenen Geierbestände in Europa gefährden. Alles in allem sind also auch wir keine Weltmeister im Reflektieren unserer Werte!

Zweifelsohne bietet uns der technische Fortschritt zahlreiche Möglichkeiten auf dem Weg in die Zukunft und kann für uns alle ein Segen sein. Viele Innovationen haben uns als Menschheit vorangebracht und werden dies auch weiterhin tun. Doch wie jeder andere Wert muss auch dieser die Natur und sein Umfeld in jeder Hinsicht mit bedenken. Gerade das Beispiel aus dem pharmazeutischen Bereich sollte uns zeigen, dass es im Bereich der Naturwissenschaft eine gänzlich neue Herangehensweise an Forschung und Entwicklung benötigt. Wissenschaftlich ist dieser interdisziplinäre und als systemisch bezeichnete Ansatz längst beschrieben. Gelehrt und umgesetzt wird er trotzdem noch immer viel zu wenig. Dafür braucht es eben, nicht zuletzt, eine Änderung in unseren Wertvorstellungen.

Ich bin mir selbst am nächsten

Egal ob wir von Leistung, Egoismus, Status, Erfolg oder Macht sprechen, überall finden wir im Handumdrehen Beispiele mit einem negativen Bezug zur Nachhaltigkeit. Das Spannende dabei: Obwohl wir die meisten der Ich-bezogenen Werte mittlerweile kollektiv durchaus kritisch sehen und auch als nicht erstrebenswert erachten, müssen wir einsehen, dass wir viele dieser Werte unbewusst ganz stark in uns verankert haben.

»Ungleichheit immer größer: 1 % der Bevölkerung besitzt bereits 90 % des Klopapiers«.

Diese Schlagzeile titelte das österreichische Satiremagazin »Die Tagespresse« zu Beginn der Coronakrise am 13. März 2020, nachdem Teile der Bevölkerung innerhalb weniger Stunden die Supermarktregale von Klopapierrollen leerräumten.[65] Aber nicht nur der

Allerwerteste sollte für lange Zeit sauber und gepflegt bleiben. Nein. Auch Reis oder Erdäpfel waren an diesen Tagen nur noch schwer zu bekommen. Und so konnte man an den Kassen dabei zusehen, wie alle möglichen Privatpersonen zu hamstern begannen und plötzlich Einkäufe tätigten, als wären sie vom Großhandel.

Dieses amüsante Schauspiel hat näher betrachtet einen bitteren Beigeschmack, der vor allem in Krisenzeiten immer wieder sichtbar wird: Kommt es darauf an, suchen manche Menschen nach dem größtmöglichen Selbstvorteil und handeln nach dem Motto: »Zuerst ich und hinter mir die Sintflut.« Dass auch andere Menschen während einer Krise gern einen sauberen Hintern und was zu beißen hätten, daran wird in der Hitze des Gefechts – im Supermarkt – oft nicht mehr gedacht. Und wen wundert's? Immerhin hören wir bereits im Kindesalter die Darwin'schen Theorien der Evolution und interpretieren sie meist so, als ob der Stärkere auch biologisch immer den Sieg davonträgt. Doch stimmt das wirklich? Und ist das auch der beste Weg für einen selbst?

Wohl eher nicht. Denn erstens meint der berühmte Ausspruch »Survival of the Fittest« nicht das Überleben der Stärksten einer Gruppe, sondern der am besten Angepassten. Und zweitens zeigt uns gerade die Biologie, dass die Basis des Lebens und Überlebens vor allem auf Kooperation basiert. Wie beschreibt es der Evolutionsbiologe James Lovelock so schön: »Organismen, die das wechselseitige Spiel der Kooperation nicht mitspielen, sterben aus. Jene Organismen hingegen, die ihre Umwelt für ihre Nachkommen verbessern, blühen auf.«[66]

Was in der Natur gilt, sollte auch uns Menschen zu denken geben. Ob es sich um die Corona-Pandemie, Tausende Kriegsflüchtlinge oder die Klimakrise handelt, ohne starken Zusammenhalt und das Zurückstellen eigener Bedürfnisse lassen sich derartige Extremsituationen nicht friedlich lösen.

Entgegen einem blinden Festhalten am Selbstvorteil sollten wir in unserer Gesellschaft also verstärkt Werte prägen, die ein echtes Miteinander auf allen Ebenen fördern. Nochmals: Ein Miteinander auf ALLEN EBENEN, und nicht nur ein Miteinander für uns

Österreicher, für uns Bayern, für uns Kleinunternehmer, für uns Beamte, für uns Bauern, für uns vom Land, für uns Städter usw. Wer von einem echten Miteinander spricht, darf niemanden ausschließen und muss zugleich die Idee des ständigen Selbstvorteils hinter sich lassen.

Wenn wir also begreifen, dass wir in jeder Lebenslage Situationen erschaffen können, die dem Wohle vieler und nicht nur dem eigenen Wohle dienen, können wir eine neue und höhere Variante des Ichs erfahren. Um jedoch dort hinzukommen, müssen wir zuerst den Glauben an den eigenen Vorteil loslassen und erkennen, dass sich wahre Vorteile nie nur für einen selbst, sondern – ganz im Gegenteil – immer für uns alle ergeben werden. Es gibt keine echten Gewinner, solange einige von uns alles verlieren.

Hauptsache gegeneinander!

Zu guter Letzt wollen wir noch einen Wert betrachten, der uns wie kaum ein anderer von klein auf antrainiert wird: Konkurrenz. Ich, Stefan, kann und möchte dir dazu eine persönliche Geschichte erzählen, die mich und mein Leben stark geprägt hat:

- Ob im Schulwesen oder privat, so wie viele andere Kinder wollte auch ich schon in jungen Jahren einfach nur besser sein. Gut sein allein reichte nicht, das habe ich durch den Fernseher und mein soziales Umfeld recht bald »verstanden«. Hatte ich bei einer Schularbeit eine Eins, war diese vor allem dann etwas wert, wenn es die einzige Eins war. Gab es noch drei weitere Leute mit der Note »sehr gut«, so hätte ich auf den Einser gern verzichten können und stattdessen einen Dreier genommen, wenn dann zumindest alle anderen eine Vier gehabt hätten. Es ging nur bedingt darum, den Stoff des Fachgebiets zu verstehen. Es ging vielmehr darum, ihn besser zu verstehen als die anderen. Mit dieser Denkweise war ich keinesfalls allein, sondern gut eingebettet in eine Gruppe ähnlich tickender Kinder. Die ewige Hervorhebung der Klassenbesten war dabei auch nicht gerade förderlich.

  Später auf der Universität verglichen meine Freunde und ich uns nicht mehr nur miteinander, sondern vor allem auch mit den anderen Studienrichtungen. Wir Elektrotechniker[g] waren überzeugt, das schwerste und somit wichtigste Studium zu absolvieren. Wir waren besser als die Maschinenbauer, die Chemiker und die Architekten sowieso. Interessanterweise kam mit den Mechatronikern immer ein Streit auf, wer nun wirklich besser sei. Eine »Einigung« kam erst dann zustande, als wir erklärten, dass Techniker in jedem Fall besser seien als Soziologen oder, schlimmer noch, Anthropologen. Über BWLer wurde gar nicht erst geredet. Diese »Sklaven des Kapitals« hatten in unserer Vergleichsliga nichts zu suchen.

Einziger Wermutstropfen in diesem Spiel war der alljährliche Ferialjob in irgendwelchen technischen Betrieben, wo man als Akademiker merkte, dass man, praktisch gesehen, nur wenig Ahnung hatte, und einem die Handwerker ständig auf die Nerven gingen. Die erzählten einem dann nämlich ebenfalls, warum sie eigentlich viel besser seien als man selbst und all die »Studierten« im Generellen. Nur gut, dass man ein starkes Ego besaß und sich immer noch denken konnte: »Irgendwann bin ich dein Boss, und dann zeig ich dir, wer hier der Bessere ist!«

Nicht nur Technikerinnen, auch Friseure, Verkäuferinnen, Sekretäre, Chefinnen und noch viele andere haben diesen Glauben an eine Welt, in der sie nun mal besser sind als andere. Aus meinen früheren Erfahrungen in der Jugendarbeit weiß ich zudem, dass selbst der arbeitslose Schulabbrecher mit Drogenproblemen seinen Selbstwert mitunter damit aufrechtzuerhalten versucht, indem er sich für besser hält als irgendjemand anderer.

Tja, so wird es gespielt, das Spiel der Konkurrenz. Zwar bekommen nicht alle die gleiche Dosis ab wie der hier beschriebene Autor :-), aber die meisten von uns bekommen zumindest so viel davon mit, um die Konkurrenz als gesellschaftlich und vor allem

---

[g]Unsere Studiengruppe und die unserer Kollegen bestand ausschließlich aus Männern.

wirtschaftlich anerkannten Wert zu definieren. Wir lernen Konkurrenz von klein auf und integrieren sie tief in unser Wertesystem. Später wundern wir uns dann, warum einem die Führungskräfte am Arbeitsplatz ständig irgendwelche Teambuildings und Seminare verordnen. Dies ist meist der erste Berührungspunkt mit der Tatsache, dass uns die Konkurrenz, gesamt gesehen, viel mehr Geld kostet, als sie manch wenigen unter uns bringen mag. Bezieht man dann neben den sozialen Problemen die ökologischen mit ein, wird die Statistik noch einmal trüber.

Der Wert des ewigen »Besser-Seins« hat eine Kultur entstehen lassen, in der wir den Blick dafür verloren haben, was eigentlich gut und wichtig ist. Nicht, dass es nicht bessere Lösungen braucht als jene, die wir heute anwenden. Die braucht es in jedem Fall, und sie werden sich wohl auch in Zukunft mit anderen Lösungen messen. Nur müssen wir in dieser Zukunft die Lösungen zum Wohle der Gemeinschaft definieren.

Dazu brauchen wir reflektierte Menschen, die auch mal einsehen, dass die von ihnen eingebrachten Vorschläge eben nicht die besten sind, selbst wenn sie sich ökonomisch gesehen erst mal rechnen. Wir brauchen reflektierte Menschen, die sich nicht ständig darum bemühen, andere zu übertrumpfen, sondern mit diesen anderen auf kooperativer Ebene zusammenarbeiten – um im gemeinsamen Prozess Ergebnisse zu erarbeiten, die sowohl für die Menschen als auch für die Natur einen Gewinn darstellen.

Die transformierte Ebene

Eine Wirtschaftswelt, die bis zum tiefsten Kern auf den Prinzipien der Konkurrenz beruht, wird die Probleme unserer Zeit nicht lösen können. Ein Fortschrittsglaube, der die Technik als einziges Allheilmittel sieht, wird uns nicht in eine gute Zukunft bringen. Aber sind diese Werte nun per se schlecht? Ist es wirklich die ganze Wahrheit, wenn wir sagen, dass manche Werte in Bezug auf die Nachhaltigkeit förderlich sind und andere hingegen hinderlich?

Auf kollektiver Ebene mag dies durchaus zutreffen. Als gesellschaftliche Leitlinie werden Ich-bezogene oder materielle Werte nicht funktionieren. Doch ob wir es wollen oder nicht, manche der scheinbar hinderlichen Werte sind nun mal zutiefst menschlich und werden uns somit auf individueller Ebene immer begleiten. Anstatt diese »alten« Werte pauschal zu verteufeln, tun wir gut daran, sie als Teil unseres Seins zu erkennen und entsprechend zu transformieren.

Nehmen wir die zuvor gescholtene Konkurrenz als Beispiel. Kein anderer Wert wird so gerne als Grund allen Übels herangezogen und seit Jahrzehnten von den verschiedensten Seiten unter Beschuss genommen. Doch selbst wenn dem biologischen Menschen das Prinzip der Kooperation nachweislich näher ist, so wird auch das Konkurrenzprinzip immer zum Menschsein dazugehören.

Lass uns deshalb einmal umschwenken und die Konkurrenz von einer anderen Seite her betrachten. Denk einfach mal an all die vielen Sportarten, die ohne Konkurrenz ihren Reiz verlieren würden. Was wäre eine Fußballpartie, ohne die Tore zu zählen? Wie begeisternd wäre Tennis, ohne ein Match zu machen? Und wer würde noch bei einem Wettlauf mitrennen, wenn es niemanden mehr interessiert, schnell ins Ziel zu kommen? Auch beliebte Gesellschaftsspiele werden durch Konkurrenz lebendiger. Wer will schon »Malefiz« spielen, ohne seinen Gegnern kurz vor Schluss noch einmal drei Steine vors Ziel zu stellen? Und wie spaßig kann ein Viererschnapser[h] wohl werden, wenn alle vier Spieler miteinander zu kooperieren versuchten? Eben! Gerade im spielerischen Umfeld wirkt Konkurrenz meist belebend und kann uns anspornen, das eigene Können noch weiter zu verbessern.

Auch abseits von Sport und Spiel gibt es jede Menge Bereiche, wo ein gewisser Wettbewerb durchaus Sinn ergibt. Angenommen du suchst ein neues Grafikdesign für die Webseite deines Unternehmens. Um die passenden Kreativen dafür zu finden, wirst du Entwürfe von verschiedenen Agenturen einholen und im Anschluss entscheiden, welcher Designvorschlag wohl am besten passt. Kein Mensch würde die Agenturen zur Kooperation verpflichten mit

---

[h]Österreichisches Kartenspiel.

dem Auftrag, sie sollen doch bitte alle zusammenarbeiten und eine Art Mischdesign erstellen.

Oder nehmen wir eine Bauherrin, die die Energieversorgung ihres Gebäudes von regionalen Firmen sanieren lassen möchte. Die erste Firma macht ihr ein Angebot mit einem Wärmepumpensystem, Nummer zwei ist spezialisiert auf Pelletheizungen und die dritte Firma bietet ihr den Anschluss ans Fernwärmenetz an. Um hier die ökologisch sinnvollste Variante herauszufinden, braucht es natürlich eine Art Wettbewerb der einzelnen Systeme in Bezug auf das Gebäude und dessen Standort. Und so sehen wir, dass auch die Konkurrenz ihre Daseinsberechtigung hat und diesbezüglich auch ruhig mal wertgeschätzt werden darf.

Blöderweise stecken wir jetzt aber in einem Dilemma. Einerseits sollen wir wegkommen vom Gedanken des ewigen »Besser-Seins«, andererseits hat der Wettbewerb in vielen Fällen auch positive Seiten. Wie sollen wir den Wert der Konkurrenz nun sehen: schwarz oder doch lieber weiß? Gut oder doch eher böse?! Förderlich oder hinderlich?

Die Antwort lautet: weder noch! Denn nicht die Werte an sich sind das Problem, sondern die Art und Weise, wie wir sie ausleben.

Um nun unsere Idee der »transformierten Konkurrenz« besser verstehen zu können, bräuchte es streng genommen die Lektüre der folgenden Kapitel. Ohne zu weit vorzugreifen, wollen wir dir aber schon jetzt einen Einblick in unsere Gedanken geben. Erinnere dich dazu bitte kurz an die Ebenen unseres Eisbergmodells (Kapitel 2.3, Abb. 2). Auf der Ebene des aufgeklärten Wertebewusstseins ist es wichtig zu erkennen, dass Konkurrenz je nach Situation ein förderlicher wie auch hinderlicher Wert sein kann. Gleichzeitig müssen wir verstehen, dass Konkurrenz kein Wert ist, der eine allgemeine und immer anwendbare Norm darstellt.

Auf der emotionalen Ebene verlangt der Wert der Konkurrenz einen bewussten Umgang mit unseren Gefühlen. Wenn wir also mit dem Verlieren ebenso achtsam und bewusst umgehen können wie mit dem Gewinnen, dann können wir auch hier eine transformierte Form der Konkurrenz zu leben beginnen.

Auf der letzten Ebene dieses Modells werden wir uns schließlich mit dem Weltbild der Verbundenheit beschäftigen. Ohne zu viel vorzugreifen, sei hier gesagt, dass die transformierte Konkurrenz niemals mit anderen Menschen oder mit der Natur im Wettbewerb stehen kann! Profit und der Vorteil weniger dürfen in einer künftigen Form der Konkurrenz niemals gegen das Gemeinwohl ausgespielt werden. Dann, und nur dann, lässt sich eine förderliche Konkurrenz für und mit unserer Gesellschaft entwickeln.

4. Wie der Wertewandel gelingen kann

Wie kommen wir zu einem neuen und aufgeklärten Wertebewusstsein? Was braucht es, um den hinderlichen Teil unserer Werte zu transformieren? Wie können wir lebensdienliche Werte im eigenen Leben und in der Gesellschaft als Ganzes etablieren? Und wie schaffen wir es, die kulturelle Wertebasis von selbstbezogenen und extrinsischen Werten mehr in Richtung gemeinschaftlicher und intrinsischer Werte zu verschieben?

Diese Fragen sind überaus komplex, und wir möchten gleich von vornherein klarstellen, dass es darauf keine einfache oder allgemeingültige Antwort gibt. Auch wenn wir Menschen unser eigenes Leben voll und ganz in die Hand nehmen können, hängen gesellschaftliche Werte von vielen Faktoren ab, auf die eine einzelne Person nur bedingt Einfluss hat. Dies darf uns jedoch nicht davon abhalten, im eigenen Leben eine neue Wertebasis herauszubilden und diese aktiv nach außen zu tragen.

Denn jede Bewegung hat irgendwann einmal klein angefangen. Und wenn wir nicht vorangehen, kann uns auch niemand nachkommen! Manche Leute prangern ständig an, dass so viele Dinge schieflaufen und dass andere endlich etwas ändern sollten. Das ist nicht der Weg dieses Buchs. Wir wollen dazu ermutigen, das Jammern zu beenden, selbst anzupacken und nachzusehen, wo und wie wir persönlich zu einer Veränderung beitragen können.

In diesem Sinn haben wir versucht, jene Schlüssel der Transformation herauszuarbeiten, die jeder Einzelne für sich selbst umsetzen kann und die gleichzeitig auch positiv auf unsere Gesellschaft wirken. Drei Aspekte erscheinen uns in diesem Zusammenhang als wesentlich:

- **Individuell:** Die eigenen Werte kennen, reflektieren und danach handeln.
- **Sozial:** Das eigene Umfeld entsprechend seiner Werte wählen.

- **Kulturell:** Den gesellschaftlichen Wertewandel im eigenen Wirkungsbereich voranbringen.

4.1 Kenne deine Werte und handle danach

Am 28. September 2017 erschien in einer österreichischen Tageszeitung eine Studie des Forschungsverbunds »Interdisziplinäre Werteforschung«[67] der Universität Wien. Darin kam man zum überraschenden Ergebnis, dass der Wert »Humanismus« in Österreich offenbar Platz eins belegt. Neun von zehn Personen erachteten humanistische Werte als wichtig, und auch der Universalismus erzielte mit 84 Prozent einen äußerst hohen Wert.

Als wir diese Ergebnisse zum ersten Mal sahen, mussten wir wirklich tief und innig lachen. Es war einer jener Momente, wo man etwas liest und sofort denkt: »Da kann was nicht stimmen«. Zwei Wochen später verging uns das Lachen – und wir fühlten uns bestätigt, als die Freiheitliche Partei mit ihren menschenfeindlichen Parolen plötzlich 26 Prozent Stimmenanteil bei der Nationalratswahl erreichte. Doch irgendwie ist das Ganze schon auch wieder lustig, oder? Unsere Bevölkerung zeigt sich gern weltoffen und humanistisch, wenn aber die Zeit kommt, dafür einzustehen, geben viele doch lieber ihre Stimme einer Partei, die diesen Werten in nahezu jeder Hinsicht entgegensteht.

Natürlich ist uns beiden klar, dass Wahlentscheidungen immer eine ganz spezielle Dynamik haben und man Werte und Wahlverhalten nicht direkt aufeinander umlegen kann. Dennoch zeigen diese Resultate erneut, dass Menschen oft komplett konträr zu ihren Werten handeln. Was uns wiederum zur These verleitet, dass sich viele nicht bewusst sind, was ihre Werte konkret bedeuten und wie man ihnen entsprechend handelt.

Wir Menschen sind eine wunderbare Spezies, und die meisten von uns tragen den Wunsch nach Menschlichkeit tief im Herzen. Nach außen hin haben wir durchaus Werte etabliert, die man als zukunftsfähig erachten kann. Wir sind hilfsbereit, zuvorkommend und freundlich. Die soziale Gerechtigkeit steht bei uns hoch im Kurs, und auch der Umweltschutz gehört zu unseren wichtigsten Anliegen. Wir sorgen uns um das Wohlergehen der anderen, pflegen unsere Freundschaften und sind verantwortungsbewusste Mitglieder der Gemeinschaft. Dass wir unsere Familie ehren, unseren Partner lieben und stets um unsere Gesundheit bemüht sind, versteht sich ja von selbst.

Diese und ähnliche Wunschbilder zeichnen wir gern von uns, und in vielen Fällen sind wir auch imstande, ihnen gerecht zu werden. Allerdings müssen wir uns eingestehen, dass wir in manchen Situationen doch nicht ganz so wünschenswert handeln, wie dies unsere Werte vorgeben würden.

Einen Grund für diese Dissonanz finden wir auf der Ebene unserer Gefühle, wo Ängste und Emotionen unsere Handlungen entsprechend manipulieren. Da wir diese Thematik im Teil III des Buchs noch ausführlich diskutieren werden, wollen wir uns hier zwei andere Aspekte ansehen. Zum einen, dass wir unsere tiefer sitzenden Werte womöglich doch nicht so genau kennen, wie wir meinen. Und zum anderen, dass manche unserer Werte miteinander in Konflikt stehen. Beginnen wir bei Ersterem.

Wer seine persönlichen Werte nicht wirklich kennt, wird schnell zum Spielball anderer. Wer nicht weiß, was er im Leben will, läuft Gefahr, dass ihm ein fremder Wille aufgedrückt wird. Man übernimmt unreflektiert die Werte oder Ziele von anderen Personen oder Institutionen, obwohl diese vielleicht gar nicht zum eigenen, authentischen Kern passen. So kann es passieren, dass wir über Jahrzehnte hinweg loyal einen Angehörigen pflegen, obwohl wir uns eigentlich in die weite Welt hinaus sehnen. Oder dass wir heiraten, ein Haus bauen und Kinder bekommen, nur weil das dem bürgerlichen Normalbild entspricht, gleichzeitig aber unserer Auffassung eines unabhängigen Lebens entgegensteht. Oder wir jagen ehrgeizig dem Geld hinterher, weil es unsere Freunde halt ebenso tun, anstatt ein bisschen Zeit für jene Dinge aufzusparen, die uns wirklich Spaß und Freude bereiten.

Sich seiner tiefer liegenden Werte bewusst zu werden, ist ein erster Schritt in Richtung positiver und selbstbestimmter Zukunft. Denn unsere persönlichen Werte schenken uns Orientierung und zeigen auf, was ein erfülltes und glückliches Leben für uns ausmacht. Wie ein großer Leitstern beeinflussen sie unseren Lebensweg und inspirieren uns zu bestimmten Zielen im Leben, denen wir dann gern und aus innerem Antrieb heraus folgen.

Klarheit über die eigenen Werte finden

Um mehr Klarheit über die eigenen Werte und Lebensziele zu bekommen, müssen wir uns in Selbstreflexion und Innenschau üben. Das wiederum unterstützt uns dabei, mit einem inneren Fokus unseren ganz eigenen Weg zu gehen.

Deshalb frag dich doch bitte selbst einmal, wofür du stehst und was du im Leben wirklich willst. Was treibt dich an, was begeistert und motiviert dich? Sind es Geld, Erfolg oder Anerkennung? Sind es die Momente in der Natur, die Qualitätszeit mit deiner Familie, der Flow bei den Hobbys? Oder ist es etwas ganz anderes?

Wenn du hier eine erste Antwort gefunden hast, dann geh einen Schritt weiter und stell dir die Frage, welche dieser Werte du selbst gewählt hast und welche du vielleicht von deinem Umfeld übernommen hast? Was unterstützt deine Bedürfnisse und welche davon sind auch wirklich die deinen? Welche Werte fügen sich in deinen Lebensplan ein, bestärken dein Empfinden von Sinn und erhöhen dadurch deine ganz eigene Lebensqualität?

Wenn du deine Werte und Ziele anhand solcher Fragen bewusst wählst, wirst du in den schönen wie auch in den schwierigen Momenten deines Lebens immer eine passende Antwort finden, die dich nach vorn blicken lässt. Das stärkt die eigene Persönlichkeit und gibt Mut, den eigenen Lebensplan so umzusetzen, wie du es tief im Herzen schon immer wolltest.

Die Klarheit über die eigenen Werte bringt aber noch einen weiteren großen Vorteil mit sich: Sie hilft uns, zwischen Bedürfnissen und Wünschen zu unterscheiden. Zur Erklärung: Bedürfnisse sind etwas Universelles und sozusagen die Triebfeder unseres Verhaltens.

Ein Wunsch hingegen ist eine individuelle Strategie, um die eigenen Bedürfnisse zu befriedigen. Während Bedürfnisse also unsere Notwendigkeiten, wie etwa Nahrung, Obdach, Entspannung oder Geborgenheit, darstellen und relativ unflexibel sind, sind unsere Wünsche geprägt von dem, was wir persönlich als wichtig, wertvoll oder gesellschaftlich normal ansehen.

Nehmen wir die Werbung als Beispiel. Täglich suggeriert sie uns, was wir für ein gutes Leben bräuchten und wie dieses auszusehen hat. Die Beschallung mit kurzen und manipulativen Botschaften prasselt ständig auf uns ein und findet Widerhall bei vielen Menschen. Dies führt dazu, dass uns auch diese suggerieren, was wir nicht alles bräuchten und wie viel wir nicht leisten oder sein müssten, um akzeptierte Mitglieder der Gesellschaft zu werden. So werden uns Wünsche eingeredet, Werte vorgegeben, und der Weg des Lebens wird zu einer vorgefertigten Einbahnstraße. Ob diese auferlegten Dinge unsere tiefer liegenden Bedürfnisse wirklich befriedigen können, ist jedoch mehr als fraglich.

Selbstreflexion, Innenschau und ein kritisches Hinterfragen der eigenen Werte und Wünsche können uns dabei helfen, diese Einbahnstraße zu verlassen und auf den Highway des Lebens zurückzugelangen. Je öfter wir unsere Werte von innen her beleuchten, desto besser werden wir unsere wahren Bedürfnisse wiederentdecken und darüber hinaus auch die Strategien erforschen, mit denen wir sie normalerweise befriedigen.

Wenn du beispielsweise das Bedürfnis nach Freiheit hast, dann kannst du dies mit einer – CO_2-intensiven – Reise nach Asien befriedigen. Genauso gut könntest du aber auch einen Trip auf den Großglockner machen oder dir jede Woche einen freien Nachmittag gönnen, den du dir selbst schenkst.

Wenn du das Bedürfnis nach Anerkennung hast, dann kannst du das über außergewöhnliche Arbeitsleistungen oder prestigeträchtige Projekte befriedigen. Oder du gehst einen neuen Weg und versuchst einmal, dich einfach selbst wertzuschätzen – für all das, was du bist und was in dir steckt.

Wer bewusst reflektiert, erkennt schnell, dass die meisten unserer wahren Bedürfnisse zwischenmenschlicher, geistiger oder seelischer Natur sind. Sie lassen sich nur schlecht und vor allem nur kurzfristig durch materiellen Konsum oder äußere Einflüsse befriedigen. Deshalb werden sich unsere wahren Bedürfnisse ein Leben lang immer wieder bei uns melden, bis wir sie im tiefsten Kern erkennen und den Kreis der oberflächlichen Befriedigungen durchbrechen.

Wer Klarheit darüber hat, was er wirklich will, der bekommt die Wahl über sein Leben zurück und entscheidet von nun an selbst, wie der eigene Weg aussieht und wie er zu gehen ist. In solchen Momenten kann unser Leben schnell eine andere Richtung einschlagen. Dann schrauben wir vielleicht die Arbeitszeit herunter und verzichten auf ein paar Hundert Euro, um mehr Zeit für unsere Herzensangelegenheiten zu finden. Oder wir lassen uns scheiden, anstatt die leidenschaftslose Zweckehe aufrechtzuerhalten. Wir brechen unsere gutbürgerlichen Zelte in der Kleinstadt ab, um mit dem Rucksack die Welt zu erkunden. Oder wir sagen dem Rucksackleben Adieu und beginnen unsere Ideen vom gemeinschaftlichen Leben im Heimatdorf endlich in die Tat umzusetzen.

Die persönlichen Werte bewusst und klar zu definieren, ist eine wesentliche Grundlage dafür, sie im eigenen Leben zu integrieren. Doch dies ist nur eine Seite der Medaille, denn auch viele wertbewusste Menschen handeln oft anders, als es ihnen die eigenen Werte vorgeben würden.

Gehen wir noch einmal zurück an den Kapitelanfang zu den Studienergebnissen rund um die verblüffend hohen Werte von Humanismus und Universalismus. Wir wollen das Resultat keineswegs infrage stellen. Wir glauben jedoch, es muss anders interpretiert werden, als wir dies selbst im ersten Moment getan haben.

Wenn humanistische Werte wie Hilfsbereitschaft, Menschlichkeit oder Verbundenheit kollektiv auf Platz eins stehen, so ist das natürlich erfreulich. Gleichzeitig bedeutet dies aber nicht, dass diese Werte auch individuell die ersten Plätze belegen. Denn würde Humanismus bei 90 Prozent der Österreicher auch individuell auf Platz eins rangieren und somit den wichtigsten aller Werte darstellen, dann hätten wir ein gänzlich anderes System in unserem schönen Lande. Dann wären wir vermutlich weit näher an der im Teil I beschriebenen Utopie, als wir dies derzeit sind.

Es ist wohl eher so, dass ein gewisser Humanismus zum Mainstream geworden ist – und das ist schon einen kleinen Jubel wert! Dennoch wirken auf individueller Ebene oft noch andere Werte, die mit dem Humanismus konkurrieren und in vielen Fällen die Oberhand behalten. Wir müssen uns also darüber klar werden, dass wir neben unseren humanistischen Werten auch solche in uns tragen, die dem Humanismus entgegenstehen. Und dass es oft situationsabhängig ist, nach welchen Werten wir handeln.

Zum besseren Verständnis möchten wir uns selbst einmal den Spiegel vorhalten und einen Wertekonflikt von Stefan beschreiben:

- Ich, Stefan, lege viel Wert auf Freundschaften und verbringe meine freie Zeit gerne mit anderen Menschen. Gleichzeitig will ich aber mit meinem Vortragsbusiness Erfolg haben und stecke in manchen Phasen sehr viel Zeit und Engagement hinein. Übernimmt der Wert der sozialen Kontakte zu stark meine innere Ausrichtung, so bringe ich in meiner Arbeit kaum etwas weiter und fühle mich irgendwann sinnlos und gelangweilt. Lasse ich mich hingegen zu sehr auf das Erfolgsdenken ein, überfordere ich mich schnell, hab keine Zeit mehr für andere Dinge, und auch ein Gefühl der Einsamkeit stellt sich ein.

  Darüber hinaus führt mich das Erfolgsdenken auch manchmal auf Wege, die meiner ethischen Grundausrichtung entgegenstehen. Dieser Wertekonflikt bringt mich immer wieder in Situationen, wo ich mich für den einen oder anderen Wert entscheiden muss. Da ich früher den Wert des Erfolgs eher abgelehnt habe, traf ich im Zweifelsfall meine Entscheidungen immer zugunsten der sozialen Kontakte. Auch wenn sich dies in vielen Fällen richtig anfühlte, führte es manchmal zu einer innerlich wahrnehmbaren Spannung. Erst als ich begann, auch den Erfolg neu zu denken und ihn als wichtigen Teil meiner selbst zu begreifen, reduzierte sich diese Spannung.

Durch die Transformation des Werts Erfolg kann ich heute viel offener und freier mit dem Thema umgehen. Das unterstützt mich bei meinen Entscheidungen und lässt mich bewusster abwägen, was Erfolg für mich bedeutet und ab wann ich mich aus ethischen Gründen gegen das eigene Erfolgsdenken stellen möchte. Würde man mich heute fragen, ob Gemeinschaft oder Erfolg wichtiger sei, so würde ich nach außen hin wohl der Gemeinschaft den Vorzug geben. Doch dies bedeutet eben nicht, dass ich mich immer und in jeder Situation für mein gemeinschaftliches Sozialleben und gegen das Erfolgsdenken entscheide.

Gut, wie sieht es nun bei dir aus? Bist du jemand, der das Abenteuer liebt, oder ziehst du den Wert der Sicherheit vor? Gehörst du zu jenen, die gern in geselliger Gemeinschaft leben, oder steckt in dir eher ein Einzelgänger, der die Ruhe und Abgeschiedenheit genießt? Bist du jemand, der nach Erfolg und Spitzenleistungen trachtet, oder jemand, der im Leben auf Gemütlichkeit setzt? Oder bist du jemand, der bei den obigen Aufzählungen weder auf der einen noch auf der anderen Seite klar einzuordnen ist?

Du bist als Mensch ein Unikat – ebenso wie deine persönlichen Werte. Letztendlich bist es nur du selbst, der über die Wirkung der eigenen Werte entscheiden kann. Anstatt also vermeintlich negative Werte zu verdrängen oder zu verleugnen, ist es besser, sich diese voll und ganz einzugestehen.

Wir müssen uns bewusst werden, was unsere ureigenen Werte sind und wie sie auf uns und unsere Umwelt wirken. So kann zum Beispiel Macht einerseits dafür verwendet werden, andere zu unterdrücken. Gleichzeitig kann Macht aber auch der Ermächtigung dienen. Nur wir entscheiden, wie wir unsere Werte leben wollen. Darüber hinaus müssen wir begreifen, dass manche unserer Werte miteinander in Konflikt stehen und dies zu inneren Spannungen führen kann. Reflektieren wir jedoch unsere Werte, können wir diese Spannungen vermeiden oder auch auflösen. Dies lässt uns ein freieres Leben beschreiten und führt zu mehr Bewusstsein bei all unseren Handlungen.

Selbstreflexion und präzise Innenschau können uns dabei unterstützen, mehr Klarheit über das eigene Wertesystem zu erlangen. Mit Innenschau meinen wir ein achtsames Wahrnehmen der eigenen Person, ein Hinspüren zur persönlichen Wahrheit und das Stellen der richtigen Fragen an sich selbst. Als Hilfestellung für solch einen Prozess der Innenschau haben wir für dich eine Übung (Ü) bereitgestellt, damit du deinen persönlichen, authentischen Werten näherkommen kannst. Viel Spaß dabei!

Ü: Meine Handlungen und die zugehörigen Werte

Um die Verbindung von Werten und Handlungen besser zu erkennen, bitten wir dich, mögliche Wertekonflikte zu erkunden. Wenn dir eigene Wertekonflikte einfallen, trage diese unten ein. Ansonsten haben wir ein paar Beispiele für dich bereitgestellt, die du mit 1 (trifft nicht zu) bis 5 (trifft voll zu) bewerten kannst.

WERTEKONFLIKT	Zutreffend bei dir?
Obwohl mir meine Gesundheit am Herzen liegt, mache ich ständig Überstunden.	
Ich liebe Tiere und esse auch gern ihr Fleisch.	
Ressourcengerechtigkeit ist mir wichtig, meine neuen Kleider aber auch.	
Einmal jährlich fliege ich nach Übersee, im Gegenzug besitze ich kein Auto.	
Umweltfreundliche Produkte bevorzuge ich, wenn der Preis stimmt.	

Das Handwerk muss erhalten bleiben, aber meine Einrichtung kaufe ich im Möbelhaus.	
Offenheit ist mir sehr wichtig, aber Spiritualität geht gar nicht.	
Als ganzheitlicher Mensch höre ich nur auf mein Herz und nicht auf meinen Verstand.	
Ich wünsche mir eine neue Welt, in der ich so weitermachen kann wie bisher.	
...	
...	

4.2 Wähle dein soziales Umfeld bewusst

Nach dem, was wir bis hierher schon alles über soziale Normen und Werte gehört haben, fällt es dir bestimmt nicht schwer zu glauben, dass auch die Familie, der Freundeskreis und Arbeitskollegen massive Auswirkungen auf unsere persönlichen Wertvorstellungen haben. Legt unser engeres Umfeld etwa großen Wert auf Äußerlichkeiten, Statussymbole oder finanziellen Erfolg, werden wir dies höchstwahrscheinlich auch tun. Wenn wir hingegen Freunde haben, die viel Zeit in der Natur verbringen, sich Gedanken über soziale oder andere Krisen machen und die eine herzliche Verbindung zueinander pflegen, dann werden wir mit Äußerlichkeiten nicht allzu weit kommen. Mit der Zeit werden wir also ein Stück weit zu den Menschen, mit denen wir uns umgeben. Und genau deshalb ist die Wahl eines passenden Umfelds ein so wichtiger Schritt auf dem Weg zum eigenen Wertewandel.

Aber Vorsicht! Das darf nicht bedeuten, dass wir uns von allen unliebsam erscheinenden Menschen komplett abspalten. »Was, du bist das schwarze Schaf in deiner Familie? Trenn dich von ihr!«,

»Was, die Medien sagen nicht das, was du hören willst? Trenn dich von ihnen!«, »Dein bester Freund wählt eine Partei, die dir nicht gefällt? Trenn dich von ihm!« So nicht!

Als innerlich erwachsene und resiliente Personen müssen wir imstande sein, uns mit anderen Menschen, Gruppen und Meinungen auseinanderzusetzen. Tun wir dies nicht, werden wir selbst in einem unkritischen und gefährlichen Schwarz-Weiß-Denken gefangen bleiben. Gleichzeitig ist es verdammt schwer, die eigenen Pläne und Träume umzusetzen, wenn man in seinem sozialen Umfeld ausschließlich Menschen hat, die diese Träume belächeln, nicht beachten oder sogar als dumm oder sinnlos empfinden.

Der bewusste Weg ist also wieder einmal ein Weg der Mitte. Einer, wo wir andersdenkenden Mitmenschen ebenso wertschätzend begegnen wie jenen, mit denen wir freudige Momente erleben und die uns in unserem Sein und unseren Vorhaben bedingungslos bestärken.

Ich, Julia, möchte dir dazu eine Geschichte aus meinem Leben erzählen:

- Als Jugendliche war ich lange Zeit in einen Freundeskreis eingebunden, wo die Leute einen eher derben Umgangston untereinander pflegten. Obwohl ich selbst noch zur Schule ging, verbrachte ich meine Freizeit vorwiegend mit älteren Jungs, die einfach »cool« sein wollten. Dazu gehörten neben einer Menge Zigaretten, Alkohol und Joints auch das tolle Auto mit der fetten Bass-Anlage, die lässige Skaterhose und, nicht zu vergessen, derbe Sprüche. Manchmal waren selbst Prügeleien oder andere kleine Delikte nicht ausgeschlossen. Ich kann mich hingegen nicht erinnern, dass wir auch nur ein einziges Mal wertschätzend über die Natur gesprochen hätten. Umweltschutz war de facto ein Fremdwort, es kümmerte uns nicht die Bohne!

  Um ehrlich zu sein – und ich hoffe, niemand von früher nimmt mir das jetzt übel – war ich damals nicht wirklich glücklich. Tief in mir spürte ich, dass das nicht mein Weg ist und dass dieser Umgang nicht meinem wahren Wesen entspricht. Leider wusste ich nicht, dass es auch andere Wege gibt, und außerdem war

ich verliebt, weshalb ich entgegen meiner tieferen Empfindungen blieb.
Erst später, durch mein Studium und die räumliche Trennung, die sich dadurch ergab, fing ich an, mich auch innerlich zu distanzieren. Als ich dann im Alter von 21 Jahren erste Selbsterfahrungsseminare machte und durch Meditation meinen Horizont erweitern konnte, gewann ich die Gewissheit, dass ich nur glücklich werden kann unter Menschen, die dieselben Dinge lieben wie ich. Zum Beispiel tiefsinnige Gespräche führen; Mantras singen; einen wertschätzenden Umgang miteinander pflegen; Spaß nicht auf Kosten anderer haben; zusammen Ideen und Projekte schmieden; das Gute in den Menschen sehen und die Natur als wunderbare Schöpfung feiern. Das alles waren Dinge, die mich wirklich nährten, und ich wollte Menschen um mich haben, die auch so tickten wie ich. Dieser Prozess der Verwandlung meines sozialen Umfelds dauerte einige Jahre.
Im Jahr 2010, ich war damals 24, lernte ich meinen Universitätslektor und späteren Chef, Dr. Alfred Strigl, kennen. Er öffnete mir die Tür in eine Welt voller Menschen, die das Neue schon lebten und die sich für das Schöne und Gute in der Welt einsetzten. Ich lernte die von ihm mitbegründeten »Pioneers of Change« kennen – eine Gemeinschaft junger Menschen, die aus ganzem Herzen und mit großer Liebe soziale und ökologische Projekte starteten, um diese Welt zu einem besseren Ort zu machen.
Ich werde diese Zeit niemals vergessen, denn sie gehört zu den glücklichsten und erfülltesten Zeiten in meinem Leben. Endlich wusste ich Menschen an meiner Seite, die die gleichen Werte teilten wie ich. Viele meiner engsten Freunde habe ich damals über dieses Netzwerk kennengelernt, ebenso meinen Partner Stefan :-). Und so bin ich bis heute unendlich dankbar dafür, dass ich damals aufgebrochen bin, um ein neues soziales Umfeld zu wählen. Eines, von dem ich tief drinnen immer wusste, dass es irgendwo existiert und mich nähren und stärken würde.«

Mit dieser Geschichte möchten wir zeigen, welch großer Hebel in der Wahl unseres sozialen Umfelds liegt. Ein Hebel, sowohl für unser eigenes Wohlergehen als auch für unser Verhalten im täglichen Leben. Denn ob wir wollen oder nicht, wir passen uns an die Menschen an, mit denen wir am meisten interagieren und die uns nahestehen. Wir kopieren uns gegenseitig und werden wie sie. »Peer-Group-Effekt« nennt man das in der Sozialwissenschaft. Die »Peers« beeinflussen unsere Art zu denken, unser Selbstbild, unsere Entscheidungen, unsere Werte, unsere Ziele und, wie manche Forschungen zeigen, sogar unser Gehalt.[68] Also wähle dein Umfeld weise, denn so vieles hängt davon ab!

Sicher, unsere Eltern oder den Geburtsort können wir uns nicht aussuchen, und vermutlich hatten wir auch als Kinder noch wenig Mitspracherecht, was etwa die Wahl der Schule betraf. Aber je früher es uns gelingt, unser eigenes Umfeld bewusst entsprechend unserer tiefer liegenden Werte zu wählen, desto eher wird sich ein Gefühl der Freiheit in unserem Leben einstellen. In einem bewussten Umfeld werden wir besser erkennen, was uns wirklich interessiert und wo wir im Leben hinwollen.

So können wir uns etwa für jenes Studium entscheiden, das uns wirklich interessiert, anstatt eines zu wählen, das Papa oder Mama vorgeschlagen haben. Wir können unsere Arbeitszeit mit vollem Engagement in einen Betrieb investieren, der im Einklang steht mit dem, was uns wichtig und sinnvoll erscheint. Im richtigen Umfeld können wir endlich aussprechen, was wir früher, aus welchen Gründen auch immer, unterdrückt haben, da es möglicherweise die soziale Norm der Gruppe verletzt hätte. Und natürlich fällt auch die Wahl unserer Lebensgefährten leichter, da wir in einem für uns richtigen Umfeld viel eher jene Menschen anziehen, die wirklich zu uns passen.

Daneben sind es oft unsere bewusst gewählten Freizeitaktivitäten, die das soziale Umfeld durchmischen und neu ordnen können. Wie wär's zum Beispiel mal mit einer entspannten Yogastunde, einem kreativen Upcycling-Workshop oder einem veganen Kochkurs? Klingt langweilig? Dann vielleicht mal eine Runde im Swingerklub, barfuß durch die Alpen oder runter vom Berg mittels Basejumping?

Klingt übertrieben? Eventuell passen ein interessanter Vortrag im Volkshaus, ein Clean-up-Tag an der Donau oder ein Spaziergang mit Hunden aus dem Tierheim?

Ein Wechsel des eigenen Umfelds wird nur dann stattfinden, wenn man tatsächlich auch mal das Umfeld wechselt. Klingt fast schon zu einfach, und trotzdem scheint es so schwer zu sein. Viele Menschen verlassen den Trott ihres Alltags nur selten und wundern sich dann, warum sie sich im Leben so oft beklagen »müssen«. Es wäre doch viel sinnvoller, das eigene Leben selbst in die Hand zu nehmen und ein paar unbekannte Wege und Möglichkeiten zu erforschen. Neue und ausgefallene Freizeitaktivitäten können da sehr hilfreich sein. Davon nimmt man sich fürs eigene Leben bestimmt mehr mit als von der traditionellen Shoppingtour auf den immer gleichen Einbahnstraßen, äh Einkaufsstraßen ...!

Eine weitere Variante, um neue Menschen in sein Leben zu bringen, ist die Initiierung von Gruppen. Viele Menschen haben besondere Leidenschaften, die sie aber kaum ausleben, da ihnen Verbündete fehlen. Tennis spielt man zu zweit, Gesellschaftsspiele verlangen nach mehr Leuten und selbst Basteln, Werken oder Yoga macht in der Gruppe einfach mehr Spaß als allein. Wenn es solch eine Gruppe noch nicht gibt, dann muss man sie eben selbst ins Leben rufen.

Manchmal muss also das soziale Umfeld, das man sich wünscht, erst errichtet werden. Meist sind einem die Mitglieder solcher Gruppen auch ewig dankbar dafür. Viele wünschen sich heute wieder mehr soziale Aktivitäten und eine stärkere Gemeinschaft, sind jedoch nicht imstande, diese selbst aufzubauen. Irgendwer muss aber damit beginnen, denn von allein wird es wohl nicht passieren. Heutzutage ist der Aufbau eigener Gruppen auch nicht mehr allzu schwierig. Durch die Digitalisierung ist es einfach geworden, Gleichgesinnte zu finden und sich mit ihnen auszutauschen.

Deshalb möchten wir hier nochmals einen Appell speziell an dich richten, mit deinen Wünschen und Werten voll nach außen zu gehen. Ob im Freundeskreis, in der Arbeit oder bei den Hobbys: Setz deine Segel in jene Richtung, in die du gehen willst!

Das eigene Leben verlangt oft nach Kompromissen, doch das Leben selbst sollte nicht als Kompromiss geführt werden. Wenn du das Gefühl hast, dass zu viele Teile deines sozialen Umfelds sich nach einem Kompromiss anfühlen, dann ist die Zeit gekommen, dieses Umfeld Schritt für Schritt zu verändern. Richte also deinen Fokus auf das, was du wirklich um dich haben möchtest. Wähle dein Umfeld entsprechend deinen tieferen Bedürfnissen und zeig dich mit deinen Zielen, Werten, Ideen und Plänen.

Sei du selbst! Das ist der beste Garant dafür, noch mehr Menschen in dein Leben zu bringen, die dich wirklich von Herzen her schätzen. Gleichzeitig wirst du dadurch auch jene langjährigen Begleiter erkennen, die dich schon jetzt bedingungslos lieben und den Menschen in dir sehen, der du wirklich bist.

Und wenn ihr euch gegenseitig in eurer Wahrhaftigkeit, in euren authentischen Werten und in eurem Sein bestärkt, wirst du ganz anders in die Welt hinaustreten. Denn in einem guten Umfeld fühlst du dich genährt, bist positiv bestärkt, kraftvoll und mutig. Und genau solche Menschen braucht die Welt!

4.3 Wir sind der Wandel

Wie wir unsere eigenen Werte reflektieren und unser soziales Umfeld entsprechend gestalten können, haben wir bereits gesehen. Aber wie gelingt der Wertewandel nun auf breiter, gesellschaftlicher Ebene? Wie können wir die Werte einer ganzen Kultur verändern?

Das ist ein wahrlich komplexes Verfahren, denn viele Akteure sind dabei involviert: Individuen, Gemeinden, Vereine, religiöse Instanzen, Unternehmen, Politik, Universitäten, gesellschaftliche Bewegungen, die Medien, die Werbung und viele mehr. Sie alle beeinflussen uns und bestimmen unsere gesellschaftlichen und kulturellen Wertehaltungen maßgeblich mit.

So kann zum Beispiel ein Sportverein unser Bewusstsein für die Wichtigkeit von Teamgeist und Zusammenhalt fördern. Ein Nationalpark kann den Wert von Naturverbundenheit erhöhen und die lokale Bibliothek kann mit ihren Büchern und Veranstaltungen auf den Wert der Bildung Einfluss nehmen. Materialistische Werte wiederum können beispielsweise von wettbewerbsorientierten Konzernen oder von der Werbung befördert werden, wenn sie etwa über den Promi- oder Modekult an Status oder finanziellen Reichtum appellieren. Wenn wir in den Medien also dauernd nur hören, dass wir reich und schön sein sollten, führt das dazu, dass wir Reichtum und Schönheit irgendwann selbst haben wollen. Das schwächt jedoch unsere altruistischen und biozentrischen Werte, die mit einer höheren Sorge um andere Menschen bzw. um die Natur einhergehen.

Das Ganze funktioniert aber auch umgekehrt, sprich im positiven Sinn. Zum Beispiel, wenn gesellschaftliche Bewegungen neue Werte in die Bevölkerung bringen und dort verankern. So stieg etwa der Stellenwert der Gleichberechtigung in den späten 1960ern bei US-Bürgern so stark an, dass schließlich die jahrhundertealte Rassentrennung politisch nicht mehr haltbar war und abgeschafft wurde.[69] Die Bürgerrechtsbewegung, angeführt von Martin Luther King, sowie die berühmten 68er-Jahre waren dafür verantwortlich.

Ein weiteres Beispiel sind Frauenbewegungen in der arabischen Welt, die, allen Hindernissen zum Trotz, großen Einfluss auf die Werte und den politischen Diskurs dieser Länder haben. So setzte sich etwa die Aktivistin Manal al-Sharif 2011 kurzentschlossen hinters Steuer eines Autos und ließ sich dabei filmen. Auch wenn sie dafür eingesperrt wurde, verbreitete sich das Video rasant im Internet, woraufhin sich viele Frauen mit ihr solidarisierten und eine Bewegung geboren war. Seit 2019 ist es im streng konservativen Saudi-Arabien endlich erlaubt, dass auch Frauen am Steuer eines Autos sitzen dürfen.[70] Im weitaus liberaleren Tunesien dürfen Frauen nun auch andersgläubige Männer heiraten, und seit Ende 2018 gilt selbst in Erbangelegenheiten eine Gleichberechtigung zwischen Männern und Frauen. Wenn man bedenkt, dass dies sogar den Versen des Korans widerspricht, so kann dies als wahrlich großer Erfolg für die dortigen Frauenbewegungen gewertet werden.

Wir sehen also, dass nicht nur die Politik und die Institutionen einen Einfluss auf uns haben, sondern dies auch immer umgekehrt der Fall ist. Wir prägen unser Umfeld mit, zum Beispiel über demokratische Wahlen, Aktivismus, das Publizieren unserer Meinungen oder auch über unsere tagtäglichen Konsumentscheidungen. Das alles bringt unsere Werte zum Ausdruck. Wir stehen mit der Gesellschaft und der Politik immer in Wechselwirkung. Dass es diesen Austausch gibt und dass wir ihn beim Aufbau einer zukunftsfähigen Welt nutzen können, das gilt es erst einmal zu verinnerlichen.

Aber worauf kommt es wirklich an, wenn wir gesellschaftliche Werte verändern und den Wertewandel beschleunigen wollen? Wie viele Individuen braucht es dafür und wie viele Menschen ergeben eine kritische Masse, um die Veränderung von gesellschaftlichen Werten, Normen und Trends ins Rollen zu bringen?

Gerade letztere Frage ist eine heiß diskutierte, auf die es unterschiedliche Antworten gibt. Die Werte für eine kritische Masse reichen dabei von drei bis hoch zu vierzig Prozent, was auch am unterschiedlichen Design der jeweiligen Studien liegt. So zeigten Untersuchungen der Harvard University über zahlreiche gesellschaftliche Proteste, wie beispielsweise der Fall der DDR, dass oft nur 3,5 Prozent der Bevölkerung notwendig sind, um einen tiefgreifenden politischen Wandel auszulösen.[71] In einem experimentellen Versuch der Universität von Pennsylvania wurde hingegen eine deutlich höhere Zahl gefunden. Dabei wurden 200 Freiwillige angeleitet, in einem Gruppenprozess gemeinsame Normen herauszubilden. Im Anschluss daran untersuchte man, wie viele verdeckte »Aktivisten« man einschleusen muss, um die zuvor etablierten Normen zu stürzen. Die Ergebnisse dieses Experiments lagen bei etwa 25 Prozent.[72]

Wie wir sehen, ist das Erreichen einer kritischen Masse ein komplexer Vorgang, der von Fall zu Fall verschieden sein kann. Trotzdem geht man heute davon aus, dass im Durchschnitt etwa zehn Prozent der Bevölkerung erforderlich sind, um große gesellschaftliche Veränderungen einzuleiten. Weiterhin hat man herausgefunden, dass friedliche Proteste eine doppelt so hohe Chance auf Erfolg haben, wie jene, wo Gewalt zum Einsatz kommt.

Doch wer sind diese zehn Prozent und welche Personen geben den ersten Anstoß für all unsere Wandlungsprozesse? Der Wissenschaftliche Beirat der deutschen Bundesregierung für Globale Umweltfragen (WBGU) definiert dies in seinem Hauptgutachten »Welt im Wandel« (2011) so:

»Die Initiatorinnen und Initiatoren von Veränderung sind meist non-konformistische und innovative Gruppen, die bestimmte Werte oder neue Verhaltensweisen definieren, um ein Problem zu lösen oder visionäre Ziele zu erreichen. Diese sogenannten Change Agents oder Game Changer setzen sich für Veränderungen ein und treiben sie auch aktiv voran. Im ersten Moment handelt es sich dabei meist um einzelne Personen oder kleine Gruppen. Sie verbreiten Ideen und Gedanken, indem sie eine Politik des Weiter-so-wie-bisher hinterfragen, eine alternative Praxis schaffen und somit etablierte Weltbilder und Pfade infrage stellen. Über die Zeit vernetzen sich die Change Agents immer weiter, finden Nachahmende, Mitstreiterinnen und Mitstreiter und animieren ständig neue Menschen zur Veränderung ihrer Verhaltenspraxis. Darüber hinaus wirken sie nicht nur punktuell und in ihrem eigenen Erfahrungsbereich, sondern stoßen vergleichsweise großflächige Transformationsprozesse von dezentraler Seite her an.«[73]

Die Veränderung beginnt also im Kleinen, in den Nischen und ist zu Beginn nahezu unsichtbar. Und so werden diese als »Graswurzelinitiativen« bekannten Entwicklungen anfangs auch gern belächelt oder unterschätzt. Dass die häufig als »verrückt« abgestempelten Ansichten irgendwann aber tatsächlich kulturelle Hegemonie erlangen und ein neues Paradigma prägen können, lehrt uns die Geschichte.

Nehmen wir einmal die internationale Slow-Food-Bewegung als Beispiel, die sich für genussvolles, hochwertiges, bewusstes und regionales Essen einsetzt. Als der italienische Soziologe und Kolumnist Carlo Petrini bei einer Reise in die Toskana nur eine ungenießbare Suppe und einen dünnen Landwein serviert bekam, verfasste er auf der Rückfahrt eine Erklärung zum »Menschenrecht auf Genuss«.[74] Die Slow-Food-Bewegung war gegründet und sollte auch gleich viel Auftrieb erhalten. Denn aufgrund des Wildwuchses an Fast-Food-Restaurants in den 1980ern und weil in Italien 1985 mehrere Menschen an mit Methanol verschnittenem Wein starben, hatten die Leute das Industrieessen mehr und mehr satt. Regionale und ökologisch produzierte Lebensmittel rückten somit wieder stärker in den Mittelpunkt, und auch der Gesundheitsgedanke wurde neu erweckt. Mittlerweile zählt die Bewegung mehr als eine Million Mitglieder und ist in über 160 Ländern aktiv. Und wenn wir heute im deutschsprachigen Raum von Regionalität und Co. schwärmen, können wir unter anderem auch ein dickes Dankeschön nach Italien schicken!

Eine weitere Bewegung mit ordentlicher Sprengkraft sind die sogenannten Stromrebellen aus Schönau im Schwarzwald.[75] Nach dem Atomunfall von Tschernobyl 1986 begannen Bürger in Schönau, sich über eine ökologische Form der Stromversorgung Gedanken zu machen. Die anfänglichen Aufklärungskampagnen und künstlerischen Initiativen avancierten schon bald zu einer kleinen Firma, die Wasserkraftwerke reaktivierte und PV-Anlagen zu bauen begann.

Als der örtliche Energieversorger KWR die ökologischen Forderungen aber völlig ignorierte und auch der Gemeinderat dafür stimmte, die Energieversorgung für weitere zwanzig Jahre an die konventionell produzierende KWR zu binden, initiierten die Aktivisten einen Bürgerentscheid. Durch ausgeklügelte Kampagnen erhielten sie eine hauchdünne Mehrheit und gewannen wertvolle Zeit für ihr Anliegen einer umweltfreundlichen Stromversorgung für Schönau. 1994 gründeten dann 650 Bürger die Elektrizitätswerke Schönau (EWS), die auch den Segen des Gemeinderats bekamen. Der konventionelle Stromversorger KWR gab sich jedoch nicht so einfach geschlagen und forderte eine zweite Abstimmung, in der er mit Zeitungsanzeigen versuchte, die ökologische Initiative zu diffamieren. Doch die EWS waren mittlerweile deutschlandweit bekannt und bekamen Schützenhilfe von Umweltverbänden, Zeitungen, Künstlern und professionellen Marketingagenturen. Am Wahltag entschied sich erneut eine hauchdünne Mehrheit für die EWS, die damit endgültig zum neuen Stromversorger von Schönau gewählt wurden.

Seither ist viel Zeit vergangen und aus dem einstigen Zwerg ist ein Riese geworden. Die mittlerweile als Genossenschaft organisierten EWS zählen heute über 185.000 Kunden und haben über diverse Förderprogramme bereits rund 2850 kleine Bürgerkraftwerke bei deren Gründung unterstützt.[76]

Oft braucht es also nur eine Handvoll motivierter Personen mit einem gemeinsamen Ziel, um eine Bewegung loszutreten und althergebrachte Strukturen hinter sich zu lassen. Gleichzeitig ist so ein Wandlungsprozess mit viel Kraft und Arbeit verbunden und verlangt nach jeder Menge Zeit, Engagement und Durchhaltevermögen. Doch das zahlt sich aus, denn wie heißt es so schön im wohl bekanntesten »Empowerment-Spruch« der Welt:

»First they ignore you,
then they laugh at you,
then they fight you,
then you win.«

Netzwerke bilden und Ermutigung leben

Worauf müssen wir also achten, wenn wir neue Themen, Werte oder Normen aus der Nische in den Mainstream heben wollen? Wichtig ist erst einmal, dass wir uns vernetzen und zusammenhalten. All die unzähligen Einzelinitiativen und Menschen, die schon jetzt ihre zukunftsfähigen Werte leben und verkörpern, müssen sich zusammentun und gemeinsam wirken. Wir brauchen starke Allianzen, starke Netzwerke und eine starke gemeinsame Stimme jener Menschen, die ein waches Bewusstsein auf die Erde bringen wollen.

Wir dürfen neue Formen der Kooperation, des Austausches und des Dialogs für uns entdecken. Wir dürfen Räume und Zentren der Co-Kreation erschaffen. Wir dürfen Ideen schmieden, ausgefallene Dinge ausprobieren und all die wertvollen Erfahrungen und Erkenntnisse unserer Experimente miteinander teilen. So nähren wir das Feld des Neuen. So lernen wir voneinander, wachsen miteinander und befruchten einander mit frischen Werten, Fähigkeiten und Gedanken.

Wären wir intrinsisch und prosozial orientierten Menschen nur ähnlich gut organisiert wie extrinsisch oder materiell motivierte Menschen, würde die Welt wohl sehr schnell ganz anders aussehen!

Denn wenn sich all die engagierten Akteure der Gesellschaft als Teil einer größeren, weltweit vernetzten Bewegung erkennen, kann das ungeahnte Energien freisetzen.

Anstatt uns also vereinzelt oder verloren zu fühlen, sollten wir lieber starke Bande knüpfen, Synergien entdecken und dadurch mehr Strahlkraft erlangen. Und wir dürfen darauf vertrauen, dass diese Strahlkraft immer weitere Kreise ziehen wird und auch andere inspiriert oder zum Umdenken bewegt. Vor allem, wenn wir das, was wir tun, mit einer möglichst positiven und inspirierenden Haltung tun.

Früher wurde meist der Fehler gemacht, dass mit andauernden Katastrophenszenarien, Verzichtspredigten und Prophezeiungen vom Weltuntergang umhergeworfen wurde, um Menschen zu ängstigen, einzuschüchtern und so zum Umdenken zu bewegen. Doch wie man heute weiß, führt dies in der Regel nur dazu, dass diese Menschen den Kopf in den Sand stecken, weil lähmende Angst statt ermutigender Hoffnung provoziert wird. Was wir also vielmehr brauchen, sind Bestärkung und Motivation!

Darüber hinaus verlangt es nach einer Form von Wissen, die uns in unserer ganz persönlichen Lebensrealität abholt und lebendige Bezugspunkte bietet. Wissen muss Spaß machen! Wissen muss uns inspirieren, und Wissen muss gezielt jene Kompetenzen vermitteln, die gebraucht werden, um diese wunderschöne Welt aktiv mitgestalten zu können.

Was wir zweifelsohne noch brauchen, sind starke Visionen. Beflügelnde Geschichten, die uns Mut machen und nach den Sternen greifen lassen. Wir benötigen neue Bilder und Narrative, die uns zeigen, wo der Weg gesellschaftlich hingehen kann und was wir alle davon haben werden. Ein attraktives Zielbild, das uns auf jeder Ebene spüren lässt, WOFÜR wir etwas tun. Ein Bild, das uns mit Leidenschaft erfüllt, das uns Freude bereitet. Eine Zukunft, die wir gerne und aus vollem Herzen anstreben. Eine Zukunft, die uns aufzeigt, was wir alles gewinnen können: Lebensqualität, Glück, Gesundheit, echte Zufriedenheit, Verbundenheit und vieles mehr.

Wir fangen nicht bei null an. So vieles wurde schon durchdacht, besprochen, beschrieben, erfunden und entwickelt. So viele Lösungsansätze liegen bereit. So viele Alternativen werden schon aktiv gelebt. Das Neue zeigt sich in so vielen Dingen. Wir dürfen auf all das bauen, was schon erarbeitet wurde.

Um all das erkennen zu können, müssen wir lernen, WO wir hinzusehen haben. Ein großer Teil der Medien berichtet viel mehr über Katastrophen als über positive Entwicklungen. Krisen verkaufen sich nun mal besser und deshalb sind sowohl etablierte Medien als auch alternative Anbieter vollgestopft mit »Bad News«.

Ein kritischer Blick auf die Welt ist sicherlich wichtig, um wach und bewusst durchs Leben zu schreiten. Wer aber dauerhaft nur schlechte Nachrichten zu Gesicht bekommt, der wird kaum Motivation fassen können, um positiv und gestalterisch in die Zukunft zu blicken. Somit ist es überaus wichtig, sich Portale zu suchen, wo man inspiriert wird und von Ereignissen und Erfahrungen hört, die sich gut anfühlen und die unsere Welt zum Positiven verändern. Als bewusst Konsumierende müssen wir unseren Medienkonsum entsprechend wählen.

Gleichzeitig dürfen jetzt auch all die Pioniere, Visionärinnen, Wissenschaftler und Zukunftsgestalterinnen endlich ihre Bühne betreten! Jetzt ist die Zeit all derer gekommen, die sich seit Jahrzehnten den Kopf darüber zerbrechen, wie die Systeme von morgen aussehen können. Jetzt ist die Zeit, die Konzepte aus der Schublade zu holen und den öffentlichen Diskurs mit neuen Ansätzen und Lösungswegen zu befruchten!

Gehörst auch du zu diesen Menschen? Hast auch du entsprechende Ideen in einem dunklen Kämmerchen versteckt? Wenn ja, dann raus damit! Unsere Welt braucht Ideen und unsere Welt braucht Vorbilder, die uns zeigen, wie es anders gehen kann. Menschen, die neue Wege gehen, Alternativen präsentieren und das Unmögliche möglich machen. Menschen, die an ihre eigenen Träume glauben und uns dazu aufrufen, es ihnen gleichzutun. Menschen, die uns das Gefühl geben, einen Unterschied machen zu können, und die uns ermutigen, selbst für andere Vorbild zu sein.

Jeder einzelne Mensch hat das Potenzial und die Kraft, Berge zu versetzen. Alles, was es dafür braucht, ist, daran erinnert zu werden und daran zu glauben. Gesellschaftlicher Wandel braucht Empowerment. Das bedeutet, Menschen ihre eigene Wirkmacht direkt erfahrbar zu machen. Damit sie tief im Inneren spüren, wie wertvoll der eigene Beitrag ist und wie viel man als einzelne Person tatsächlich bewegen kann.

Die Geschichte ist doch voll von Beispielen mutiger Einzelpersonen, die Großes bewirkt haben. Warum nicht auch du, deine Nachbarin, der Lehrer, die Bäuerin, der Wissenschaftler, die Köchin, der Friseur, die Journalistin und – eigentlich wir alle? Anstatt uns also gegenseitig kleinzumachen oder aufeinander neidisch zu sein, dürfen wir einander einladen, in die eigene Kraft zu kommen und die unglaublichen Ressourcen zu mobilisieren, die in jedem von uns schlummern. Denn wir sind der Wandel!

Um das zu verstehen, braucht es gegenseitige Ermutigung. Das ist einer der wesentlichen Schlüssel, um Werte und Verhalten auf breiter Basis zu verändern, über Widerstände hinauszuwachsen und grundlegende Weichenstellungen vorzunehmen. Ermutigung bestärkt uns darin, eingefrorene Gewohnheiten und Routinen zu hinterfragen und schließlich etwas wahrlich Großes in und an unserem Leben zu verändern.

Darum wollen wir dich noch einmal ermutigen, in deine Wirkmacht zu kommen: Du bist wichtig! Du zählst! Du bist der Mensch, der hier und heute einen Unterschied machen kann. Du bist der Mensch, der anderen ein Vorbild sein kann. Du bist der Mensch, der an sich und an das Gute in der Welt glauben kann. Du trägst in dir alles Wissen und alle Kraft, die es braucht, um Berge zu versetzen. In deinem Herzen liegt all die Liebe, die du benötigst, um dieser Welt zu leuchten.

Du musst dafür nicht mehr sein, als du bist. Keine Selbstoptimierung ist erforderlich. Du brauchst auch nicht noch mehr Wissen, mehr Erfahrung oder mehr Sicherheit. Alles ist bereits da und steckt in dir. Schau viel lieber in dich hinein und erkenne deinen eigenen Wert in jeder Sekunde deines Seins. Trau dich zu strahlen! Teile deine Qualitäten und Talente mit anderen. Verschenke dich. Warum all das zurückhalten, was du in Wahrheit bist?

Du kannst jetzt und heute ein Sinnstifter, ein Hoffnungsschimmer, eine Lichtbringerin sein. Deine Werte und dein Sein verändern einfach alles: zuerst dich selbst, dann dein Umfeld und schließlich die Welt!

5. Neue Werte für das 21. Jahrhundert

Für eine neue Welt müssen wir unser Verständnis von Macht, Konkurrenz und Erfolg komplett neu denken. Ja! Darüber hinaus brauchen wir Mut, Respekt und Gerechtigkeit. Ja! Es ist wichtig, dass wir uns auch mal in Mäßigung üben, Empathie entwickeln und Generosität an den Tag legen. Ja! Und natürlich sind Selbstreflexion, Weisheit und kritischer Rationalismus gefragt. Doch was ist mit den Werten Zivilcourage, Nächstenliebe und Resilienz? Die nehmen wir selbstverständlich auch noch gern hinzu.

Eine nachhaltige Kultur verlangt nach einer Vielzahl neuer Werte. Da eine ausführliche Behandlung aller zukunftsfähigen und transformierten Werte den Rahmen dieses Buchs allerdings sprengen würde, präsentieren wir hier nur unsere ganz persönliche Auswahl. Die folgenden fünf Werte sind bei Weitem nicht die einzigen, die uns Menschen auf dem Weg in die Zukunft begleiten sollten. Deshalb bitten wir dich um Verständnis, wenn ein dir wichtiger Wert in unserem Buch nicht im Detail beschrieben wird. Auch ersuchen wir dich um Geduld, da einige Werte in etwas anderer Form noch in späteren Kapiteln erörtert werden. Zum Beispiel sehen wir den Universalismus als zentral an. Durch seine Überschneidung mit dem »Weltbild der Verbundenheit« (Kapitel 10) werden wir diesen jedoch erst später behandeln. Gleiches gilt für den Wert des Mitgefühls, den wir erst beschreiben wollen, wenn wir die Ebene der Emotionen und Schatten (Kapitel 6 und 7) genauer betrachtet haben.

Die folgenden Zeilen möchten dir vor allem einen Ausschnitt davon zeigen, mit welchen Werten wir individuell zu einer zukunftsfähigen Welt beitragen können. Lass uns also ein erstes Bild einer Welt entwerfen, in der wir es geschafft haben, unsere alten Werte zu transformieren, und in der unser grundlegendes Werteverständnis neu ausgerichtet ist. Wie könnte diese Zukunft aussehen? Wonach orientieren wir uns und was könnten wohl die neuen Leitsterne in unserem Leben sein?

5.1 Lebensqualität durch Lebenssinn

Kaum etwas beschäftigt uns Menschen seit jeher so stark wie die Frage nach dem Sinn des Lebens. Viele Zitate, Erkenntnisse und Ratschläge ranken sich um dieses Thema. Der Philosoph Friedrich Nietzsche sprach davon, dass ein Mensch, der sein »Warum« kennt, auch fast jedes »Wie« erträgt. Viktor Frankl sah unseren Willen zur Sinnfindung als lebensbestimmendes Element, und Sigmund Freud ging sogar so weit zu sagen, dass ein Mensch, der den Sinn und Zweck des Lebens bezweifelt, als krank zu bezeichnen sei. Was also ist Sinn und worin können wir ihn finden?

Letztlich kann sich diese Frage nur jeder selbst beantworten. Und dennoch beschäftigt sich die Sinnforschung seit Jahrzehnten damit, diesem Thema über wissenschaftliche Erkenntnisse näherzukommen und uns bei der Beantwortung der Frage zu unterstützen. Die an der Universität Innsbruck tätige Psychologin Tatjana Schnell beschreibt in ihrem Buch »Psychologie des Lebenssinns« vier Kriterien, die für die Sinnerfüllung eines Menschen als relevant erscheinen: Kohärenz, Orientierung, Zugehörigkeit und Bedeutsamkeit.[77]

Ein **kohärentes Leben** bedeutet, dass sich einzelne Lebensbereiche nicht widersprechen und man, salopp gesagt, den eigenen Werten entsprechend lebt. **Orientierung** meint eine inhaltliche Ausrichtung im Leben, die einen trägt und auch in schwierigen Situationen bestehen bleibt. Das Empfinden von **Zugehörigkeit** bezieht sich auf ein Gefühl der Verbundenheit mit einem größeren Ganzen, seien es die Familie, Freunde, Kollegen, ähnlich denkende Menschen oder auch eine spirituelle Strömung. Und die **Bedeutsamkeit** entspricht der wahrgenommenen Wirksamkeit des eigenen Handelns und erhöht sich immer dann, wenn Entscheidungen oder Handlungen zu spürbaren Effekten führen. Sind diese vier Kriterien ins eigene Leben integriert, so ist die Wahrscheinlichkeit hoch, dass ein Mensch sein Leben als sinnvoll erachtet.

Bei genauerer Betrachtung dieser Kriterien wirst du feststellen, dass sie vor allem dann erfüllt sind, wenn auch innere Werte zum Tragen kommen. Das Empfinden von Sinn steht also in engem Zusammenhang mit einer Ausrichtung auf intrinsische Werte, was sich über zahlreiche Studien belegen lässt. So konnte etwa festgestellt werden, dass unser subjektives Wohlbefinden steigt, wenn wir Werte und Ziele verfolgen, die aus uns selbst herauskommen und die wir tief in uns selbst als sinnvoll erachten.

Solche intrinsischen Ziele sind von Natur aus in uns angelegt. Sie sind in unserem Kern verwurzelt und wir können ihnen ganz intuitiv zustimmen, weil sie unsere angeborenen psychischen Bedürfnisse nach Autonomie, Wachstum oder Verbundenheit unmittelbar befriedigen. Dazu zählen etwa gelingende Beziehungen, Gemeinschaftsgefühl, Gesundheit, ein selbstbestimmtes Leben, ein sinnvoller und den eigenen Fähigkeiten entsprechender Beruf, Selbstakzeptanz, der Glaube an sich selbst, eine optimistische Lebenseinstellung sowie eine altruistische Haltung.

Wir wissen heute, dass Menschen, die sich an solchen Zielen und Werten orientieren, eine überdurchschnittlich hohe Lebenszufriedenheit aufweisen. Die längste Studie der Welt, die seit über achtzig Jahren mehr als 700 Personen begleitet und beforscht, ergab zum Beispiel, dass Menschen dann am glücklichsten und gesündesten sind, wenn sie liebevolle und gelingende Beziehungen haben.[78] Auf der anderen Seite können monetärer Wohlstand und die Erfüllung extrinsischer Ziele wie Prestige, Erfolg oder äußere Anerkennung nicht nur negative Auswirkungen auf unser Umwelt- und Sozialverhalten haben, sie behindern auch uns selbst und unser Glücksempfinden.

Anders ausgedrückt: Eine stärkere Ausrichtung auf innere Werte führt nicht nur zu persönlichem Wohlbefinden, sondern hilft uns auch, gesellschaftlich weiterzukommen und einen nachhaltigen Weg einzuschlagen. Dabei wollen wir Autoren aber keinesfalls vorgeben, was sinnvolle beziehungsweise nachhaltige Werte sind und was nicht. Viel eher möchten wir dazu ermutigen, den Sinn selbst als anzustrebenden Wert etablieren. Wenn wir den Sinn zum Wert erheben, kann uns dies auf dem Weg zu einem erfüllten, glücklichen Leben sehr unterstützen. Und die Suche nach unserem authentischen Kern wird uns auch dabei helfen, unsere aktuellen Werte zu überdenken und hinderliche Muster und Normen zu transformieren, sofern sie einer tieferen Sinnerfahrung im Weg stehen. Das eigene Sinnempfinden wird dann zum viel zitierten Leitstern, der uns bei unseren persönlichen Entscheidungen hilft und auch für gesellschaftliche Belange einen Anhalt bietet.

Sinn im Wandel der Zeit

Natürlich ist das Empfinden von Sinn sehr individuell. Trotzdem wollen wir die Sinnfrage einmal aus einer kollektiven Perspektive betrachten und damit die oft geschundenen, extrinsischen Werte auch etwas rehabilitieren. Gehen wir dafür zurück in der Zeit und besuchen wir in unserer Vorstellung die Jahre nach dem Zweiten Weltkrieg. Wir und vermutlich auch du, liebe Leserin, lieber Leser, haben diese nicht mehr erlebt. Dennoch kennen wir alle die Geschichten aus der Schule, den Medien oder jene unserer älteren Verwandten. So können wir uns sicherlich ein kleines Bild davon machen, was Sinnerfüllung etwa in den späten 1940er- oder 1950er-Jahren bedeutet haben muss.

In der damaligen Zeit hatten die Menschen noch kaum Zugang zu internationalen Medien, waren in ihrer Mobilität stark eingeschränkt, und die ausreichende Versorgung mit Nahrungsmitteln war keineswegs sichergestellt. Somit waren es wohl vor allem äußere Werte, die den Menschen innerlich Sinn gaben. Es machte Sinn, eine Lebensmittelindustrie aufzubauen, um die Ernährung zu gewährleisten. Es machte Sinn, Radiogeräte und Fernseher zu produzieren, um möglichst viele Menschen mit Informationen zu versorgen. Und es machte wohl auch Sinn, den Wohlstand zu fördern, damit sich jede Familie ein eigenes Auto leisten konnte, um ein Stück vom Kuchen der Freiheit selbst erleben zu dürfen. Und würde man die damaligen Lebensrealitäten auf die vier oben beschriebenen Kriterien der Psychologin Tatjana Schnell überprüfen, so würden sie ihnen in vielen Fällen vermutlich standhalten. Es gibt also durchaus Zeiten, wo ein stärkerer Fokus auf extrinsische Werte auch einen Sinn ergibt.

Heute schreiben wir jedoch die 2020er-Jahre: Ein Großteil der Lebensmittel wird einfach weggeworfen, der Durchschnittsbürger produziert zehn Kilogramm Elektroschrott jährlich, und mit Flugzeug, Zug, Auto oder Fahrrad kommen wir in kurzer Zeit nahezu überall hin. Wenn jetzt der landwirtschaftliche Betrieb von 100 auf 200 Schweine umstellen muss, tut er das nicht, um die hungernde Bevölkerung besser ernähren zu können, sondern deshalb, weil er nur dann gewinnbringend produzieren kann. Und wenn sich die dreiköpfige Familie alle fünf Jahre ein neues Auto zulegt, liegt der Sinn nicht im Gewinn neuer Freiheit, sondern hängt viel eher mit Prestige und Status zusammen.

Wir müssen also zwei Dinge tun: Zum einen verlangt es nach einer Wertschätzung für frühere Generationen, die uns über ihre Ausrichtung an externen Werten viel Wohlstand und Sicherheit geschenkt haben. Zum anderen müssen wir aber auch verstehen, dass die Werte von damals überholt sind und wir für unser so wichtiges Sinnempfinden neue und transformierte Werte etablieren müssen. Weil heute die meisten Menschen längst in Wohlstand leben, muss sich der Sinnbegriff stärker nach innen verlagern, als dies noch in den 1950er-Jahren der Fall war.

Deshalb sei einmal mehr betont: Ein ökologischer und zukunftsfähiger Weg kann nur dann gelingen, wenn wir »Sinn« neu definieren und eine neue Balance finden zwischen unseren materiellen, sozialen, emotionalen, kreativen, geistigen und spirituellen Bedürfnissen – die wir als menschliche Wesen allesamt und ohne Ausnahme in uns tragen.

Wenn wir den Sinn des Lebens nicht mehr nur auf materielle und äußere Dinge beschränken, sondern ihn vielmehr auch darin sehen, uns selbst treu zu sein, unser Innerstes zu leben oder wertvolle Erfahrungen zu machen, fördern wir nicht nur unser eigenes Wohlbefinden, sondern entlasten auch unsere Umwelt. Und dann entsteht eine wunderbare Win-win-Situation für das persönliche wie auch für das planetare Wohlergehen.

Ü: Dein sinnstiftender Beitrag in der Welt

Die Frage nach dem Sinn des Lebens kann natürlich nicht über eine Übungsbox beantwortet werden. Dennoch kann dir die folgende Übung dabei helfen, der Antwort näherzukommen.

Die Übung ist angelehnt an das japanische Modell IKIGAI, was so viel bedeutet wie: »Das, wofür es sich zu leben lohnt.« In dieser Lebensphilosophie geht es darum, sein Lebensziel und seinen tieferen Sinn zu erforschen, weil dies Glück, Lebensfreude und innere Zufriedenheit verspricht.

Beantworte bitte die folgenden zehn Fragen in aller Ruhe. Danach kannst du deine Antworten mit dem IKIGAI-Modell abgleichen und deine eigenen Erkenntnisse daraus ziehen.

1. Bei welchen Tätigkeiten empfindest du Liebe, Freude und Erfüllung?
2. Was hast du als Kind besonders gern getan?
3. Was ist dir im Leben wirklich wichtig?
4. Welche Tätigkeiten lassen dich deine Stärke spüren?
5. Wo siehst du selbst deine ganz besonderen Fähigkeiten?
6. Welche Eigenschaften schätzen andere Menschen an dir?
7. Was würdest du in der Welt tun oder verändern, wenn du Superkräfte hättest?
8. Für welche höheren Ideale wärst du bereit einzustehen, auch wenn du dafür deine Komfortgrenzen verlassen müsstest?
9. Womit würdest du am liebsten dein Geld verdienen?
10. Wenn für all deine Grundbedürfnisse gesorgt wäre, womit würdest du deine Zeit verbringen?

Antworten hier einfügen:

WAS DU LIEBST
Passion
Mission
WORIN DU GUT BIST
IKIGAI
WAS DIE WELT BRAUCHT
Beruf
Berufung
WOFÜR DU BEZAHLT WIRST

5.2 Neue Freiheit

Ein digitaler Nomade, ein Fashion Victim und ein Drogensüchtiger sitzen gemeinsam im Zug und unterhalten sich über Freiheit. Sagt der digitale Nomade: »Ich weiß, was Freiheit bedeutet. Jetzt gerade fahr ich nach Zürich zum Fotoshooting in den Bergen, morgen bin ich auf einem Kongress in Marseille, am Dienstag geht es nach Rom, einfach so, und am Freitag flieg ich zum Coworking-Camp ins Kibbuz nahe Tel Aviv.« Eher unbeeindruckt hebt unser Fashion Victim den Kopf über dem Handydisplay und kontert: »Ach, warum wegfliegen? Ich hol die Freiheit einfach zu mir. Für das Latina-Gefühl hab ich meine Sommerkleider aus Rio, meine Eleganz unterstreich ich mit der Kollektion aus Paris, im Dirndl gebe ich mich bewusst traditionell und mit den zerrissenen Hosen zeige ich meine Unangepasstheit. So geht Freiheit!« Leicht benommen nimmt darauf der Drogensüchtige ein Feuerzeug zur Hand, erhitzt damit einen Löffel und zieht den Sud in eine Spritze hoch. Zurückgelehnt setzt er sich einen Schuss und entgegnet: »Der Einzige, der hier was von Freiheit versteht, bin ich. Denn ich weiß wenigstens, wovon ich abhängig bin!«

Unser als modern bezeichnetes Verständnis von Freiheit entstand im Zeitalter der Aufklärung, wonach kein Mensch im Besitz eines anderen Menschen sein dürfe. Dieses Überwinden von alten und heute kaum noch vorstellbaren Gesellschaftsstrukturen hat eine Welle an Freiheitsbewegungen ausgelöst, die bis heute anhält. Und so definiert kein Wert unsere demokratische Gesellschaft wohl besser als jener der Freiheit.

Doch entsprechend den vielfältigen Ansichten innerhalb einer Demokratie gibt es auch beim Thema Freiheit eine breite Palette an Auslegungen. Wir sprechen von Meinungsfreiheit, Gestaltungsfreiheit, Entfaltungsfreiheit, geistiger Freiheit, institutioneller Freiheit, freiem Personenverkehr und nicht zuletzt der Freiheit des Marktes. Jedes Individuum und jede Gruppe definiert scheinbar ihre eigene, ganz individuelle Freiheit. Man könnte fast meinen, dass jener Wert, der uns ursprünglich von all den alten Dogmen befreien hätte sollen, nun selbst zum Dogma geworden ist. Doch kann Freiheit als Dogma überhaupt funktionieren? Oder schränkt dieses blinde Festhalten an einer alten Idee unsere wahre Freiheit mehr ein, als wir uns dies eingestehen wollen?

Der erste Punkt der neuen Freiheit ist altbekannt, sollte aber dringend wieder in unser kollektives Gedächtnis gebracht werden, es ist Kants Zitat: »Die Freiheit des Einzelnen endet dort, wo die Freiheit eines anderen beginnt«[79]. Nehmen wir die Meinungsfreiheit als Beispiel. Sie ist der Grundpfeiler jeder Demokratie und eine unserer wichtigsten Errungenschaften. Leider wird sie regelrecht missbraucht. Da sind etwa die Volksverhetzer, die bei all ihren Hassbotschaften immer wieder auf ihr Recht auf Meinungsfreiheit pochen. Diese Verhetzung im Namen der Freiheit verwässert dieses so wichtige Prinzip und ist sogar verboten, wird aber nur selten angezeigt.[80] Vermutlich deshalb, weil wir die Meinungsfreiheit damit verwechseln, dass jeder sagen darf, was er will. Doch das ist erstens gefährlich und zweitens nicht richtig. Denn der Ausdruck von Hass wirkt sich immer negativ auf die Freiheit der »Gehassten« aus und hat allein deshalb schon nichts mit Freiheit zu tun.

Eine weitere Sache, die uns in diesem Zusammenhang immer wieder begegnet, ist die Flut an Falschnachrichten. Die Verbreitung von geistigem Müll ist dank Internet nur einen Klick weit entfernt. Beim Klimawandel führt dies etwa dazu, dass wir vor allem auf Social Media immer mehr »Klimaexperten« haben, die frei ihre Meinung äußern, jedoch keine Ahnung haben, wovon sie eigentlich sprechen. Auch das unverblümte Teilen und Verbreiten von falschen Informationen hat nichts mit Meinungsfreiheit zu tun – eine Meinung sollte immer als Meinung verstanden werden und ist etwas gänzlich anderes als ein offensichtlich falscher Fakt.

Fassen wir also noch mal zusammen: Meinungsfreiheit gilt immer dann, wenn die eigenen Aussagen als Meinung erkennbar sind und andere nicht herabsetzen oder diffamieren. Um dem wieder gerecht zu werden, brauchen wir mündige Bürger, die sich um eine achtsame Kommunikation bemühen und wissen, in welchen Bereichen sie kompetent sind und in welchen nicht.

Der zweite Punkt der neuen Freiheit ist ein Verständnis dafür, dass wir zu jeder Zeit von anderen abhängig sind. Es gibt keine Freiheit ohne Abhängigkeit. Ein hohes Maß an Unabhängigkeit erlangt ein Mensch nur dann, wenn er seine Abhängigkeiten begreift und auch annimmt.

Beginnen wir beim Offensichtlichen. Unser Planet hat den genau richtigen Abstand zu einer Sonne mit dem genau richtigen Gehalt an Sauerstoff und CO_2 in der Atmosphäre. Genau richtig in Bezug darauf, dass Lebewesen wie wir hier überhaupt herumlaufen können. Wir brauchen also die Natur für unser Überleben und allein darum kann es für uns Menschen keine unabhängige Freiheit geben. Doch Mensch sein ist noch viel mehr als Essen, Trinken und Atmen. Als kreative und soziale Wesen wollen wir Dinge erdenken, erschaffen und sie dann auch gemeinsam genießen. Wir stehen in unserem täglichen Leben also ständig in Verbindung mit unseren Mitmenschen. Wir brauchen sie – und sie brauchen uns.

Das gilt im Übrigen auch für größere Systeme. Nehmen wir den Mythos vom freien Markt als weiteres Beispiel. Wir brauchen einen uneingeschränkten Warenverkehr ohne jegliche Richtlinien, Zölle oder Steuern – so in etwa lautet das Credo der neoliberalen Marktjünger. Doch passt das zum neuen Freiheitsgedanken? Punkt eins der neuen Freiheit erfüllt ein freier Markt schon deshalb nicht, weil er oft lokale Wirtschaftskreisläufe ruiniert und so die Freiheit anderer erheblich einschränkt. Nicht nur das, der freie Markt ist auch nicht sehr resilient und extrem abhängig von der Bevölkerung. Denn die mittlerweile alle Jahrzehnte auftretenden Wirtschaftskrisen bezahlen jedes Mal die Staaten mit ihren Steuern – und nicht der freie Markt. Warum eigentlich? Sollten jene, die ständig auf den freien Markt pochen, nicht auch die Freiheit bekommen, ihre Finanzen selbst zu regeln? Eine Frage, die wir sicherlich stellen müssen. Vor allem, wenn wir für die Zukunft eine Gesellschaft aufbauen wollen, in der alle Bevölkerungsgruppen ein Stück vom Kuchen der Freiheit abbekommen.

Wenn wir also die Freiheit als kollektiven Wert weiter voranbringen möchten, müssen wir manchmal die Freiheit einzelner Akteure ein Stück weit zurückdrängen. Hier sind einerseits die Politiker und Institutionen gefragt, die mit ihren Rahmenbedingungen sehr viel dazu beitragen können. Doch das allein wäre zu bequem. Letztlich entscheiden nämlich wir selbst, ob wir uns frei fühlen oder nicht. Dazu müssen wir uns einer Sache wieder bewusst werden: Als wahrhaft freie Menschen wissen wir immer und zu jeder Zeit, dass wir von unserem Umfeld abhängig sind. Wenn wir das verstehen und zugleich imstande sind, dies ohne Widerstand anzuerkennen, werden wir inneren Frieden finden und den höchsten Grad an Freiheit erlangen.

Kämpfen wir hingegen ständig um unsere Unabhängigkeit, werden wir nach jedem scheinbaren Sieg wieder etwas entdecken, das uns unsere Abhängigkeit aufzeigt und wogegen wir erneut zu kämpfen haben. Diese Art des Freiheitskampfs endet nie und wird uns niemals frei machen. Denn Freiheit ist kein Dogma, das man beliebig auf alle möglichen Bereiche des Lebens umlegen kann. Freiheit ist vielmehr ein Gefühl. Und wenn wir es als Wert etablieren wollen, müssen wir Systeme schaffen, in denen wir es fühlen können. Gleichzeitig kann uns aber kein System der Welt dazu ermächtigen, uns frei zu fühlen. Dafür sind wir selbst verantwortlich.

5.3 Selbstwirksamkeit

Das wohl bekannteste Beispiel für die Überwindung von Grenzen ist die Vier-Minuten-Meile, die für lange Zeit als unüberwindbare Barriere im Laufsport galt. 1954 gelang es dem Briten Roger Bannister, diese Marke erstmals zu unterbieten.[81] Als sich die Nachricht in der Welt verbreitete, folgte plötzlich ein Rekord auf den anderen. Die Läufer hielten auf einmal etwas für möglich, was lange als unmöglich erschienen war, und überstiegen dadurch eine nie dagewesene Grenze.

Dieses Beispiel zeigt uns, dass Menschen und ihre Handlungen von Emotionen und Gedanken stark beeinflusst werden. Ein ähnliches Beispiel lässt sich jüngst auch für die Nachhaltigkeit erzählen:

In den vergangenen Jahrzehnten hatte man im Bereich der Umweltbildung manchmal das Gefühl, dass sich immer weniger Jugendliche für die Natur interessieren. »Wenn die letzten Lehrkräfte der 1980er-Umwelt-Bewegung in Pension gehen, werden nicht mehr viele übrig bleiben, die den Umweltgedanken an die Jugend weitergeben« – solche und ähnliche Stimmen konnte auch Stefan in weiten Teilen Österreichs und Deutschlands bei seinen Schulvorträgen immer wieder vernehmen.

Doch dann kam ein 15-jähriges Mädchen und setzte sich schulschwänzend vor das schwedische Parlament. Innerhalb eines Jahres startete sie mit »Fridays for Future« eine weltweite Bewegung und plötzlich hatte jedes Land seine eigene Greta Thunberg. Und nicht nur das. Heute gibt es Teachers for Future, Scientists for Future, Architects for Future und sogar Omas for Future. Eine Erfolgsgeschichte, die uns eine Sache zu lehren scheint: Erkennt ein Mensch seine Wirkkraft und geht damit nach außen, so wirkt sich dies auch auf andere aus, die dann ebenfalls ein höheres Selbstwirksamkeitslevel empfinden. Im besten Fall setzt sich das fort und es entsteht eine ganze Bewegung.

Je mehr umwelt- und sozialbewusste Menschen also ihre eigene Wirksamkeit und ihr Potenzial erkennen, desto schneller können sie ihr neues Wertebild in die Welt tragen und wieder andere Menschen dazu anregen, dies ebenfalls zu tun. Und genau diese selbstverstärkenden Effekte braucht es, um den Wandel in Richtung einer nachhaltigen, regenerativen Kultur noch rechtzeitig zu vollziehen.

Betrachten wir die Geschichte von Fridays for Future und Greta Thunberg genauer, so kommen wir zu etwas, das wir als das Paradoxon der Umweltkommunikation bezeichnen möchten. Wir haben bereits dargestellt, dass unsere Medien viel zu oft über Krisen und viel zu selten von inspirierenden Geschichten berichten. Wie wir im nächsten Teil noch sehen werden, sind es psychologisch gesehen vor allem positive Beispiele und Emotionen, die uns als Motivation und Ansporn dienen, während negative Emotionen und harte Fakten dies nur bedingt tun. Gleichzeitig schafft es aber die junge Greta Thunberg mit ebendiesen harten Fakten, Millionen von Menschen auf die Straße zu bringen. Dies scheint im ersten Moment der Umweltpsychologie zu widersprechen und sorgt immer wieder für Diskussionen, weshalb wir dies als Paradoxon bezeichnen.

Die Lösung dieses scheinbaren Widerspruchs hängt unserer Meinung nach stark mit dem Thema Selbstwirksamkeit zusammen. Tausende Wissenschaftler haben in den letzten fünfzig Jahren die menschliche Bedrohung durch den Klimawandel prophezeit und uns vor dessen Folgen gewarnt. Mit meist mäßigem Erfolg. Greta Thunberg tut im Prinzip nichts anderes, nur dass sie darüber hinaus eine Geschichte erzählt. Die Geschichte eines jungen, unscheinbaren Mädchens, das sich trotz ihres Asperger-Syndroms in einer von alten Männern dominierten Welt durchsetzt und quer über den Globus ihre Botschaften verbreitet.

Sie zeigt den Menschen damit, dass es nicht darauf ankommt, ob man männlich, weiblich, klein, groß, jung, alt, hell, dunkel, psychisch »normal« oder sogar autistisch ist. Die tiefere Botschaft ihrer Geschichte vermittelt uns, dass alles möglich ist, sofern man selbst daran glaubt und die Sache in die Hand nimmt. Mit diesem unbändigen Willen hat die junge Schwedin nie dagewesene Barrieren gesprengt und ist zu einer Art Sinnbild für die Selbstwirksamkeit des Menschen geworden.

Nicht alle lieben sie. Aber jene, die es tun, tun es wohl ein Stück weit auch dafür, weil sie uns zeigt, dass es jedem Einzelnen von uns möglich ist, in seine Wirkkraft zu kommen und Großes zu bewegen. Und genau deshalb ist das Thema Selbstwirksamkeit so wichtig für die Nachhaltigkeit.

Was genau aber ist Selbstwirksamkeit und wie können wir sie stärken und als Wert etablieren? Selbstwirksamkeit beschreibt die subjektive Gewissheit einer Person, neuen oder schwierigen Aufgaben aufgrund eigener Kompetenzen gewachsen zu sein.[82] Zudem steigert sie die Motivation und das Durchhaltevermögen selbst in schwierigen Zeiten. Wie die eigene Selbstwirksamkeitserwartung erhöht werden kann, zeigen uns die Arbeiten des kanadischen Psychologen Albert Bandura in vier Wegen:[83]

- **Eigene Erfolgserlebnisse:** Durch die Bewältigung einer schwierigen Situation kann die eigene Überzeugung gestärkt werden, auch in Zukunft mit ungewohnten und herausfordernden Situationen umzugehen.
- **Beobachtung von Modellpersonen:** Beobachtet man die erfolgreiche Bewältigung einer Aufgabe bei anderen Personen, traut man sich das auch eher selbst zu. Ist die beobachtete Person der eigenen in vielen Aspekten ähnlich, hat dies einen zusätzlichen Effekt.
- **Verbale Ermutigung:** Erhält man von anderen ein positives Feedback, kann sich dies auf die Selbstwirksamkeitserwartung entsprechend auswirken. Die Motivation von außen kann also helfen, sofern keine unrealistischen Erwartungen gefordert werden.
- **Emotionale Erregung und Interpretation:** Unter Druck nehmen viele Menschen körperliche Empfindungen wie feuchte Hände, Zittern, Herzrasen oder andere Symptome als Zeichen für ein mögliches Scheitern wahr. Durch Übungen kann man lernen, diese Empfindungen neu zu interpretieren, etwa als Zeichen freudiger Erregung.

Wie uns diese vier Wege wieder einmal zeigen, beginnt eine selbstwirksame Gesellschaft zuerst bei uns selbst. Wollen wir diesen Wert auch auf breiter Ebene etablieren, so müssen wir ihn in die verschiedensten Lebensbereiche integrieren. Das geschieht am besten über Bildung. Schon unsere Jüngsten sollten von klein auf vielfältig gefördert – und auch gefordert – werden.

Anstatt eines übermäßigen Schutzgedankens braucht es ein bewusstes und bestärkendes Heranführen an die Herausforderungen des Lebens. Schularbeiten in Mathematik, Deutsch und Englisch reichen mit Sicherheit nicht aus, denn damit können nur ganz wenige gefördert werden. Jeder im Klassenverband soll seine Fähigkeiten unter Beweis stellen können und als Modellperson für die anderen dienen. Wenn der Klassenclown als ebenso wertvoll wahrgenommen wird wie das Mathegenie oder die gute Seele, dann werden sich alle ihrer Stärken bewusst und können diese auch weiter ausbauen.

Es braucht also eine Verschiebung des Fokus – weg von den rein intellektuellen Fächern, hin zu sozialen und auch emotionalen Skills. Nur so können wir die Selbstwirksamkeit für eine höhere Anzahl an Menschen erfahrbar machen.

Dies wirkt sich im Weiteren auch auf andere Bereiche, wie etwa die Wirtschaftswelt, aus. Um unsere meist sehr altmodisch und einseitig agierenden Wirtschaftsbetriebe zukunftsfit zu machen, benötigt es Leute, die sich solch einen Umbau zutrauen. Einerseits braucht es die Vordenkerinnen und Vordenker, die den Umbau gestalten und vorantreiben. Andererseits braucht es aber auch all die anderen im Unternehmen, die die Umgestaltung unterstützen und sich bewusst sind, dass sie auch im neuen Umfeld wieder ihren Platz finden werden. Eben deshalb, weil sie an ihre eigene Wirksamkeit glauben.

Je mehr Personen einer Organisation der Überzeugung sind, dass sie mit ihren unterschiedlichen Qualitäten einen Beitrag leisten können, desto schneller wird die Neugestaltung gelingen. Und damit erweisen sie dann nicht nur der Organisation, sondern auch dem Gemeinwohl und dem Planeten einen großen Dienst.

5.4 Solidarische Kooperation

Einer der weitsichtigsten Baumeister in unseren Wäldern ist der Schwarzspecht. Wie wir alle wissen, schlägt dieser mit seinem Schnabel tiefe Löcher in Baumstämme, um später darin hausen zu können. Nun ist unser Schwarzspecht aber kein wilder Haudrauf, der einfach drauflosschlägt, bis irgendwann die Höhle fertig ist. Nein! Der Specht holt sich Hilfe. Und zwar, indem er den Wald nach Bäumen absucht, die bereits Faulstellen aufweisen.[84] Dort schlägt er mit dem Schnabel eine Wunde ins Außenholz, ehe er zum nächsten Baum fliegt und das Gleiche tut. Von nun an wird die Baustelle durch Pilze übernommen, deren Sporen überall im Wald herumfliegen, an der Wunde des Baums andocken und dort mit ihrem Wachstum das Holz zu zersetzen beginnen. Erst Jahre später kommt der Schwarzspecht wieder zurück. Das durch die Pilze aufgeweichte Außenholz kann er nun einfach bearbeiten und per Schnabel zu einer Höhle ausbauen.

Die Pilze unterstützen also den Specht dabei, sich ein Zuhause zu schaffen. Doch nicht nur das, Pilze sind auch für andere Spezies wichtige Kooperationspartner. Durch ihre ausgedehnten unterirdischen Strukturen vernetzten sie etwa die Bäume und deren Wurzeln miteinander.[85] Als Dank dafür bekommt der Pilz vom Baum den zuckerhaltigen Pflanzensaft, den er zum Wachsen braucht. Der Baum wiederum erhält Mineralien und Nährstoffe von den weitläufigen Strukturen des Pilzes und kann über das Wurzelnetzwerk mit seinen Artgenossen kommunizieren. So weiß man mittlerweile, dass Baumnachbarn einander vor Gefahren wie Rehverbiss oder Blattläusen warnen. Hat ein Baum die Information über die Probleme eines Artgenossen erhalten, erzeugt er zum Beispiel mehr Bitterstoffe, um nicht auch zur Mahlzeit der Läuse oder Rehe zu werden. Darüber hinaus variieren Bäume die Ausdehnung ihrer Äste, damit junge Baumnachbarn genügend Licht für das Wachstum bekommen. Die Bäume kooperieren also nicht nur mit anderen Lebewesen zum Selbstvorteil, sie zeigen sich auch solidarisch gegenüber der eigenen Spezies.

Wir könnten die wunderbare Welt des Miteinanders im Reich der Natur noch viel detaillierter beschreiben. Doch dir ist sicher bereits klar, was wir mit unserem Beispiel bezwecken möchten. Eine gesunde Gesellschaft kooperiert und hilft sich gegenseitig, ebenso wie dies in einem gesunden Wald passiert. Um nicht nur in guten Zeiten, sondern auch in Krisensituationen wieder mehr Gemeinsinn erfahren zu können, müssen wir uns erst einmal ansehen, wie das gelingen kann. Dazu eine kurze Definition.

Im Fachjargon meint Kooperation die zweckgerichtete Zusammenarbeit mehrerer Lebewesen oder Gruppen mit einem gemeinsamen Ziel. In diesem Satz steckt schon ein erster Schlüssel für Kooperation. Wir brauchen ein gemeinsames Ziel! Ist dieses Ziel im Einklang mit Mensch und Natur, so kann auch die Kooperation zum Segen für alle Beteiligten werden.

Bei den heutigen Wirtschaftskooperationen zwischen zwei oder mehr Firmen ist das gemeinsame Ziel oft nur die Steigerung des Profits, die Erhöhung von Marktanteilen oder gleich die Verdrängung anderer Mitbewerber. Da diese Art der Kooperation eher einem unreflektierten Konkurrenzdenken entspringt, kann sie unserer Meinung nach nicht als solche gewertet werden. Darüber hinaus entscheiden im genannten Beispiel meist nur die Eigentümer über die Kooperation. Die Zusammenarbeit wird also nicht mal von den Firmenmitgliedern selbst beschlossen, sondern nur von einigen wenigen Personen.

Eine echte und zukunftsfähige Kooperation braucht also eine weitere, notwendige Bedingung: sie muss solidarisch mit sich selbst und mit ihrem Umfeld sein! Wenn zwei Gruppen miteinander kooperieren, muss daher im ersten Schritt geklärt werden, ob dies auch im Sinn der eigenen Leute ist. Im nächsten Schritt müssen die Natur und all die weiteren, von einer Kooperation betroffenen Stakeholder einen Platz und eine Stimme am Verhandlungstisch erhalten. Solidarische Kooperation bezieht sich also nicht nur auf die Zusammenarbeit der einzelnen Individuen und Gruppen, sondern holt auch jene mit ins Boot, die zwar nicht mitarbeiten, aber dennoch mit betroffen sind. Dies mag im ersten Moment schwierig erscheinen, hat aber neben den positiven Auswirkungen auf das Umfeld auch innerhalb der Gruppe einen riesigen Vorteil. Sehen wir uns dazu die wohl bekannteste Wirtschaftskooperative der Welt an – Mondragón.

Als der junge Jesuitenpriester José María Arizmendiarrieta 1941 in die spanische Stadt Mondragón kam, ahnte er wohl nicht, dass er den Grundstein für etwas Einzigartiges legen würde.[86] In seinem unermüdlichen Engagement für soziale Themen baute er eine demokratisch organisierte Fachschule auf und lehrte die Bevölkerung die Grundlagen gemeinschaftlichen Wirtschaftens. Dies führte 15 Jahre später dazu, dass fünf Absolventen der Schule die »Mondragón Corporación Cooperativa (MCC)« gründeten. Bereits 1960 gab es mehr als zwanzig weitere Kooperativen im Verbund, und heute zählt die MCC knapp 75.000 Mitarbeiter.[87] Bei einem Umsatz von über zwölf Milliarden Euro ist sie das siebtgrößte Unternehmen Spaniens.

Zu den mehr als hundert verschiedenen Unternehmen von MCC zählen neben Technologie- und Baufirmen sowie Handelsgesellschaften auch eine eigene Universität, eine Bank und ein Forschungszentrum. Aber nicht die Größe macht Mondragón so spannend, sondern die Organisationsstruktur. Mehr als achtzig Prozent aller Mitarbeiter sind zugleich Eigentümer der Genossenschaft. Die Belegschaft hat also vollkommene Transparenz bezüglich der Firmenangelegenheiten und entscheidet selbst, wie die Zukunft des Unternehmens aussehen wird. In wirtschaftlich guten Zeiten wird der Gewinn an alle ausgeschüttet, während man die Verluste in Krisenzeiten ebenso gemeinsam durchsteht.

Geht es einem Unternehmen einmal schlecht, so wechseln die Arbeiter kurzfristig zu einem anderen Unternehmen im Verband, das gerade Arbeitskräfte sucht. Da die meisten Standorte von MCC nach wie vor regional im Baskenland konzentriert sind, muss bei solch einem Wechsel der Arbeitsstelle nicht auch der Wohnort geändert werden. Sollte ein Wechsel gerade nicht möglich sein, gibt es eine interne Arbeitslosenversicherung und die Möglichkeit, auf der hauseigenen Universität eine Umschulung für andere Berufe in Anspruch zu nehmen. Das alles und noch vieles mehr führte dazu, dass in der über 60-jährigen Unternehmensgeschichte noch nie jemand entlassen werden musste.[88] Mondragón ist damit ein Vorzeigeprojekt für die solidarische Kooperation und dafür, wie sich soziale und wirtschaftliche Belange unter einen Hut bringen lassen.

Selbst wenn es nur wenige Beispiele für solch große Industrie-Kooperativen gibt, wird der Wunsch nach einer neuen »Wir-Kultur« überall lauter. Auch im deutschsprachigen Raum gibt es immer mehr gemeinschaftlich gedachte Angebote und Initiativen. Während vor zwei Jahrzehnten das Einfamilienhaus noch zum unangefochtenen Standard gehörte, wollen heute immer mehr Menschen wieder zusammenleben. Gut für die Menschen, denn Gemeinschaftswohnbauten fördern das Miteinander und den sozialen Zusammenhalt. Gut auch für die Natur, denn diese Projekte sparen

Platz und Ressourcen, weil sie neben Gemeinschaftsräumen meist auch eine eigene Landwirtschaft oder gemeinsam genutzte Fahrräder und Autos haben.

Aber nicht nur Wohnen wird neu gedacht, auch im Bereich unserer Energieversorgung, bei der Mobilität und in vielen anderen Bereichen gibt es über die Sharing Economy[i] ständig neue Innovationen. Sofern diese nicht dem reinen Profitgedanken, sondern dem Konzept der solidarischen Kooperation entsprungen sind, werden sie einen entscheidenden Beitrag für eine gute und regenerative Zukunft leisten.

5.5 Offenheit für Neues

Kaum ein anderer Wert scheint im Sinn einer nachhaltigen Entwicklung so klar auf der Hand zu liegen wie die Offenheit für Neues. Denn was bedeutet eine nachhaltige Entwicklung anderes, als etwas vollkommen Neues zu wagen?

Nachhaltigkeit impliziert nichts Geringeres, als neue Systeme und Methoden zu erdenken, Alternativen zu schaffen und gesellschaftlich völlig neue Wege zu beschreiten. Eine zukunftsfähige Entwicklung ist, einfach heruntergebrochen, genau das Gegenteil von business as usual. Also von dem, was aktuell auf der Welt passiert: Festhalten an alten und überholten Systemen, Machtverhältnissen, Traditionen und Pseudosicherheiten. Festhalten an etwas, was schon lange nicht mehr funktioniert.

Für die Zukunft braucht es Mut und Offenheit, die ausgetretenen Pfade zu verlassen und zu neuen Ufern aufzubrechen; mal unkonventionellen Ideen Raum zu geben; alternative Lösungswege auszuprobieren und auch dann noch auf dem neuen Weg zu bleiben, wenn dieser von anderen kritisiert wird oder man zwischendurch ein Scheitern erlebt.

---

[i] Die geteilte Nutzung von Ressourcen, wie Gegenständen, Räumen, Flächen etc.

Für eine nachhaltige Zukunft brauchen wir Veränderung! Doch Veränderung war für uns Menschen noch nie sonderlich einfach. Wenn gewohnte Routinen, stabile Verhältnisse oder lieb gewonnene Lebenssituationen plötzlich wegbrechen oder einem Wandel unterworfen sind, stürzt uns das nicht selten in eine Phase großer Unsicherheit. Wir erleben dann, wie wenig Kontrolle wir eigentlich haben und wie unangenehm sich das anfühlen kann. Wir haben einfach zu gern die Zügel in der Hand und wollen selbst bestimmen, welchen Lauf die Dinge nehmen sollen.

Veränderung bedeutet jedoch, ebendiese Zügel auch mal loszulassen. Es bedeutet, für ein paar Momente lang die »schöpferische Zerstörung« und das Leben selbst walten zu lassen. Jede Veränderung bedeutet, dass etwas Altes geht und etwas Neues kommt. Interessanterweise ist es gerade der Übergang zwischen diesen beiden Zuständen, der den meisten Menschen sehr zu schaffen macht. Das Alte ist nicht mehr da – und das Neue ist noch nicht da. In solchen Momenten haben wir nichts, an dem wir uns orientieren könnten oder das uns Halt geben würde.

Sich genau an diesem Punkt bewusst für das Neue zu entscheiden, anstatt an altbekannten Mustern festzuhalten, ist die große Kunst, die eine wache Gesellschaft noch lernen darf. Wir dürfen es lernen, diese Unsicherheit, diesen Zustand des Nicht-Wissens und der Ambiguität zuzulassen und auszuhalten. Und ja, das mag manchmal schmerzhaft sein. Letztlich aber birgt genau dieses unangenehme Chaos einen schöpferischen Prozess und Neuanfang in sich. Das heißt, wenn wir es denn erlauben!

Ein schönes Beispiel für eine hart umkämpfte Veränderung, die allen Widerständen zum Trotz zu positiven Ergebnissen führte, war der Umbau der beliebten Wiener Einkaufsmeile in der Mariahilfer Straße, auch »MaHü« genannt. 2011 wurde die Idee der damals Grünen Vizebürgermeisterin präsentiert, die zweispurige Einkaufsstraße zu einer verkehrsberuhigten Begegnungszone umzubauen.

Das Projekt polarisierte wie kaum eines zuvor. Heftigen Gegenwind gab es vonseiten der Wirtschaftskammer, vielen Geschäften sowie der politischen Opposition in Wien. Wie sollte die MaHü bloß ohne große Verluste weiterbestehen, wenn die zahlungskräftigen Menschen nicht mehr mit ihren Karossen anrollen dürfen? Und wie bitte sollte eine gemeinsame Zone für Fußgänger, Radfahrer und Autofahrer überhaupt jemals unfallfrei funktionieren? Der Aufschrei war groß, die Offenheit für das Projekt sehr klein. Etliche Anwohner gingen sogar auf die Straße, da sie die geänderte Linienführung der Buslinie 13A nicht akzeptieren wollten. Im März 2014 entschied schließlich eine Anrainerumfrage, an der sich knapp 33.000 Menschen beteiligten, mit 53,2 Prozent für den Umbau der MaHü.[89]

Heute, über fünf Jahre nach Fertigstellung der Begegnungszone, ist von all den kritischen Stimmen nicht mehr viel zu hören. Bereits ein Jahr nach der Eröffnung zeigte eine erste Befragung, dass zwei Drittel der Personen, die die neue Mariahilfer Straße besucht hatten, sehr oder eher zufrieden waren mit dem Ergebnis. Die 2017 von der Statistik Austria erhobenen Daten verwiesen außerdem darauf, dass es um zwei Drittel weniger Zusammenstöße zwischen Verkehrsteilnehmern gab als vor dem Umbau im Jahr 2012. Auch die Lebensqualität im Bezirk nahm dank der Verkehrsberuhigung deutlich zu. Und selbst der größte Kritiker, die Wirtschaftskammer, schwenkte in der Zwischenzeit vollkommen um.[90] Nicht nur das, heute fordert sie sogar selbst mehr Begegnungszonen für Österreich.

Denn eine Studie zur Nutzenbewertung zeigte des Weiteren, dass sich Begegnungszonen spätestens zwei Jahre nach der Fertigstellung rechnen und der Stadt zu höheren Einnahmen verhelfen. Außerdem werden durch solch ein Projekt viele neue Arbeitsplätze geschaffen, und durch die höheren Verdienste können auch höhere Gehälter ausbezahlt werden. Dadurch lautet eine aktuelle Empfehlung der WKO, dass jede Stadt eine Million Euro in Begegnungszonen investieren sollte. Mancherorts träumt man schon von »mediterranen Wohlfühloasen und belebten Erdgeschosszentren«, wo man verweilen und flanieren kann. Selbst das Problem der reduzierten Verfügbarkeit von Parkplätzen ist heute keines mehr. Ganz im Gegenteil, die jungen Leute steigen auf neue Mobilitätsformen um und das Auto verliert immer mehr an Wichtigkeit beim Einkaufen.

Die anfängliche Skepsis gegenüber weitgehend autofreien Begegnungszonen hat sich also in eine Offenheit verwandelt. In der Wiener Innenstadt entstehen mittlerweile ständig neue Begegnungszonen nach dem Vorbild der MaHü. Da wir selbst nahe der Wiener Innenstadt wohnen, fragen wir uns immer, wie es hier wohl aussehen würde, wäre die Abstimmung damals anders ausgegangen. Wie viel Offenheit für solch entspannte Begegnungszonen würde es dann wohl geben?

Tja, wenn wir doch nur öfter das Vertrauen hätten, dass nicht jede Veränderung per se schlecht sein muss! Wenn wir doch nur ein bisschen offener wären, einmal der Lebensqualität und dem Umweltschutz Vorrang zu geben, anstatt primär an potenzielle Verluste zu denken! Ganz ehrlich: Sollten das aktive Bemühen und das Engagement anderer Leute nicht eher ein Grund zur Freude anstatt für Gegenwehr und Kampf sein? Warum müssen wir Projekten, die eine neue und positive Vision für unser Zusammenleben tragen, von vornherein so viele Steine in den Weg legen? Das hängt wohl sehr stark mit dem Wert der Offenheit zusammen, den wir entweder in uns tragen oder eben nicht.

Offenheit beschreibt das Interesse und das Ausmaß der Beschäftigung mit neuen Erfahrungen, Erlebnissen und Eindrücken. Verwandte Begriffe sind Aufgeschlossenheit, Unvoreingenommenheit, Zugänglichkeit oder Neugier. Menschen mit ausgeprägter Offenheit sind meist einfallsreich, erfinderisch, fantasievoll, innovativ, wissbegierig und künstlerisch interessiert. Sie lieben die Abwechslung, fällen unabhängige Urteile und gehen auch mal unkonventionelle Wege.[91] Damit sind sie eher bereit, bestehende Normen kritisch zu hinterfragen sowie auf neue soziale, ethische, politische oder spirituelle Werte einzugehen.

Wir alle täten gut daran, mehr Offenheit und Flexibilität in unserem Leben zu kultivieren. Wir verlangen ja nicht, dass jeder zu einem inspirierenden Vordenker werden muss, der aktiv und in jeder Lebenslage das Neue befördert. Oder dass wir alle schon morgen großartige Visionen haben müssen, um die gesamte Welt und den Planeten zu verändern. Nein, ganz und gar nicht. In vielen Fällen reicht es schon, wenn wir es einfach zulassen, dass andere dies tun; wenn wir jenen Menschen keine Stolperfallen stellen, die sich für das Neue und Gute in der Welt einsetzen; und wenn wir respektvoll und wertschätzend gegenüber jenen sind, die den Mut aufbringen, alte Denkweisen infrage zu stellen und neue Bedingungen für unser gesellschaftliches Funktionieren zu etablieren.

Wenn wir unsere Widerstände ablegen und Veränderung zulassen, macht uns allein schon dieser passive Akt zu Vorreitern. Und wer weiß, vielleicht haben auch wir irgendwann eine bahnbrechende Idee, die unbedingt in die Welt hinaus muss und die sich dann ebenfalls freut, wenn sie gleich zu Beginn Unterstützung und Offenheit erfährt.

TEIL III

Emotionale Kompetenz

6. Die Macht der Gefühle

Wer unsere Welt durch die Brille der Castingshows, TV-Dramen und Hollywoodfilme sieht, würde sie wohl als besonders emotionale Welt beschreiben. Denken wir hingegen an die Chefetage globaler Konzerne oder an die meisten unserer politischen Führungsfiguren, erblickt man eine scheinbar gefühlslose Welt. Gleichzeitig unterfüttern uns ebendiese Konzerne täglich mit Tausenden emotionalen Werbebotschaften, und es gibt wohl auch keinen Wahlkampf, der nicht auf Gefühlsebene entschieden wird. So sind wir ständig einem schier endlos scheinenden Gefühlscocktail ausgesetzt.

Um diesen Mix besser kontrollieren zu können, haben wir in unserer Gesellschaft recht klare Normen etabliert, wo Emotionen erlaubt und erwünscht sind und wo sie eben nicht gezeigt werden dürfen. Im privaten Kontext ist der Ausdruck von Gefühlen durchaus alltagsfähig. Im beruflichen und professionellen Kontext hingegen sind Gefühle eher unerwünscht. Leider widerspricht solch eine Einteilung dem Wesen von Emotionen grundsätzlich. Damit das Ganze also funktioniert, müssen wir unsere Gefühle in den besagten Situationen verdrängen. Doch gerade dieses Unterdrücken schafft jede Menge Probleme. Der Aufbau einer nachhaltigen Welt braucht beherzten Mut, zukunftsweisende Ideen und klare Entscheidungen. Oft sind es gerade unsere Emotionen und Ängste, die uns manipulieren und von durchdachten und weisen Entscheidungen abhalten. Und solange wir unsere Emotionen verdrängen, so lange werden wir uns dieser Manipulation nicht einmal bewusst sein.

Was hilft es, wenn der Verstand die richtige Antwort weiß, aber nicht zum Einsatz kommt, weil er gerade unterbewusst von einem Gefühl beansprucht wird? Wie sollen wir unsere Gesellschaft verändern, wenn wir tief im Inneren eine Angst vor Veränderung tragen? Wie können wir neue Dinge in Angriff nehmen, wenn uns die Angst vor dem Scheitern davon abhält? Und wie sollen wir Mitgefühl empfinden, wenn uns das Fühlen an sich schon schwerfällt?

Als zukunftsfähige Menschen müssen wir uns bewusst werden, dass unsere Handlungen mit unserer Gefühlswelt in Zusammenhang stehen. Es führt kein Weg daran vorbei, sich diesen inneren Welten mit allen Ängsten, Wunden und Schatten zu stellen, wenn wir im Außen etwas bewegen wollen.

Bist du also bereit, wirklich tief zu tauchen und einen Blick in deinen Schatten zu riskieren? In das Dunkle und Unbewusste in dir? Es mag Furcht einflößend klingen, aber keine Sorge, wir begleiten dich in gewohnter Manier mit Humor und Leichtigkeit durch diese Thematik.

Du wirst am Ende des Kapitels erkennen, wie stark der Einfluss der Gefühle auf eine nachhaltige Entwicklung ist. Und du wirst sehen, wie sehr es sich für den Einzelnen, für die uns umgebende Welt und für den gesamten Planeten lohnt, wenn Schattenthemen aufgearbeitet und integriert werden. Falls du dann auch Lust bekommen hast, deine eigenen Schattenaspekte etwas genauer unter die Lupe zu nehmen, werden wir dir dazu ein paar konkrete Werkzeuge vorstellen. Nun aber los und ab in die Tiefe!

6.1 Der Schatten und seine Strategie

Cooler Titel, oder? Klingt nach einem mystischen Fantasy-Abenteuer oder, besser noch, nach einem Psychothriller. Da der Schatten tatsächlich manchmal gruselig anmuten kann, ist das Ganze nicht mal so weit hergeholt. Doch was genau ist dieser »Schatten« und wie wirkt er auf uns?[j]

Der Schweizer Psychiater und Begründer der analytischen Psychologie, Carl Gustav Jung, hat den Schatten-Begriff um das Jahr 1950 geprägt. Ihm zufolge liegen im Schatten alle Persönlichkeitsanteile, die verdrängt oder verleugnet wurden, weil sie einem bestimmten

[j] Je nach Zugang und Handlungsfeld wird das Konzept des Schattens enger oder breiter definiert, wobei wir uns für Letzteres entschieden haben.

Selbstbild von uns entgegenstehen, uns unliebsam erscheinen oder sozial unerwünscht sind.[92]

Laut C. G. Jung bildet sich der Schatten bereits in frühester Kindheit. Die Erziehung, Erwartungen, Belohnungen oder Verbote lassen immer nur einen Teil der Persönlichkeit reifen, während der andere, unerwünschte Teil sich in den »Schatten« verabschieden muss. Ein paar Beispiele zum Verständnis: Leistung ist gut, Faulheit kommt in den Schatten. Brav sein ist gut, Wildheit kommt in den Schatten. Teilen ist gut, Gier kommt in den Schatten. Auch alle schmerzhaften Kindheitserfahrungen und die daraus resultierenden Glaubenssätze und Interpretationen verfrachten wir da hinein. Damit ist der Schatten die Summe aller verdrängten Verhaltensweisen, Glaubenssätze und Gefühle.[93]

All diese unterdrückten und verdrängten Aspekte werden zum persönlichen Unbewussten. Es ist uns nicht bewusst, nicht offenkundig, dass wir diese Schattenanteile noch immer in uns tragen. Wir wissen nicht, dass sie tief in uns vergraben liegen oder überhaupt existieren. Gerade deshalb können uns diese unbewussten »Programmierungen« gekonnt manipulieren.

Damit diese Manipulation funktionieren kann, muss der Schatten verdeckt bleiben. Im Lauf des Lebens haben wir uns allerhand Abwehrstrategien zurechtgelegt, die dafür sorgen, dass wir den Schatten – alle unsere unliebsamen Anteile – nicht erkennen müssen. Wer betrachtet schon gern seine gefühlte Minderwertigkeit, seine Fehlbarkeit, Faulheit oder Gier? Wir wollen den Schatten nicht fühlen. Wir haben Angst vor dem Schmerz, Angst vor alten Wunden und vor der Konfrontation mit den ungeliebten Anteilen unseres Selbst. Diese Gefühle um jeden Preis zu vermeiden, ist die zentrale Strategie des Schattens.

Die Konfrontation mit dem Schatten vermeiden

Abwehrmechanismen, so scheint es, sind hierfür das Mittel der Wahl. Sie dienen uns dazu, unseren Schatten nicht konfrontieren zu müssen. Gleichzeitig helfen sie uns, zwischenmenschliche wie auch innere und seelische Konflikte so zu bewältigen, dass die psychische Verfassung weitgehend konfliktfrei bleibt.

Die Psychoanalyse beschreibt Dutzende solcher Abwehrstrategien, wie etwa Vermeidung, Verdrängung, Verleugnung, Rationalisierung, Intellektualisierung, Dramatisierung oder auch die Projektion.[94] Leider wirken diese Abwehrmechanismen meist toxisch auf unser Leben sowie auf unseren Umgang mit anderen. Denn sie wurzeln in der Unbewusstheit und sind blinde Reaktionen, die wir zur Abwehr aufkeimender Gefühle benutzen. Damit berauben sie uns aber der Möglichkeit, unsere Handlungen und Entscheidungen bewusst, reflektiert und aus uns selbst heraus zu wählen.

Man könnte argumentieren, dass solche Abwehrmechanismen in manchen Situationen auch sinnvoll sind. Die Psychotherapie etwa meint, dass eine zu schnelle Auflösung von inneren Widerständen dazu führen könne, dass eine Person ihre Schutzmechanismen verliert und somit das psychische Gleichgewicht in Gefahr ist. Für Menschen in kritischen Lebenssituationen mag dies natürlich zutreffen, und auch bei Kindern ist es verständlich, dass sie sich derartige Schutzfunktionen aneignen. Es kann jedoch nicht das Ziel einer wachen Person sein, sich selbst ein Leben lang vor dem eigenen Schatten zu schützen. Auch eine Gesellschaft, die ihre Schatten nicht wahrnimmt, ist in keiner Weise zukunftsfähig und kann nur schwer als erwachsen oder gesund bezeichnet werden.

Denn die Unterdrückung des Schattens wirft zahlreiche Probleme auf. Stellen wir uns zum Beispiel eine Person vor, die ihre Angst vor Fehlbarkeit oder, anders ausgedrückt, ihre wahrgenommene Unvollkommenheit in ihren Schatten verfrachtet hat. Tief und unbewusst schlummert in dieser Person womöglich ein alter und schmerzhafter Glaubenssatz mit dem Namen »Ich bin nicht vollkommen« oder »Ich bin schuldig«. Jede Gelegenheit, um diese Wunde zu aktivieren, muss um jeden Preis umgangen werden. So könnte die »Vermeidung« als Abwehrmechanismus darin bestehen, anderen erst gar nicht einen Grund zu liefern, sie als »fehlerhaft« oder »schuldig« hinzustellen. Übertriebene Aufopferung, unterwürfiges Märtyrertum oder perfektionistische Genauigkeit wären probate Mittel, um Konflikte zu vermeiden und die Schattenängste zu unterdrücken. Ein anderer, gängiger Abwehrmechanismus wäre die »Verleugnung«. Dabei streitet unsere Person alle Fehler ab, die ihr vorgeworfen werden. Sie könnte auch gleich in die Gegenanklage gehen und ihre Kontrahenten ähnlicher Dinge beschuldigen.

Wir wagen an dieser Stelle zu behaupten, dass der überwiegende Teil unserer alltäglichen Streitgespräche – ob innerhalb der Familie, zwischen Kollegen oder in der Politik – auf solchen Abwehrprinzipien beruht. Der eigene Schatten will nicht gefühlt werden, denn es könnte sehr schmerzhaft sein, sich alte Wunden einzugestehen. Das Ego mag es nun mal nicht, sich gegenüber anderen klein, schuldig oder minderwertig zu fühlen. Genau deshalb wird der Schmerz lieber verdrängt, herabgespielt, gerechtfertigt, dramatisiert oder geradewegs zurückgeschlagen.

Vermeidung durch Projektion

Eine andere Möglichkeit, den inneren Schatten nicht wahrnehmen zu müssen, ist die Projektion. In der Psychologie beschreibt diese den allgemeinen Vorgang, mit dem man das Eigene im anderen sieht. Anstatt den Schatten in uns selbst zu erkennen, sehen wir ihn in anderen.[95] Die eigene Psychologie wird dabei auf die Umgebung, die Mitmenschen oder materielle Objekte projiziert. Dies kann sowohl im Positiven wie auch im Negativen geschehen.

Unbewusste Schattenprojektionen auf andere Menschen sind typische Elemente von persönlichen sowie auch kollektiven Konflikten. Solange sie unbewusst bleiben, treten sie in Form von Fremdenhass, Rassismus, Antisemitismus oder auch Homophobie wieder zutage. Auch das ewige Suchen nach einem Sündenbock oder die Idee des Teufels lassen sich mit einer Schattenprojektion nach außen erklären.[96] Anstatt also unsere tiefsten Ängste ans Licht zu bringen und sie uns einzugestehen, schreiben wir sie lieber einem anderen zu.

Solange wir diese Vorgänge nicht reflektieren, wird sich nicht viel ändern. Weder bei uns noch im Umgang mit anderen. Doch allein die Bewusstmachung von unbeabsichtigten Schattenprojektionen kann die Chancen einer nachhaltigen Konfliktlösung verbessern. Und dies wird für unsere Zukunft auch absolut vonnöten sein.

Nur wenn wir es schaffen, unserem inneren Schatten liebevoll zu begegnen und ihn ans Licht unseres Bewusstseins zu holen, durchbrechen wir den Teufelskreis von Projektion und Gegenwehr und erweitern unseren Handlungsspielraum. Nur wenn wir beginnen, die Verantwortung für unsere eigenen Gefühle zu übernehmen, können wir auch zu verantwortungsvollen Reaktionen in der äußeren Welt finden. Erst wenn die Angst-, Schmerz- und Schattenvermeidung als oberstes Handlungsmotiv in den Hintergrund rückt, wird eine neue Wahl auf Basis von Bewusstheit, Freiheit und Liebe überhaupt möglich. Und welche Welt würden wir erschaffen, wenn Liebe statt Angst unser Denken und Handeln bestimmt?

6.2 Die Angst vor dem Fühlen

Wie wir gesehen haben, sind nicht die Schatten selbst das Problem, sondern die Strategien, mit denen wir versuchen, ihnen aus dem Weg zu gehen. Der Grundmechanismus, mit dem das Spiel von Schatten, Gegenwehr und Projektionen aufrechterhalten wird, ist die tiefe Aversion des Menschen gegenüber vermeintlich negativen Gefühlen. Wir wollen in unserem Leben keine Trauer, Wut, Angst und auch keinen Schmerz. Wir wollen Friede, Freude und natürlich Eierkuchen!

Wir wünschen uns Spaß für unser Leben, aber unsere Tränen lassen wir nicht frei. Wir wollen unsere Kraft und Stärke spüren, aber unsere Schwäche möchten wir uns nicht eingestehen. Wir wollen Frieden in der Welt sehen, aber den Krieg in uns selbst betrachten wir nicht. Wir wollen alles kritisieren und überall unseren Senf dazugeben, für Selbstreflexion und die Kritik der eigenen Person reicht es aber nicht. Alles soll wachsen, Stillstand und Regeneration werden nicht geduldet. Wir würden auch gern ewig jung und vital bleiben und sperren damit selbst den Tod aus unserem Leben aus.

Dieser permanente Vermeidungskurs prägt nicht nur das eigene Leben, sondern das gesamte Weltgeschehen maßgeblich mit. Sehen wir uns doch einmal den Zustand der Welt an! An so vielen Ecken und Enden herrschen Elend und Leid. Es wäre nur angemessen oder einfach menschlich, angesichts der ökologischen und sozialen Missstände auch einmal verzweifelt zu sein. Im Unterdrücken und Verdrängen dieser Gefühle kappen wir jedoch unsere lebenswichtigen Feedbackschleifen und verhindern eine angemessene Reaktion. Angst und Schmerz können ein Warnsignal sein, das zu heilvollem Handeln führt, wenn wir das nur zuließen. Was wir stattdessen erleben, sind innere Zerrissenheit, Entfremdung, Ohnmachtsgefühle, politische Passivität, Burn-out-Syndrom und die ständige Suche nach einem Sündenbock.

Anstatt also unsere ureigenen Ängste zu konfrontieren, täuschen wir uns gekonnt darüber hinweg. Oft tun wir dies mit äußeren oder materiellen Dingen, was uns jedoch niemals wirklich gelingen kann. Wir lenken uns dauernd ab, um in Momenten der Stille nicht plötzlich auf uns selbst zurückgeworfen zu werden. Davon lebt übrigens auch eine milliardenschwere Industrie, die kein Interesse daran hat, dass sich hier etwas ändert. So wird uns eingeredet, dass schon alles in Ordnung komme, wenn wir nur dieses oder jenes Auto erwerben, den ersehnten Urlaub buchen oder ein spezielles Medikament kaufen.

Eine andere Facette davon zeigt sich in unseren losen Beziehungen. Eine lebendige und tiefe Verbindung zu unseren Mitmenschen verlangt auch nach einem offenen Umgang mit den schwierigen Themen des Lebens. Viel zu oft sparen wir diese jedoch aus, begegnen einander oberflächlich und sprechen über belanglose Dinge. Nur um das, was tief ins uns schlummert, nicht wahrnehmen zu müssen, etwa Angst, Trauer, Zorn, Lust, Gier, Schwäche, Neid, Egoismus und vieles mehr. Im Grunde genommen alles, was wir an den anderen so gern verurteilen. Weil wir das bei uns selbst aber nicht sehen wollen, bleiben wir in unseren Projektionen gefangen und beschreiten unser Leben bestenfalls in einer Art Halbschlaf.

Schlimmstenfalls bekämpfen wir uns gegenseitig, ohne die Spiegelung dahinter je zu durchschauen.

Lass uns ein einfaches Beispiel durchgehen, um die Angst vor dem Fühlen noch besser zu verstehen. Stell dir dazu bitte einen Mann vor, der aufgrund gewisser Erfahrungen im Kindesalter eine tiefe Angst in sich trägt, zum Beispiel die Angst vor dem Verlassenwerden. Stell dir weiter vor, seine Lebenspartnerin kommt wiederholt viel später nach Hause als erwartet – und triggert somit seinen Schatten. Sofort steigen die alten Verlassensängste in ihm hoch und er beginnt alle möglichen Geschichten in dieses »Zuspätkommen« hineinzuinterpretieren: »Sie betrügt mich mit einem anderen«, »Sie denkt nicht mal dran, dass ich allein zu Hause auf sie warte«, »Das häusliche Leben ist ihr langweilig geworden«, »Sie liebt mich nicht mehr«, »Andere Dinge sind ihr viel wichtiger als ich« und so weiter.

Egal welche Geschichte sich unser Protagonist zusammenreimt, eines scheint klar: es muss etwas dagegen unternommen werden. Ob er nun mit irrationalen Anschuldigungen oder eiskaltem Rückzug reagiert, hängt von seinen angelernten Abwehrmechanismen ab, die er sich vermutlich schon früh bei seinen Eltern abgeschaut hat. Auf jeden Fall wird er glauben, dass er das »Opfer« der Verspätung ist und sich nur wegen seiner Partnerin solche Sorgen machen musste. Sie ist die »Böse« und er das »Opfer«, egal welche Beweggründe das Gegenüber auch hervorbringen mag. So kommt er gar nicht auf die Idee, dass seine eigene Verlassensangst dahintersteckt – ein verdrängter Teil von ihm, der gesehen, anerkannt und gefühlt werden möchte. Darum wird er diese Chance der Heilung verpassen und die nächste Situation, in der seine Angst getriggert wird und er sich verlassen und als Opfer fühlen wird, ist vorprogrammiert. Denn alle »alten Geschichten« werden so lange reaktiviert, bis sie ans Licht unseres Bewusstseins geholt – und damit erlöst – werden. Ehe das geschieht, kommen die Schatten wieder und wieder.

Gefühle sind zum Fühlen da

Unserer Überzeugung nach strebt das Leben nach Gleichgewicht und Ganzwerdung. So auch wir Menschen, unsere Psyche, unser Sein. Die unterdrückten Anteile in uns werden immer nach einem Weg suchen, gesehen und anerkannt zu werden. Somit werden wir unterbewusst ständig Situationen kreieren oder Umstände anziehen, die uns den Spiegel vorhalten – damit wir unseren Schatten darin erkennen, unsere innere »zweite Hälfte« integrieren und dadurch ganz werden können.

Das wäre der Weg, doch dazu sind wir in der Regel nicht bereit. C. G. Jung meinte dazu: »Es ist oft tragisch zu sehen, auf wie durchsichtige Weise ein Mensch sich selber und anderen das Leben verpfuscht, aber um alles in der Welt nicht einsehen kann, inwiefern die ganze Tragödie von ihm selber ausgeht und von ihm selber immer wieder aufs Neue genährt und unterhalten wird.«[97]

Wann immer also ein negativ bewerteter Schattenaspekt durch äußere Anreize wachgekitzelt wird und eine emotionale Bedrohung für uns darstellt, werden wir alles daransetzen, den Schmerz oder die Angst zu vermeiden, statt uns auf das aufkeimende Gefühl einzulassen und es als Teil von uns selbst zu begreifen. Kannst du sehen, wie viel unseres Verhaltens auf der Vermeidung von Schatten beruht? Kannst du spüren, wie viel mehr Freiheit und Friede in der Welt wären, wenn sich jede Person um die eigenen emotionalen Wunden kümmern würde?

So hilfreich alle Schutzmechanismen und Strategien früher waren, um bedrohlichen Gefühlen nicht mehr ausgeliefert zu sein, so sehr stehen sie uns im Erwachsenenalter im Weg. Emotional verwahrlost und abgeschnitten von vitalen Gefühlen, schaffen es viele kaum noch, sich um ihre eigenen Wunden zu kümmern. Sie sind nicht in der Lage, Gefühle einfach anzunehmen oder gar willkommen zu heißen als temporäre Phänomene des eigenen Seins. Stattdessen haben sie große Angst vor dem Schmerz und setzen alles, wirklich alles, daran, ihn zu vermeiden.

Die Krux an dieser Strategie ist, dass sie auch die Fähigkeit des Mitfühlens und Einfühlens in andere vollkommen verkümmern lässt. Dies wiederum ist aber eine wesentliche Voraussetzung für eine nachhaltige Entwicklung.

Wir Menschen müssen also wieder lernen zu fühlen! Zuerst unseren eigenen Schmerz, dann den Schmerz anderer Menschen, anderer Gruppen und letztlich den Schmerz der gesamten Gesellschaft und des Planeten. Denn eines gleich vorneweg: Wann immer Schmerz ehrlich und bewusst gefühlt wird, entspannt er sich, wird leichter und leichter, bis irgendwann das Gefühl von Liebe an seine Stelle tritt. Und die brauchen wir so dringlich!

Was wäre die Zukunft wert ohne die Liebe? Mit welcher Kraft, wenn nicht mit Liebe, wollen wir eine neue Welt aufbauen? Es gibt keine Alternative. Liebe ist der Weg und das Ziel zugleich. Sie wächst aber nur in dem Maß, wie wir das scheinbar Dunkle in uns zu umarmen lernen. Eine solche seelische Reife besitzen aber nur wenige Menschen, denn in unserem System ist sie nicht vorgesehen. Weder in der Erziehung noch im Bildungsbereich.

Nur wenige Menschen wissen überhaupt um die Bedeutung der Integration eigener Gefühle. Somit können auch nur wenige in einer Beziehungssituation wie der oben beschriebenen anders reagieren und beispielsweise sagen: »Danke, mein Schatz, dass du wieder einmal so spät nach Hause kommst. Danke, dass du mir hilfst, mir meiner Verlassensängste bewusst zu werden. Danke, dass ich mich durch dich selbst erkennen kann. Danke, dass du mir zeigst, wo noch Wunden in mir offen sind. Danke, dass ich dadurch eine Möglichkeit bekomme, sie anzusehen und zu heilen.«

Nur wenige Menschen haben verstanden, dass im Annehmen, im Hinschauen und in der liebevollen Zuwendung zum Schatten die eigentliche Lösung besteht. Und weil das eben so selten ist und das Nicht-fühlen-Wollen im Menschen meist dominiert, definieren wir dies auch als einen bedeutsamen inneren Verhinderer auf dem Weg in eine zukunftsfähige Gesellschaft.

Die emotionale Kompetenz stellt einen wesentlichen Schlüssel für eine gelingende und lebenswerte Zukunft dar. Um den Zusammenhang von individuellen Ängsten und gesellschaftspolitischen Themen noch besser verstehen zu können, wollen wir im nächsten

Kapitel einige Beispiele anführen, wie unsere Ängste das eigene Verhalten und damit unser aller Zukunft beeinflussen.

6.3 Ängste und ihr Bezug zur Nachhaltigkeit

Wenn wir vom Schatten in uns sprechen, dann sprechen wir immer auch von verdrängten Ängsten. Wobei wir von vornherein klarstellen möchten, dass es uns bei diesem Thema nicht um sogenannte Angsterkrankungen geht, wie sie in der Psychotherapie und Psychiatrie eine Rolle spielen. Solche extremen Angstzustände werden psychologisch über genetische, neurobiologische und psychische Faktoren beschrieben und erfordern dementsprechend auch Expertenwissen.[98]

Wir wollen uns vielmehr mit alltäglicheren Ängsten beschäftigen, die allen Menschen in gewisser Form bekannt sind. Solche Ängste stammen, wie bereits erläutert, meist aus Erfahrungen in unserer Kindheit und sind in ihren Ausprägungen und Auswirkungen im späteren Erwachsenenalter sehr verschieden.

Die folgende Liste soll dementsprechend nur jene Aspekte unserer Ängste thematisieren, die sich im Besonderen auf unser Umwelt- und Sozialverhalten auswirken können. Die Beschreibungen haben keinen Anspruch auf Vollständigkeit und sind auch keinesfalls als Typologie zu verstehen. Sie sollen uns hauptsächlich dabei helfen, den Zusammenhang von inneren Ängsten und äußeren Effekten darzustellen und besser zu verstehen.

Wir laden dich ein, während des Lesens immer wieder mal selbst nachzuspüren, ob und inwiefern du diese Ängste aus deinem eigenen Leben kennst. Wir Autoren, so viel können wir dir verraten, kennen sie alle und haben sie in der ein oder anderen Form schon mal am eigenen Leib erlebt.

Die Angst vor Mangel

Die augenscheinlichste Angst in Bezug auf die Nachhaltigkeit ist mit Sicherheit die Angst vor Mangel, auch als Gier bekannt. Die Psychologie erklärt die Gier mitunter als Folge fehlender Zuwendung durch die Eltern.[99] Früher gab es etwa die Volksweisheit, dass man die Lunge eines Kinds stärke, indem man es weinen und schreien lässt. Stell dir ein hilfloses Baby vor, dessen Bedürfnisse nicht gestillt werden. Obwohl es Hunger hat, kümmern sich Mutter oder Vater nicht sofort um das Baby, weil sie dies womöglich für richtig halten oder zuvor einfach noch andere Dinge erledigen müssen. Eine lebensbedrohlich erscheinende Angst vor Mangel macht sich in dem kleinen Kind breit: »Ich bekomme nicht, was ich brauche!«, »Ich habe Hunger nach mehr!« »Ich bekomme nicht genug!«.

Die logische Konsequenz im späteren Leben ist oftmals die Gier – nach Essen, nach Erfahrungen, materiellen Dingen, nach Liebe, Nähe, Zuneigung und so weiter. Egal wonach dieser Mensch giert, es bleibt für ihn immer das Gefühl zurück, dass einfach nie genug da ist. Um dies nun nicht fühlen zu müssen, baut sich der Verängstigte ein Schloss aus Abwehrmechanismen, die diese Angst überdecken sollen. Lass uns deshalb zwei mögliche Mechanismen genauer unter die Lupe nehmen.

Eine weit verbreitete Variante dieser Angst ist der Geiz. Um ihre Angst vor Mangel, sprich Gier, zu verdecken, reißen manche Menschen alles an sich, was ihnen unter die Finger kommt. Sie teilen auch nicht gerne, denn sie könnten ja plötzlich zu wenig haben. Dass man mit solchen Zeitgenossen keine gemeinschaftlichen Kooperativen gründen kann, erklärt sich von selbst. Auch werden sie mit solch einem Besitzdenken wohl kaum die großen Treiber der Sharing Economy werden.

Doch nicht nur beim Durchschnittsbürger kennen wir diese spezielle Angst. Auch bei der Prominenz ist sie weit verbreitet. Wer ständig Angst hat, zu wenig zu besitzen, muss folglich überall einsparen. Nicht ohne Grund tummeln sich viele Geizige in Steuerparadiesen wie Monaco oder lassen sich aus steuerlichen Gründen gleich zum Russen ausbürgern, wie ein bekannter französischer Schauspieler dies unlängst tat. Die Krone der Verängstigten findet sich auch an der Spitze globaler Unternehmen. Dort, wo Firmen zu undurchsichtigen Konstrukten aus Holdings und Stiftungen umgebaut werden, sitzen oft Geizige an den Schalthebeln. Mithilfe einer kleinen Armee an sogenannten Finanzexperten werden Gelder hin und her verschoben, um ja keinen überflüssigen Cent an die Steuer zu verlieren.

Eine zweite Möglichkeit, die Angst vor Mangel nicht fühlen zu müssen, ist gesellschaftlich weit anerkannter als der Geiz und somit schwieriger zu durchschauen. Gehen wir zurück zum vernachlässigten Kind von vorhin. Nehmen wir an, die Eltern entdecken die aufkeimende Gier des Kindes und beginnen, es dafür abzuwerten oder zu bestrafen. Das Horten von Dingen ist für das Kind von nun an keine passende Option mehr. Folglich braucht es eine neue und sozial erwünschte Strategie, um mit seiner Angst vor Mangel klarzukommen und es auch den Eltern rechtzumachen.

In solch einem Fall ist es naheliegend, ins Gegenteil zu gehen und Konsum jeglicher Art gänzlich zu verweigern. Wer den Mangel als Maxime benutzt, hat einen guten Weg gefunden, sich vor dem bedrohlichen Gefühl des Mangels zu schützen. Solche Menschen reden sich später gern ein, gar nichts mehr zu brauchen. Sie haben meist keine materiellen Wünsche mehr und kommen prima ohne den ganzen Schnickschnack aus. Man findet sie zum Beispiel als Asketen auf Strohmatten im Kloster, die ihr ganzes Hab und Gut dem Orden übergeben haben. Oder auch in Form von Sparefrohs, die sich selbst nie etwas gönnen. Die Fahrt zum Meer verbraucht zu viel CO_2, die Gipfelbesteigung verlangt nach einer viel zu teuren Bergausrüstung und ins Restaurant gehen ist völlig unnötig, wenn man doch zu Hause alles hat, was ein gutes Essen braucht.

Die Projektionen solcher Verweigerer sind leicht zu erraten. Alles, was sie mit Fülle konfrontiert, wird abgelehnt, und alle Menschen, die sich an schönen Dingen erfreuen und diese genießen können, sind ihnen nicht geheuer. Dieser innere Widerstand wird meist nicht als Schatten, sondern als hoher Wert erachtet und drückt sich dementsprechend in Floskeln wie folgt aus: »Seht euch diese Materialisten an. Ihretwegen geht die Welt den Bach hinunter. Sie sind einfach zu gierig und können sich nicht beherrschen. Sie fressen die Welt, ohne Maß und Ziel!« Dass auch sie selbst diesen Wunsch, mal richtig zuzulangen, tief in sich tragen, ist ihnen nicht bewusst. Und so unterdrücken sie ihre Angst und drängen sie in den Schatten. Im ersten Moment scheint dieser zweite Typ wie ein Segen für eine nachhaltige Entwicklung. Und ja, ein gemäßigter Konsum ist unumgänglich für den Erhalt der Ressourcen unserer Erde! Dennoch ist eine aus der Angst geborene Verweigerungshaltung mit Vorsicht zu genießen. Sie kann schnell überschwappen, und plötzlich verzichtet man nicht mehr nur auf unnötige Konsumgüter, sondern auch auf jene Dinge, die Freude bereiten, einen wachsen lassen und somit zu einer wertvollen Erfahrung führen. Und manchmal braucht es eben genau diese Erfahrungen, um sich noch viel bewusster und aktiver für die Welt einzusetzen, als dies mit alleinigem Verzicht möglich ist.

Die Angst vor Veränderung

Unser Planet befindet sich seit Anbeginn der Zeit in einem dauerhaften Wandel, und auch unsere Lebensrealität ist ständig in Bewegung, außen wie innen. Gefühle von Lust, Freude, Trauer, Überraschung, Erregung, Gelassenheit, Abneigung, Motivation und viele mehr wechseln manchmal im Minutentakt und sind allen Menschen zumindest in geringem Maße vertraut.

Veränderung gehört zum Leben dazu und kaum ein vernunftbegabter Mensch würde dem wohl widersprechen. Trotzdem ist in unserer Gesellschaft eine massive Angst vor Veränderung allgegenwärtig. Denk doch nur einmal an die Großparteien in der D-A-CH-Region. Egal ob sie sich als sozial, freiheitlich, gemäßigt oder traditionell geben, sie alle würden ihre althergebrachten Ideen, Organisationen und Strukturen am liebsten für alle Zeit konservieren. Kaum eine größere politische Partei treibt Veränderung wirklich voran. Wir haben es mit mehr oder weniger konservativen Parteien zu tun, die ihre Strukturen zu erhalten versuchen und den Weg in eine nachhaltige Zukunft lähmen. Wir wollen hier aber nicht vom Thema ablenken und der Politik den Schwarzen Peter zuschanzen. Auf individueller Ebene ist die Angst vor Veränderung ein ebenso großes Thema. Und selbst wenn das manche nicht ganz glauben wollen, die Politik folgt auch den Wünschen (und Ängsten) der Bevölkerung. Deshalb lass uns die Angst vor Veränderung genauer ergründen.

Wie bei jeder Angst finden sich auch hier die Ursprünge meist in den Kindesjahren. Die Psychologie beschreibt die Angst vor Veränderung unter anderem anhand der Erziehung durch überfürsorgliche Eltern.[100] Stell dir also wieder ein Kind vor, das gut behütet aufwächst. Die Eltern nehmen dem Sprössling alles ab und packen ihn sprichwörtlich in Watte. Das hört sich nach guter Erziehung an, hat aber gröbere Nachteile: Wenn das Kind nicht lernt, Entscheidungen zu treffen und Probleme selbst zu lösen, wird es kein Selbstvertrauen entwickeln, und die Angst kommt auf, Veränderungen nicht bewältigen zu können. Auch eine Trennung von den ständig präsenten Bezugspersonen, etwa durch einen Krankenhausaufenthalt oder Kurzurlaub, kann in jungen Jahren ein lebensbedrohliches Gefühl des Alleinseins auslösen und sich später wiederum als Angst vor Veränderung niederschlagen.[101]

Man muss kein promovierter Psychologe sein, um zu verstehen, dass solch ein Mensch unter Umständen eine Aversion gegen unkontrollierbare, unvorhersehbare Veränderungen entwickeln und nur zu gern am Status quo seines Lebens festhalten wird. Weiters braucht es kein Studium, um zu verstehen, dass die Angst vor Veränderung eine nachhaltige Entwicklung stark bremst. Doch eine Welt, deren Luft mit Schadstoffen zugepumpt, deren Meere mit Plastik vollgestopft, deren Böden mit Pestiziden verseucht und deren Urwälder niedergebrannt werden, braucht Veränderung, und zwar schleunigst! Doch »schleunigst« ist solch starren Personen ein Gräuel, denn dies klingt nach spontanem Handeln. Menschen mit Angst vor Veränderung haben vielmehr den Wunsch, alles zu kontrollieren. Und sie sehen gern das Alte als das Gute an. »Früher war alles besser« oder »Die Jugend von heute …«“ zählen zu ihren Standardfloskeln. Das Problem ist nun Folgendes: Wer das Alte nicht zu hinterfragen vermag und per se als das Gute ansieht, wird im Neuen vorerst immer das Schlechte sehen.

Dass überhaupt Wandel passiert, rührt meist daher, weil selbst die Ängstlichsten irgendwann verstehen, dass das Neue nun mal notwendig ist und sie es nicht aufhalten können. Vielleicht kennst du das ja auch aus Veränderungsprozessen in Organisationen: Jene, die zu Beginn immer dagegen waren, erkennen irgendwann, dass sich eine Veränderung nicht mehr abwenden lässt. Sie sind ganz plötzlich offen für den neuen Weg und können es gar nicht abwarten, ihn einzuschlagen. Mitunter deswegen, weil sie versuchen, so schnell wie möglich einen neuen Status quo zu erreichen, den sie wieder für lange Zeit konservieren können. Doch echte Veränderung lässt sich nicht immer kontrollieren!

Wenn wir eine nachhaltige Welt aufbauen wollen, müssen wir uns der Angst vor dem Unbekannten stellen. Das heißt auch, neue Richtungen und Wege einzuschlagen, deren Ziele und Ausgang wir noch gar nicht kennen oder die sich erst am Weg ergeben werden. Wenn sich alte Praktiken als nicht zukunftsfähig herausstellen, müssen wir es wagen, diese Praktiken loszulassen. Nur so schaffen wir Raum für Neues und die Motivation, wirklich innovativ in die Zukunft zu schauen und jene Dinge zu verändern, die es zu verändern gilt.

Die Angst vor Machtlosigkeit

Die Angst vor Machtlosigkeit ist der Angst vor Veränderung in manchen Aspekten nicht unähnlich. Unbekannte Dinge lösen fast immer ein Gefühl der Machtlosigkeit aus. Man hat nun mal keine Macht über etwas, das schwer greifbar ist und man nicht kennt. Kommt man in eine Situation, die man weder kontrollieren noch beeinflussen kann, ist die Angst vor Machtlosigkeit oft die Folge.

Nehmen wir fürs Erste den Klimawandel in unser Blickfeld. Aus der Erfahrung unserer Forschungen und Vorträge sind wir bei diesem Thema oft mit Menschen konfrontiert, die sich angesichts der Klimaerwärmung machtlos oder ohnmächtig fühlen. Eine Möglichkeit, damit umzugehen, ist es, den Klimawandel einfach als große Lüge zu bezeichnen. Immerhin ist Klimawissenschaft ein hochkomplexes Gebiet, und nur wenige Menschen besitzen die wissenschaftlichen Fähigkeiten, diese überhaupt zu verstehen. Das macht die Klimakrise zu einer Bedrohung, bei deren Lösung der

Hausverstand nicht ausreicht und wir auf den Rat von Expertinnen und Experten angewiesen sind. Genau das macht uns aber ein Stück weit abhängig und verlangt jede Menge Vertrauen von uns.

Will man sich diese Machtlosigkeit nicht eingestehen, ist die Leugnung des Problems ein passender Abwehrmechanismus. Unfähig, auf die eigene, innere Dynamik zu blicken, folgen diese Menschen lieber irgendwelchen pseudowissenschaftlichen Erklärungen oder einschlägigen Verschwörungstheorien. Denn ein konkreter Gegner in Form von Wissenschaft, Politik oder Wirtschaft lässt einen weniger machtlos fühlen und ist einfacher zu »bekämpfen« als ein globales, komplexes Naturphänomen.

Neben der Gruppe der Leugner erscheint die wahrgenommene Machtlosigkeit beim Klimawandel aber in noch viel offensichtlicherer Weise, nämlich in Form von Ohnmachtsgefühlen. Wir fühlen uns hilflos, ausgeliefert, wissen nicht, was wir tun sollen und zweifeln, ob wir denn überhaupt etwas ausrichten können. Selbst wir Autoren und viele andere Personen, die beruflich im Nachhaltigkeitsbereich arbeiten, kennen dieses Gefühl. Will man langfristig im Umweltschutz etwas erreichen, ohne emotional abzustumpfen oder auszubrennen, ist es wichtig, sich der Angst vor der eigenen Machtlosigkeit zu stellen. Was bedeutet, diese Angst wahrzunehmen, zu fühlen und anzuerkennen. Denn mit jedem Mal des ehrlichen Hinschauens wird die Angst verträglicher, ehe sie sich irgendwann in Mut, Motivation und feuriges Engagement verwandelt. Versprochen!

Verdrängen wir diese Angst vor Machtlosigkeit hingegen, kann sie angesichts der Klimakrise sehr lähmend und manipulierend wirken. Dies zeigt etwa die Umweltpsychologin Isabella Uhl-Hädicke von der Universität Salzburg in ihren Forschungsergebnissen.[102] Konfrontiert man Menschen mit einer existenziellen Bedrohung wie dem Klimawandel, führt dies zu einem unangenehmen Zustand bis hin zu einem Gefühl der Ohnmacht, was sich negativ auf das eigene Verhalten auswirken kann. In Studien konnte gezeigt werden, dass bedrohliche Klimainformationen die Bereitschaft für klimafreundliches Verhalten nicht erhöht, sondern eher gesenkt haben. Nur der

Gruppe der ohnehin klimafreundlich lebenden Personen dienten die negativen Informationen als eine Art Weckruf, noch umweltbewusster zu leben.

Das Gefühl der Machtlosigkeit führt also in Bezug auf globale Probleme wie dem Klimawandel bei den meisten Menschen dazu, diese zu ignorieren oder sie sogar weiter zu verstärken. Solch eine Ignoranz ist natürlich ein probates Mittel, um die eigene Machtlosigkeit nicht fühlen zu müssen. Eine Empfehlung für alle Weltretter ist es also, Umwelt- und Klimakommunikation in Zukunft noch viel lösungsorientierter und Mut machender zu gestalten, anstatt auf angstschürende Katastrophenszenarien zu setzen. Wir alle können froh sein, dass sich diese Erkenntnis in der Branche immer mehr durchzusetzen scheint.

Eine weitere Ausprägung der Angst vor Machtlosigkeit ist die Anwendung von Macht gegenüber anderen. Heutzutage wissen wir, dass Opfer von körperlicher Gewalt später oft selbst zu Gewalt greifen.[103] Die erlebte Machtlosigkeit wird kompensiert, indem man sich über andere stellt. Nicht nur körperliche Gewalt ist hier ein Thema, auch in der Arbeitswelt und im Privatleben ist das Weitergeben gefühlter Machtlosigkeit gang und gäbe. Wie oft behandeln wir andere schlecht, nur weil wir zuvor selbst schlecht behandelt wurden? Wie oft machen wir andere klein, nur weil wir uns selbst klein gefühlt haben?

Denken wir doch mal an unser hierarchisch geprägtes Wirtschaftssystem. Wenn einem der Chef eine Standpauke hält und die Unternehmensstruktur darauf beruht, dass der Stärkere recht hat, dann muss man das wohl über sich ergehen lassen. Um die unangenehmen Gefühle schnell wieder loszuwerden, demonstriert man die eigene Macht dann beispielsweise im Team, dem man vorsitzt. Sind die Teammitglieder ebenfalls von der unbewussten Sorte, spielen sie das Spiel mit ihren Praktikanten weiter oder tragen es nach Hause in die eigene Familie. Und ehe nicht ein paar Leute imstande sind, diesen Kreislauf zu unterbrechen, wird er sich immer weiter fortsetzen.

Übt ein Mensch seine Macht auf unreflektierte Art und Weise aus, hat das meist mit seiner eigenen Angst vor Machtlosigkeit zu tun. Dies zu verstehen, ist der erste Schritt in Richtung Heilung und Integration. Egal ob man nun selbst am Drücker ist oder die Macht anderer über sich ergehen lässt – in beiden Fällen ist ein bewusstes Wahrnehmen und Fühlen vonnöten. Nur so kann der Kreislauf der Machtlosigkeit ein Ende nehmen und in etwas wahrhaft Mächtiges münden.

Denn eines möge hier schon auch gesagt sein: Macht ist nicht per se schlecht und wird auch in Zukunft eine große Rolle spielen. Doch muss sie uns ermächtigen, anstatt das Gefühl der Machtlosigkeit hervorzurufen. Ein wahrhaft mächtiger Mensch nutzt seine Gabe auf Augenhöhe und schafft damit einen gemeinsamen Raum, in dem sich auch sein Gegenüber mächtig fühlen kann. Je mehr solcher Menschen auf Erden wandeln und ihre Macht der Ermächtigung widmen, umso mehr werden ihnen folgen und selbst begreifen, dass auch sie zu Großem fähig sind. Und genau dieses Gefühl brauchen wir, um wirklich voranzukommen.

Die Angst vor Wertlosigkeit

Das Gefühl, wertlos zu sein, ist der perfekte Nährboden für Manipulation durch andere im großen Stil. Doch woher kommt dieses Gefühl? Einer der Gründe hat, wie der Name schon sagt, mit einem Mangel an Selbstwert zu tun.[104] Stell dir dazu wieder ein Kind vor, das bereits in jungen Jahren vernachlässigt wird und dessen Eltern ihm das Gefühl geben, dass es ein »Niemand« sei. Zum Beispiel, indem sie ihm nie zuhören, wenn das Kind etwas erzählt, kaum Zeit für das Kind finden oder das andere Geschwisterchen aus welchem Grund auch immer bevorteilen. Das Gefühl »Ich bin ein wertloser Niemand« wird zum Schattenprogramm des Kindes, unterdrückt und vergraben, damit dieses unerträgliche Gefühl nicht mehr ausgehalten werden muss. Viele der damit verbundenen Abwehrstrategien sind in Bezug auf die Nachhaltigkeit besonders fatal.

Die wohl gängigste Abwehr ist die Flucht in den Konsum. Wer sich selbst als wertlos empfindet, muss seinen Wert irgendwo anders herbekommen. Die Werbung hat dies am besten verstanden und ködert uns ständig mit Sprüchen zu Produkten, die angeblich unseren Wert steigern sollen.[105] Und so kommt es, dass sich Menschen mit der Angst vor Wertlosigkeit gern von oben bis unten mit Statussymbolen und Luxusartikeln eindecken und über materielle Werte definieren. Der intrinsische Eigenwert wurde einem ja bereits als Kind abgesprochen. Somit müssen eben die hippe Jeans, der goldene Ohrring, das teure Auto, das neueste Handy oder der Einkaufstrip nach Paris dafür herhalten. Möglichst viel einkaufen, möglichst teure Dinge besitzen und möglichst viel davon herzeigen, ist das Motto. »Dann sehen alle, dass ich wer bin« oder anders formuliert: »Dann sieht niemand, dass ich ein Niemand bin.«

Der Bereich der Haute Couture ist nur einer von vielen, in denen die Angst vor Wertlosigkeit ihr Unwesen treibt. Auch die LOHAS, die Menschengruppe mit dem »Lifestyle of Health and Sustainability«, ist davor nicht gefeit. Kauft man ein naturfreundliches Produkt aus Freude und Liebe, ist das eine tolle Sache. Doch selbst Ökoprodukte können zur Aufwertung des eigenen Status herhalten. Mischt sich dazu die Gier, werden auch die Ökoalternativen zur Belastung für die Natur. Denken wir nur an jene, die jeden Monat ein Paar neue Ökoschuhe kaufen und das »Öko« extra betonen. Ist »eh nett«, nur gibt es einfach nicht genügend nachwachsende Ressourcen für Millionen von Menschen, die alle vier Wochen ein Paar neue Schuhe wollen. Egal ob nun ökologisch oder nicht! Bitte nicht falsch verstehen – Konsum ist nichts Schlechtes, ganz und gar nicht. Aber bewusster Konsum bedeutet in manchen Belangen auch einen gemäßigten Konsum. Für solch ein Bewusstsein braucht es bei vielen Menschen, so scheint uns, noch eine Auseinandersetzung mit dem eigenen Wert.

Ein weiterer Bereich, in dem die Angst vor Wertlosigkeit umgeht, ist die Arbeitswelt. »Ich werde ohne diese Firma nicht fähig sein, auf eigenen Beinen zu stehen.« Dieser Satz stammt nicht von einer körperlich oder geistig beeinträchtigten Person aus einem arbeitsmarktpolitischen Projekt. Nein, dieser mutige Satz stammt von einem Schweizer Manager im Alter von 58 Jahren, beschrieben und nachzulesen im Buch »Chefsache Freiheit« von Ray Popoola.[106] Der besagte Manager beschreibt darin, wie viel Stabilität ihm die

Arbeit gibt und wie wertlos er sich fühlt, wenn er an seine Pension und ein Leben ohne Arbeit denken muss.

Im Vergleich zur ewig kritischen Generation Y scheint solch ein Arbeitnehmer wie ein Glücksgriff für jede Firma. Doch das ist zu kurz gedacht! Einerseits kann solch ein Abhängigkeitsverhältnis schnell zum Burn-out führen, andererseits braucht eine zukunftsfähige Wirtschaft Menschen, die sich als Menschen definieren und nicht nur als Arbeitende. Wer seinen Selbstwert rein aus der Arbeit bezieht, hat keinen!

Wenn Menschen wie diese dann noch Führungsetagen schmücken, geht es bei wirtschaftspolitischen Diskussionen immer nur um Arbeitsplätze anstatt um Arbeitsplatzqualität, geschweige denn um die Umwelt. Denn sie selbst erachten ja den Arbeitsplatz als das Wertvollste überhaupt.

Und ja, Arbeit ist etwas Wunderschönes, aber sie ist kein Selbstzweck. Die Würde des Menschen hängt nicht davon ab, ob jemand arbeitet oder nicht. Genauso darf auch die Würde der Natur nicht davon abhängen, ob Umweltprojekte Arbeitsplätze sichern oder wirtschaftlich erfolgreich sind. Diese Denkweise stammt aus dem Industriezeitalter und darf dort gern hinterlassen werden.

Wer es in frühen Jahren nicht gelernt hat, dass er auch ohne jegliches Zutun einen Wert besitzt, wird sein ganzes Leben darum kämpfen, einen Wert zu erhalten – und dies nie erreichen. Wer hingegen das Gefühl der Wertlosigkeit in sich transformiert, wird erkennen, dass er immer und zu jeder Zeit einen unanfechtbaren Wert besitzt! Dies ist die Voraussetzung dafür, auch anderen Menschen einen Wert und Würde zuzuschreiben. In reflektierter Manier kann solch ein Mensch dann ebenso anerkennen, dass die Natur das größte Geschenk an den Menschen darstellt. Und dass sie ohne jeglichen ökonomischen Nutzen einen unschätzbaren Wert für uns alle besitzt.

Die Angst vor Ausgrenzung

Der Begriff »Ausgrenzung« wird in den meisten Fällen mit rein sozialen Themen in Verbindung gebracht. Wir kennen die Ausgrenzung von Randgruppen, von Andersdenkenden, von jenen mit anderem Aussehen oder von Exoten. Hier wollen wir die Angst vor Ausgrenzung mehr von der sozial-ökologischen Seite her betrachten. Was hat Ausgrenzung mit Nachhaltigkeit zu tun? Die Antwort ist einfach: Wer Angst hat, nicht dazuzugehören, schwimmt lieber mit der Masse, anstatt das zu tun, was richtig wäre – für ihn und den Planeten.

Machen wir einen kurzen Abstecher zum »Jugendreport Klima, Energie und Natur (2020)« der niederösterreichischen Landesregierung, bei dessen Erstellung Stefan im Experten-Beirat saß.[107] Darin wurden Schüler der 6., 9. und 12. Schulstufe mittels Onlinetool zu verschiedenen Umweltbelangen befragt. Fragt man die Jugendlichen etwa, ob sie selbst etwas für die Umwelt tun können, antworten 96 Prozent mit Ja. Fragt man sie, ob in Zukunft unser Strom nur noch aus Wasser, Wind, Sonne oder anderen erneuerbaren Energiequellen produziert werden soll, antworten immer noch 91 Prozent mit Ja. Und auch die Fragen zur Wichtigkeit von sauberer Luft oder zur Bekämpfung des Klimawandels erzielten Ergebnisse über 90 Prozent.

Fragt Stefan hingegen Jugendliche in seinen Vorträgen, ob Umweltschützer unter ihnen seien, hebt meist keine einzige Person die Hand. Vielen ist die Umwelt wichtig, sie melden sich aber wohl deshalb nicht, weil sie sich nicht aktiv für sie einsetzen. Andere sind vermutlich zu bescheiden, um alltägliche Handlungen als Umweltschutz zu werten.

Aber bei derart hohen Prozentzahlen im Jugendreport und in Zeiten von »Fridays For Future« müsste doch der eine oder andere Umweltschützer dabei sein, oder? Natürlich! Dem ist auch so, wie sich im weiteren Gesprächsverlauf meist zeigt. Doch die Hand heben und für seine Werte und Meinungen einstehen, ist gar nicht so einfach. Abgesehen davon ist »Umweltschützer«, man glaubt es kaum, nach wie vor bei vielen Menschen negativ bewertet oder gilt sogar als Schimpfwort. So melden sich selbst jene nicht, die bereits ein aktives Engagement für die Natur leben. Oft eben deshalb, weil sie die Angst umtreibt, dadurch eine spezielle Stellung zu bekommen. Oder anders ausgedrückt, ausgegrenzt, ausgelacht oder negativ abgestempelt zu werden. Und nicht nur Jugendliche, auch viele Erwachsene tragen diese Angst in sich.

Im deutschsprachigen Werteindex 2018 erklomm der Wert »Natur« zum ersten Mal die Position Nummer eins, und selbst Nachhaltigkeit ist seit 2014 in den Top Ten der Werte zu finden.[108] Trotzdem hat man nicht gerade das Gefühl, dass in unserer Gesellschaft nur noch umweltbewusste Menschen herumlaufen und sich nachhaltige Firmen keine Sorgen mehr ums Geschäft machen müssten.

Damit dies irgendwann so ist, müssen all jene, denen die Natur als wichtiger Wert erscheint, schon heute ihre Ängste überwinden und sich zu erkennen geben. Und zwar im Fußballklub, am Stammtisch, im Kundenmeeting und auch an den Kassengeräten im Supermarkt und Handel. Und ganz ehrlich, wenn Natur im D-A-CH-Raum offenbar den höchsten Wert besitzt, ist die Wahrscheinlichkeit, dadurch ausgegrenzt zu werden, ja eigentlich fast null. Möglicherweise handelt es sich also nur noch um einen althergebrachten Glaubenssatz, dass man als Umweltschützer ausgegrenzt wird.

Vielleicht müssen wir alle endlich damit beginnen, uns in jeder Situation zu outen und für unsere Werte einzustehen. Dann treten wir schon bald die Welle los, die für den Wandel so dringend notwendig wäre!

Die Angst vor dem Scheitern

Seit circa einem Jahrzehnt schießen gefühlt täglich hundert neue Erfolgs- und Karrierecoaches aus dem Nichts hervor – und verschwinden wenig später dort wieder. Die gute Seite daran? Beinahe jeder Mensch hat dadurch schon einmal etwas von der Angst vor dem Scheitern gehört. Versagensängste sind zum großen Thema im Business geworden, und im Internet findet man Dutzende Tipps, wie man diese Angst besiegen kann. Wir wollen sie hier aber gar nicht besiegen, sondern in erster Linie einmal verstehen! Also wieder ab in die Schnullerzeit ...

Stell dir einen kleinen Jungen vor, der von seinem Vater jedes Mal bestraft wird, wenn er einen Fehler macht oder mit schlechten Noten nach Hause kommt. Der Junge wird relativ schnell eine panische Angst vor dem Versagen entwickeln. Obendrauf kommen noch ein paar Glaubenssätze, die aus dem Verhalten des Vaters geschlussfolgert und schließlich ins eigene Gehirn eingraviert werden, wie: »Ich bin niemals gut genug« oder »Liebe muss man sich hart erarbeiten«. Da die Erfahrung von Versagen für das Kind etwas Negatives, Unliebsames und Schmerzliches ist, braucht es eine Vermeidungsstrategie.

Eine Möglichkeit ist, das »Versagen« in den inneren Schatten zu verbannen. Was könnte dadurch im weiteren Leben als Mann passieren? Er versucht, jegliches Scheitern zu vermeiden und wird Klassenbester, studiert in Mindestzeit, erledigt alle Aufgaben mit Perfektion, gibt alles, was er kann, und arbeitet im schlimmsten Fall bis zur totalen Erschöpfung, während das Leben an ihm vorüberzieht. Gleichzeitig wird er vielleicht über alle Menschen, die nicht so hart arbeiten wie er, scharf richten: »Alles Versager! Diese faulen Sozialschmarotzer bringen gar nichts auf die Reihe. Die müssen sich mal richtig anstrengen, wenn sie etwas im Leben erreichen wollen!« So hallt die Stimme des Vaters im Kopf des erwachsen gewordenen Jungen nach. Wird dieses Muster nicht erkannt, werden es später vermutlich auch seine Kinder übernehmen.

Eine gänzlich andere Vermeidungsstrategie liegt darin, den »Leistungsmenschen« in den Schatten zu verfrachten und stattdessen zum »Oberhippie«, zur Lebenskünstlerin oder zum »Weltenwanderer« zu werden, also zu einer Person, die sich nicht wirklich anstrengen möchte und noch nie so wirklich erfolgreich etwas durchgezogen hat. »Aber bitte, ich habe es längst nicht mehr nötig, mich durch Leistung zu beweisen! Dafür bin ich intellektuell und spirituell schon viel zu weit entwickelt!« Mit dem Erfolgstypen im Schatten werden schnell alle Erfolgreichen zum Feindbild deklariert, denn diese »oberflächlichen und kapitalistischen Tyrannen, die immer die Besten sein wollen« kann das ungeliebte Kind von einst nicht ausstehen. Sie erinnern ihn einfach zu sehr an den eigenen Vater. Und so, hat es sich geschworen, will es mit Sicherheit niemals werden.

Ob nun der Versager oder der Erfolgstyp in den Schatten kommt, unser Junge aus dem obigen Beispiel hat eine tiefe Angst vor dem Scheitern. Diese Angst haben viele Menschen, und selbst in abgeschwächter Form kann sie echte Innovationen und zukunftsweisende Ideen verhindern. Zum Beispiel, wenn wir nie mutige Schritte setzen, nie Risiken eingehen und keine neuen Unternehmungen wagen – einzig aus der Angst heraus, scheitern zu können.

Stell dir beispielsweise einen Manager vor, der mit seiner Firma einen neuen, nachhaltigen Weg einschlagen möchte. Er hat keine Angst vor Veränderung. Ganz im Gegenteil, er wünscht sich dies sogar und weiß, dass man besser jetzt als später darin investieren sollte. Gleichzeitig ist dieser Weg – so weiß er – glaubt er – wird ihm eingeredet – ein riskanter und birgt jede Menge Gefahren. Unser Manager muss also eine schwierige Entscheidung treffen. Einerseits wünscht er sich von klein auf nichts mehr, als endlich den großen Wurf zu landen. Um allen zu zeigen, dass er kein Versager ist und etwas Großes und Wegweisendes schaffen kann. Andererseits ist es seine größte Angst, dass dieses Vorhaben scheitern könnte und er daran zugrunde geht.

Tja, eine knifflige Situation. Folgt unser Manager der Angst, wird er seine gewohnten Wege nicht allzu weit verlassen und ein paar Öko-Effizienz-Maßnahmen umsetzen, die eine kleine Besserung bieten. Diese würden in lokalen Managementkreisen und internen CSR-Meetings[k] Anerkennung finden. Aber eben nicht mehr. Arbeitet er gegen die Angst und geht das Risiko des Umschwungs ein, könnte sich der ersehnte Erfolg einstellen, er wäre aber stark von Emotionen und innerem Stress getrieben. Diese könnten zu unklugen Entscheidungen führen und das Risiko des Scheiterns erhöhen.

---

[k] CSR: Corporate Social Responsibility, dtsch.: Unternehmerische Gesellschaftsverantwortung.

Der Ausweg kann nur sein, weder gegen die Angst zu arbeiten noch auf Basis der Angst eine Entscheidung zu treffen. Zuerst braucht es eine liebevolle Hinwendung zur Angst, eine Bewusstwerdung über die inneren Triebe, ehe man in diesem neuen, bewussten Licht die weiteren Schritte plant. Nur so können die Wünsche des Herzens auch von einem klaren Verstand unterstützt werden.

Ja, Bewusstsein ist einer der größten Schlüssel auf dem Weg zu einer neuen Kultur. Dieses Bewusstsein brauchen aber nicht nur die Firmenmanager. Auch wir, die die Manager gern beurteilen oder sogar verurteilen, brauchen es. Auch wir müssen lernen, dass Führungskräfte schwere Entscheidungen zu treffen haben. Dass viele von ihnen sich eine andere Welt wünschen, aber aufgrund ihrer Ängste oft gehemmt sind, ihren Beitrag voll und ganz zu leisten.

Anstatt sie anzuklagen, wenn »die Wirtschaft« wieder einmal etwas verbockt hat, könnten wir Mitgefühl zeigen. Wir könnten beginnen, Führungskräfte in ihren Ängsten zu sehen und anzunehmen. Wir könnten viel reflektierter diskutieren, viel weniger urteilen und sie darin bestärken, die großen Schritte in Angriff zu nehmen. Wir könnten Verständnis zeigen für ihre Situation und dabei dennoch einen radikalen Umbau unserer Wirtschaftsweisen fordern. Dies wäre ein Weg, wie wir den Karren aus dem Dreck ziehen können. Gemeinsam!

Ü: Den eigenen Ängsten auf der Spur

Wie sind deine Erfahrungen mit deinem Innenleben? Nimm dir bitte ein paar Minuten Zeit, um in dich zu gehen und die folgenden Fragen zu reflektieren:

- Wie bewusst nimmst du Ängste und Gefühle im Alltag wahr?
- Gibt es Situationen, wo du besonders emotional reagierst?
- Gibt es Situationen, wo du kühl und anteilslos reagierst?
- Welche Konsequenzen haben deine Reaktionen auf Mitmenschen und Umwelt?

Denk nun an einige Situationen im Leben, wo du einen inneren Widerstand wahrnimmst, kühl oder emotional reagierst beziehungsweise dich einfach nicht wohlfühlst. Mit welchen Ängsten oder Glaubenssätzen könnte das im Zusammenhang stehen? Welche der folgenden Ängste sind dir bekannt?

FRAGE	**KENNE ICH ...**			
	gut	**teilweise**	**kaum**	**gar nicht***
Die Angst vor Mangel				
Die Angst vor Veränderung				
Die Angst vor Machtlosigkeit				
Die Angst vor Wertlosigkeit				
Die Angst vor Ausgrenzung				
Die Angst vor dem Scheitern				
...				
...				

Welche Anteile hast du womöglich in den Schatten verbannt und was könntest du tun, um diese Schattenanteile ans Licht deines Bewusstseins zu bringen?

* »Gar nicht« als Antwort ist oft ein Indiz dafür, dass genau diese Angst tief in dir ihr Unwesen treibt. Sieh vielleicht noch einmal genauer hin.

6.4 Das ewige Spiel von Gut und Böse

Nicht nur religiöse Fanatiker, auch Hollywood und die Populärliteratur lehren uns von klein auf das Spiel von Gut und Böse. Es ist ein »herrliches« Spiel, sehr einfach erlernbar und scheinbar für jedermann einleuchtend. Die Grundregel lautet: Tue Gutes, indem du das Böse besiegst. Dieser Satz zeigt eine wunderbare Vermeidungsstrategie unserer Gesellschaft in Sachen Fortschritt. Anstatt etwas wirklich Sinnvolles und Gutes in die Welt zu bringen, beschäftigen wir uns lieber mit jenen, die das verhindern. Anstatt den Fokus auf die Verrichtung von Gutem zu richten, versuchen wir die Schuldigen zu finden und die Bösen aufzudecken. Diese vermeintlich Bösen wiederum sehen natürlich uns vermeintlich Gute als Schuldige und Verhinderer ihrer Ideen. So erhält sich das Spiel von selbst und kein Ende scheint in Sicht.

Vor allem in den Medien wird dieses Spiel perfekt beherrscht. Ja, es gibt einen ehrlichen, qualitativen und ermutigenden Journalismus! Im Großen und Ganzen liest man heute aber gefühlt zehnmal mehr von Problemen und Schuldigen als von Erfolgsgeschichten oder Lösungen. Krise ist das Geschäftsmodell der Medien, und solange derart viele Menschen an die Illusion von Gut und Böse glauben, wird sich das kaum ändern. Nun aber Schluss mit der Theorie. Lass uns ein paar Geschichten erörtern, die unsere Gemüter garantiert erhitzen und so eindeutig bösartig erscheinen, dass die Theorie von Gut und Böse doch einfach stimmen muss, oder?

Ölkonzerne – das eindeutig Böse?!

Gehen wir zurück in die 1970er-Jahre. Als damals weltgrößter Ölkonzern leistete sich Exxon eine eigene wissenschaftliche Abteilung, um aussagekräftige Klimamodelle und Prognosen für die Zukunft zu entwickeln.[109] In manchen Bereichen übernahm das US-amerikanische Unternehmen sogar eine Vorreiterrolle in der Klimatologie und betrat wissenschaftliches Neuland, wie heutige Dokumente zeigen.

Bereits 1977 warnten führende Mitarbeiter der Forschungsabteilung die Firmenleitung erstmals vor dem Klimawandel. 1982 wurden sogar konkrete Prognosen abgegeben, wie hoch die Konzentration der Treibhausgase in den Folgejahren sein wird und welchen globalen Temperaturanstieg dies bewirkt. Bei Durchsicht der Diagramme kann man feststellen, dass die damaligen Berechnungen den heutigen Werten sehr nahe sind. So prognostizierten die Wissenschaftler einen CO_2-Gehalt von circa 420 ppm für 2020, was nicht weit entfernt liegt vom heute messbaren Wert von 415 ppm. Die Exxon-Abteilung hat also wirklich hervorragende Arbeit geleistet, was man an dieser Stelle durchaus anerkennen darf.

Doch wie es scheint, passten diese Ergebnisse nicht zur Strategie des Unternehmens, und es wurden keine Schritte in eine alternative Zukunft unternommen. Obwohl, keine Schritte stimmt nicht ganz. 1989 wurde die Lobbyorganisation »Global Climate Coalition« (GCC) mit dem Ziel gegründet, die Wissenschaft hinter dem Klimawandel in Zweifel zu ziehen.[110] Finanziert von verschiedenen Industriekonzernen unternahm die GCC extreme Anstrengungen, um Klimaprognosen zu diffamieren und Falschinformationen zu verbreiten. Solche und ähnliche Schritte laufen bis heute. Die von Greenpeace gestartete Plattform *Exxonsecrets.org* listet über 33 Millionen Dollar, die das Unternehmen in den Jahren 1998 bis 2015 nachweislich an über sechzig Organisationen gezahlt hat. Allesamt Organisationen, die Desinformation und die Blockierung von klimafreundlichen Lösungen zum Ziel haben. Auf der deutschen Webseite rühmt sich das Unternehmen hingegen seiner jahrzehntelangen Erfahrung im Bereich Klimaforschung:[111]

»ExxonMobil unterstützt seit fast 40 Jahren die Entwicklung im Bereich der Klimawissenschaften in Kooperation mit Regierungen und akademischen Institutionen.« (ExxonMobil-Webseite[1] vom 1.7.2020)[112]

Tja, Greenwashing par excellence und an Dreistigkeit kaum zu übertreffen. Da fällt es einem nicht allzu schwer, von den »bösen« Leuten zu sprechen, oder?! Da viele andere Ölfirmen eine ähnliche Geschichte zu erzählen haben, könnte man die Ölindustrie guten Gewissens generell als »das Böse« abstempeln und ihr getrost die Schuld an der Klimakrise geben. Doch genau hier fängt der Schatten an zu wirken.

Natürlich trägt die Ölindustrie einen massiven Anteil zur Klimakrise bei und hat auch in anderen Bereichen, wie der Plastikproblematik und der Unterdrückung alternativer Lösungen, ihre Finger im Spiel. Doch einfach den Zeigefinger zu erheben und draufloszuwettern, bringt niemanden weiter.

Das Spiel mit dem Zeigefinger und den Schuldzuweisungen spielen wir Menschen schon seit Jahrtausenden. Und wie wir am Beispiel der Anti-Klima-Propaganda von GCC sehen können, haben jene mit dem höheren Startkapital meist eine bessere Ausgangslage. Anstatt der ständigen Gegenüberstellungen von Gut und Böse, Schuld und Unschuld, Liebe und Hass sollten wir also mal genauer hinsehen, warum wir dieses Spielchen spielen und welche Bedürfnisse wir uns damit erfüllen. Denn wenn nicht, werden wir nur noch so lange »weiterspielen«, bis die Temperaturen auf der Erde zu heiß geworden sind für Spielchen aller Art.

Der Umgang globaler Konzerne mit der Natur, der Bevölkerung oder auch den Mitbewerbern mag im ersten Moment herzlos und völlig entartet erscheinen. Jeder Schritt dieser Konzerne in eine andere Richtung wirkt wie der Versuch, sich ein grünes Mäntelchen überzuziehen. Doch ist dieser Umgang auf globaler Ebene überhaupt zu unterscheiden von dem, was in unserer Gesellschaft

---

[1] Im Jahr 1999 fusionierte Exxon und Mobil Oil zum Konzern ExxonMobil.

tagtäglich passiert? Ist diese Herangehensweise wirklich so konträr dazu, wie wir selbst als Individuen mit der Natur umgehen? Spielen viele von uns normalen Bürgern nicht das gleiche Spiel wie die großen Konzerne, nur auf einer kleineren Ebene? Lass uns dazu ein paar Beispiele anführen:

- Wenn ein Ölkonzern heute seinen Firmensitz als Passivhaus baut und dies in die Medien bringt, werfen wir ihm sofort Greenwashing vor. – Ist das Urlaubsfoto vom Selbstversorgerhof einer innerstädtischen Kleinfamilie auf Facebook dann nicht ebenso Greenwashing?
- Wenn in der Hochfinanz Milliarden an Steuern hinterzogen werden, sind wir empört. – Für den eigenen Hausbau hat man aber doch ein paar ausländische Arbeiter geringfügig angestellt, die in Wirklichkeit 50 Wochenstunden arbeiten und das Ganze weit billiger machen als jede angemeldete Firma.
- Wenn eine Kohlegrube in der Region ihre Pforten öffnet und große Waldbereiche dem Erdboden gleichmacht, sprechen wir von Verwüstung und sind kollektiv erregt. – Ist der sterile Rasen im eigenen Garten, in dem kein Insekt oder anderes Tier mehr leben kann, nicht ebenso eine Verwüstung von Lebensraum?
- Wenn ein großes Windrad in der Umgebung aufgestellt werden soll, sind die Medien plötzlich voll mit Bildern toter Vögel unterhalb von Windrädern. – Müssten wir dann nicht auch all unsere Hauskatzen anklagen oder verbannen, die jährlich hundertmal mehr Vögel auf dem Gewissen haben als alle Windräder zusammen?[113, 114]

Wir sehen also, das Spiel mit der Schuld ist so eine Sache. In den meisten Fällen brauchen wir nicht lange zu suchen, um irgendwelche anderen auf die Anklagebank zu stellen. Diese »anderen« spielen das Spiel allerdings genauso und haben die passende Gegenklage schon längst in der Schublade bereitgelegt. Und so kämpfen, à la Boulevardblätter ausgedrückt, böse Wirtschaftsbosse gegen radikale Ökos, brave Kleinbürger gegen arrogante Gutmenschen, orthodox Gläubige gegen gottlose Atheisten, knappe Arbeitsplätze gegen teuren

Umweltschutz, Liberale gegen Konservative und streng genommen eigentlich jeder gegen jeden.

Je länger ein Mensch diesen Kampf von Gut gegen Böse nun vollzieht, desto eher identifiziert er sich mit irgendeiner Ideologie, in die er von irgendwelchen anderen oder den Medien ohnehin bereits eingeteilt wird. Dies führt dazu, dass dieser Mensch beginnt, der jeweiligen Ideologie blind zu folgen und Verstand und Herz bei seinen Entscheidungen weitgehend ausschaltet. Durch entsprechende Handlungen zeigt er den anderen, dass sie mit ihrer Einteilung offenbar recht hatten, und bestätigt sie somit in deren Glauben und Weltanschauungen.

Jeder findet also einen passenden Schuldigen auf der anderen Seite – und so erhält sich das System von selbst. Anstatt diesen Schatten zu durchleuchten, projizieren wir ihn nach außen oder wählen einen anderen passenden Abwehrmechanismus. Dadurch verlieren wir Menschen unsere Ziele, Werte und den tieferen Sinn unseres Lebens aus den Augen. Statt die Zukunft anzupacken, jammern wir lieber über jene, die es nicht tun. Statt für eine Sache einzustehen, gehen wir oft den vermeintlich leichteren Weg und entscheiden uns gegen etwas. Statt für die Natur zu arbeiten, beschäftigen wir uns damit, jene zu beschuldigen, die sie zerstören.

Stellen wir uns einmal vor, was passieren könnte, wenn wir entgegen diesen Masken und Mustern einen neuen Weg einschlagen; wenn wir den Kampf für eine von uns selbst definierte Gerechtigkeit mal kurz vernachlässigen, alle Verurteilungen weglassen und uns auf das eigentliche Ziel besinnen. Wagen wir dazu ein kleines Gedankenexperiment aus dem zuvor beschriebenen Kampf »Naturschützer versus Ölmanager«:

Ebenso wie jeder in der westlichen Welt lebende Mensch haben auch wir Naturschützer schon viele schöne und einprägsame Momente erlebt, die uns aufgrund von Erdöl zuteilwurden. Wie wäre es, wenn wir einmal anerkennen und ehrlich wertschätzen, dass dieser Rohstoff und die zugehörige Technologie uns auch viel Gutes beschert haben? Wenn wir jenen, die all das möglich gemacht haben, im tiefsten Inneren unseren ehrlichen Dank ausrichten würden? Wenn wir sogar Verständnis für ihre Handlungen zeigen, gleichzeitig aber auch klarmachen, warum wir dieses für die Natur so schädliche Zeitalter beenden wollen und alles dafür tun werden, dass dies geschieht? UND – jetzt wird es besonders schwierig – dass wir dafür auch dringend die Unterstützung eben jener brauchen, die noch immer im Erdölgeschäft tätig sind?

Könnten wir in solch einem Bewusstsein frei nach außen treten, dann würden wir noch viel mehr Menschen jener Mitte erreichen, die die Probleme des Erdöls zwar sehen, aber in all den damit verbundenen Branchen arbeiten und sich somit um ihre Sicherheit sorgen. Würden wir des Weiteren auch gegenüber den Beschäftigten der Ölindustrie eine beschuldigungsfreie Sprache wählen, wäre es auch ihnen leichter möglich, ihr altes Weltbild infrage zu stellen.

Ohne die ständige Anklage fällt es der vermeintlichen Gegenseite viel leichter, all die negativen Auswirkungen des Erdöls mit den eigenen Entscheidungen in Verbindung zu bringen. Schließlich könnten die verschiedenen Seiten in einen weitaus ehrlicheren Dialog treten, sich auf ihre Gemeinsamkeiten berufen und langsam, aber doch, den radikalen Umbau unseres Wirtschaftens und Handelns in Angriff nehmen. Unsere Natur und unsere Kinder, egal aus welchem Kultur- oder Sozialisierungskreis sie auch stammen, würden es uns danken!

Natürlich ist der Weg dorthin lang und schwierig. Wer über zwanzig Jahre seines Lebens im festen Glauben verbracht hat, dass der Stärkere immer gewinnt und dies die natürliche Ordnung darstellt, wird nicht von heute auf morgen seine gesamte Firma umbauen. Nur weil wir Naturschützer beginnen, unsere Schatten zu reflektieren, heißt das nicht, dass auch die anderen dies tun. Wir können über die eigene Selbstreflexion nicht auch die anderen zur Reflexion zwingen.

Indem wir aber unseren eigenen Schatten erkennen, können wir ihn integrieren und unsere Energie umlenken – fort vom Kampf gegen irgendwelche Personen, hin zum Kampf für eine Sache. Wir stehen ein für unsere Überzeugungen und vor allem für die Natur, ohne uns dem Spiel der ewigen Schuldzuweisungen hinzugeben.

Wenn die eine Seite erst einmal auf Schuldzuweisungen verzichtet und versteht, dass die andere Seite nur deshalb solche macht, weil sie selbst viele Ängste im Schatten hat, dann passiert etwas. Wer den eigenen Schatten kennt und integriert hat, kann empfangene Schuldzuweisungen ebenso schnell als des Gegenübers Schatten identifizieren. Plötzlich haben diese Schuldzuweisungen keine Ladung mehr, bewirken weder Schmerz noch Ärger und führen bestenfalls sogar zu Mitgefühl für die Ängste der anderen Seite.

In solch einem wachen Zustand wird jede Menge Energie frei. Energie, die nicht auf das Finden des Schuldigen, sondern auf das Finden von Lösungen fokussiert werden kann. So hilft die eigene Reflexion, auch in schwierigen Zeiten stets mit sich selbst verbunden zu bleiben und das eigentliche Ziel nicht aus den Augen zu verlieren. Und genau dann – passiert Wandel!

Die »bösen« Gutmenschen

Ein weiteres Beispiel für das ewige Spiel von Gut und Böse findet man im Wörtchen »Gutmensch«. Immer wieder stellt Stefan seinem Publikum die Frage, wer im Raum ein guter Mensch sei oder zumindest einer sein möchte. Die Antwort darauf fällt recht eindeutig aus, in der Regel gehen alle Hände hoch. Stellt er im Anschluss die Frage, wer im Raum denn auch ein Gutmensch sei, so bleiben je nach Publikum meist nur wenige bis keine Hände oben.

Während wir zum einen gern gute Menschen sind, haben wir zum anderen Angst, »Gutmenschen« zu sein. Doch was ist ein Gutmensch und warum ist es scheinbar so schlecht und abwertend, einer zu sein? Laut Duden handelt es sich um einen naiven Menschen, der sich in einer als unkritisch und übertrieben empfundenen Weise für politische Korrektheit und Ähnliches einsetzt.[115] Andere Quellen beschreiben ihn als Person, die humanistische und mitmenschliche Lebensziele den zweckorientierten Zielen voranstellt.

Ja, es gibt Menschen, die sich missionarisch, moralisierend und besserwisserisch für höhere Ziele und die politisch korrekte Sprache einsetzen. Auch wir wurden von jenen bereits genervt und hoffen, dass solche Menschen das Kapitel zu den inneren Schatten eifrig lesen, am besten zweimal! Dennoch ist dies das geringere Problem der Gutmensch-Debatte. Denn die zweite Definition des Wortes zeigt, dass unsere nutzenorientierte Denkweise humanistische und höhere Ziele offenbar ablehnt. Der Nutzen steht über allem, und wer den Nutzen nicht heiligt, wird verbannt. So auch der »Gutmensch«. Höhere Ziele und jene, die sich dafür einsetzen, werden als »naiv und nervtötend« bezeichnet.

Der Deutsche Journalisten-Verband ordnete 2006 den Ursprung des »Schimpfwortes« der rechten Seite zu, genauer gesagt Joseph Goebbels und den Nationalsozialisten.[116] Und so sind es vor allem die Populisten aus dem politisch rechten Lager, die sich auf dieses Wort eingeschossen haben und versuchen, den »guten Menschen«, wo nur geht, zu verunglimpfen.

Wir wagen die Vermutung, dass heute kaum jemand die Definition dieses Wörtchens kennt. Was sich aber sehr wohl eingebrannt hat, ist, dass wir besser keine Gutmenschen sein sollten. Was sollen wir aber dann sein? Schlechtmenschen? Wenn ein Wort wie »Gutmensch« in einer Gesellschaft als negativ aufgefasst wird, ist das ein Armutszeugnis für uns alle. Am besten sieht man dies in den sozialen Medien und am Beispiel der Klimaschutzaktivistin Greta Thunberg.

Thunberg, der am meisten polarisierende Gutmensch der jüngsten Zeit, ist zugleich der vermutlich beste »Schattengenerator«, den es je gab. Bei kaum einer anderen Person sind die grausamen Abgründe unserer Psyche so deutlich sichtbar geworden wie bei diesem Mädchen. Die damals 15-Jährige mit Asperger-Syndrom setzt sich im August 2018 mit einem Schild, auf dem «Schulstreik für das Klima« steht, vor das schwedische Parlament, weil sie Angst vor dem Klimawandel hat und nicht versteht, warum niemand etwas dagegen tut. Sie streikt drei Wochen lang täglich, später nur noch freitags. In ihrem unbändigen Willen hält sie wochenlang durch, und immer mehr Medien werden auf sie aufmerksam. Irgendwann beginnen die Streiks größer zu werden und sich über die Landesgrenzen hinaus zu entwickeln. Jugendliche und Schüler in allen Teilen der Welt organisieren sich plötzlich unter dem Hashtag

#FridaysForFuture und streiken für das Klima. Die Dinge nehmen ihren Lauf und Greta Thunberg spricht am Weltwirtschaftsforum, bei Klimakonferenzen und auf allen möglichen Veranstaltungen. Weil sie ihre Sache ernst nimmt, verzichtet sie auf das Fliegen und überquert sogar den Atlantik zweimal per Segelboot. 2019 wird sie schließlich vom Times Magazin zur Person des Jahres gekürt. Und auch wenn sie definitiv als Heldin gezählt werden kann, wollte sie selbst nie eine sein. Sie ist einfach nur ihrem Herzen und ihren Überzeugungen gefolgt und hat immer genau das getan, was sie für richtig gehalten hat – und tut es immer noch. Jeder wache Erwachsene kann vor dieser Persönlichkeit nur den Hut ziehen und danken, dass solch engagierte junge Menschen auf unserer Erde wandeln!

Würde Hollywood eine derartige Geschichte erzählen, wären wir wohl alle glücklich und würden uns zufrieden ins Bett legen. Diese Geschichte ist aber real, und deshalb tut sie manchen Menschen auch so weh. Diese werfen Greta Thunberg etwa vor, dass es doch nur eine Hollywood-Geschichte ist. Dass sie von mächtigen Leuten gesponsert wird und die ganze Klima-Bewegung eine große Marketingkampagne sei. Klar, natürlich ist es eine Marketingkampagne! Was soll es denn sonst sein? Jede Bewegung ist eine Art Marketingkampagne. Und jeder, der Veränderung als einen Prozess ansieht, sollte dieses Prinzip bitte annehmen. Ob Gandhis Märsche oder die Aktionen von Martin Luther King, die meisten großen Veränderungen sind einer Art Kampagne zu verdanken. Kein Mensch würde je eine Bewegung lostreten, wenn er Marketing im Schatten hat. Gut so weit? Gehen wir weiter.

Eine noch weitaus härtere Gangart als die beschriebenen Vorwürfe betreiben die Angstmacher vom rechten Rand. Zum einen haben wir die Hass-Blogger, die Greta Thunberg – zur Wiederholung: damals 15 Jahre jung – schon mal den Tod wünschen und sie mit Wörtern beflegeln, die wir in unserem Buch nicht lesen wollen. Zum anderen haben wir pöbelnde Politiker, die Thunberg als »geistig krankes und behindertes Mädchen« oder als »geltungssüchtige Person« beschimpfen.[117]

Eine 15-Jährige geht ihren Weg, für sich und den Planeten. Manchen ist dies egal, manche lieben und schätzen sie dafür. Viele haben aber auch Angst, jede Menge Angst. Und weil sie verlernt haben zu fühlen, projizieren sie ihre Angst auf dieses Mädchen. Denn Greta Thunberg ist für sie das Symbol für den Wandel. Einen Wandel, den sie jedoch nicht wollen. Schlimmer noch, sie drücken ihre panische Angst mit Hasskommentaren und üblen Nachreden aus. Wen wundert das, ist Thunberg doch in jeder Hinsicht die perfekte Antagonistin. Den meisten von uns wurde im Kindesalter noch die Geschichte erzählt, dass diese Welt von starken Männern regiert werde, die ihre Kraft aus der Weisheit und dem Verstand schöpfen. Und nun steht da plötzlich ein weiblicher Teenager mit Asperger-Syndrom und wird innerhalb eines Jahres auch noch »Person of the Year«. Für das Ego, das sehr sensibel auf Veränderungen reagiert, ist das der Supergau. Bei solch einem Anblick läuft der Motor der Abwehrsysteme voll an, und gäbe es einen Teufel, so hätte dessen Bewegung wohl gerade wieder Hochkonjunktur.

Doch nicht nur die Person Greta Thunberg erzeugt Angst, auch ihre Geschichte selbst tut es. Ein Gutmensch, wie er im Buche steht: naiv und nervtötend, weil ständig in den Medien, setzt sie sich für die politisch korrekte Sache ein und fordert ein Umdenken in Sachen Natur- und Klimaschutz. Während die einen sie nur deshalb ablehnen, weil sie eine minderjährige Frau ist, lehnen sie die anderen ab, weil sie angeblich so naiv ist und sich mit den Mächtigen einlässt.

Während die einen also im alten, männerdominierten System bleiben wollen, weil sie sich dort so wohlfühlen, wollen manch andere dieses System ebenso wenig verlieren. Denn ihnen dient das System als ewige Ausrede für die Missstände der Welt. Sie nutzen die Mächtigen als Projektionsfläche für das Böse, das es zu besiegen gilt. Daraus schöpfen sie den Glauben, selbst die Guten zu sein. Wenn nun plötzlich herauskäme, dass auch mächtige Menschen gute Dinge tun, würde das ihr Weltbild zerstören. Das sauber gepflegte Feindbild wäre verloren, und auch davor hat das Ego Angst. Doch anstatt diese Angst zu fühlen, verfangen sie sich in Projektionen aller Art.

Also lass uns eines hier klarstellen: Wir Gutmenschen sind nicht naiv. Wir sind hellwache Menschen und glauben an das Gute – und nicht an das Schlechte im Menschen. Genau daher schöpfen wir unsere Kraft. Das Böse ist uns relativ egal. Es ist nur der Schatten, der das Wahre in uns verdeckt. Weil wir das verstanden haben, sind wir Gutmenschen auch so gut drauf. Zudem empfinden wir Gutmenschen einen höheren Sinn im Leben. Dieser Sinn treibt uns Tag für Tag an, Schönes in die Welt zu bringen.

Und ja, auch wir Gutmenschen haben manchmal schlechte Tage, und das ist völlig okay. In diesen können wir einen tiefen Blick auf unseren eigenen Schatten werfen, um daraufhin mit vollem Elan weiterzukämpfen. Und zwar FÜR das Gute in uns und in der Welt! Na, wie sieht es aus, hast du noch Projektionen auf dieses umstrittene Wort – oder nein, Gott bewahre, bist du womöglich auch ein Gutmensch :-)?

Wie wir das Spiel beenden

In unserer gängigen Denkweise werden Spiele immer dann beendet, wenn irgendjemand gewonnen und ein anderer verloren hat. Beim ewigen Spiel von Gut und Böse gibt es aber keine echten Gewinner, weshalb es immer und immer wieder in die nächste Runde geht. Solange wir weiter an einen endgültigen Sieg dessen glauben, was wir für das Gute erachten, so lange werden wir auch Teil dieses Spiels sein und es ständig füttern und weiterführen.

Wenn wir das Spiel hingegen beenden, machen wir jene Energie frei, die es benötigt, um nachhaltige Veränderungen in der Welt zu erreichen. Doch so leicht dies auch klingen mag, der Ausstieg aus diesem Spiel gehört zu den schwierigsten Aufgaben, die ein Mensch sich selbst zu stellen vermag.

Um diese Aufgabe zu meistern, braucht es neben viel Zeit auch viel Verstand – und vor allem viel Gefühl! Uns muss zuerst klar werden, dass jede Person ihre eigene Definition davon hat, was Gut und was Böse ist. Weiterhin müssen wir verstehen, dass alle Menschen, auch wir selbst, viele Schatten mit sich führen und diese unentwegt auf andere projizieren.

Diese unbewussten Anteile gilt es wieder zurückzuholen, indem wir sie in uns selbst erkennen. Wo ist der Faulsack in mir, den ich im Außen so gern beschimpfe? Wo ist die Profitgier in mir, gegen die ich so gern kämpfe? Wo lebe ich die Ignoranz, die ich anderen gern vorwerfe? Je stärker uns äußere Reize emotional triggern, desto mehr können wir davon ausgehen, dass es ein inneres Pendant dazu gibt, das von uns gesehen und auch gefühlt werden möchte.

Erst das Verständnis für den eigenen Schatten legt die Grundlage, uns selbst ganz anzunehmen. Daraus ergibt sich, auch alle anderen so anzunehmen, wie sie nun mal sind. Und wenn sie uns dann dennoch als gut oder böse erscheinen, zeigt uns dies, dass wir noch nicht bei der Weisheit letztem Schluss angekommen sind.

Die Erkenntnisse des Verstandes können uns sehr weit bringen, doch der eigentliche Schlüssel liegt noch eine Spur tiefer. Und zwar in einer Tiefe, die viel größer und umfassender ist, als wir es mit unserem Verstand und seiner Reflexionskraft je erfassen könnten. Um an diesen transformativen, inneren Ort zu gelangen, müssen wir uns voll und ganz öffnen und unsere tiefsten Emotionen nicht nur erkennen, sondern ganz bewusst zu fühlen beginnen. Und wie das gelingen kann, davon handelt das nächste Kapitel.

7. Emotional erwachsen werden

Das Weltbild der vergangenen Jahrhunderte hat uns nicht nur von der Natur und einem höheren Sinn abgetrennt, sondern auch von uns selbst und unseren Gefühlen. Die vom Philosophen René Descartes beschriebene Trennung von Körper und Geist setzte eine große gesellschaftliche Veränderung in Gang und galt über die Jahrhunderte hinweg immer mehr als Grundlage des modernen Lebens. Man glaubte, dass das Gehirn als oberste Instanz den Körper steuert, und das Streben nach Vollkommenheit war auch ein Streben nach einem emotionslosen Dasein. Bis ins 19. Jahrhundert waren Gefühle und Emotionen noch Bestandteile der Pädagogik.[118] Erst danach wurde die Bildung zur reinen Ausbildung des Verstandes degradiert, womit auch die Auseinandersetzung mit Gefühlen ihr Ende nahm.

Die emotionale Wende, wie sie die Psychologie bezeichnet, begann in den 1980er-Jahren und ist im neuen Jahrhundert nun voll eingetreten.[119] Spätestens seit dem Aufkommen von Social Media ist uns Menschen wieder bewusst, dass wir nicht nur von unserem Gehirn gesteuert werden, sondern auch unsere Emotionen eine große Rolle spielen.

Nehmen wir nur mal unser Smartphone zur Hand. Bei jedem Mal Runterscrollen bekommen wir eine neue Emotion zu Gesicht. Wir erleben den Hass auf Ausländer, die Liebe zu Katzen, die Freude über eine bestandene Prüfung, den Ekel über Tierfabriken, die Wut auf Konzernbosse und vieles mehr. Manchmal prallen im Sekundentakt neue Informationen und Meinungen auf uns ein und triggern unsere Gefühlswelt. Die einen lassen sich schnell von ihren Emotionen überrollen und steigen voll darauf ein. Andere haben hingegen gelernt, sich zu kontrollieren, und schlucken ihre Emotionen hinunter. Keiner dieser beiden Wege kann als gesund oder zukunftsweisend betrachtet werden. Ein übertrieben emotionales Verhalten führt schnell zu Unverständnis oder Konflikten und hindert unseren Verstand, kluge und überlegte Entscheidungen zu treffen. Der Gegenpol des Hinunterschluckens macht uns auf der anderen Seite gefühlskalt und schneidet uns von unserem Mitgefühl ab.

Es ist somit höchste Zeit, einen dritten Weg zu beschreiten – den Weg des emotionalen Erwachens, der emotionalen Kompetenz. Aber wie finden wir zu einem neuen Umgang mit uns selbst, unseren Ängsten und unserem Schatten? Wie können wir emotional reif und erwachsen werden? Und wie schaffen wir es, die Liebe statt der Angst zur handlungsleitenden Maxime zu machen?

In diesem Kapitel wollen wir gemeinsam mit dir erkunden, was emotionale Kompetenz bedeutet, warum sie gerade in unserer heutigen Zeit so wichtig ist und welche Schlüssel wir haben, um sie in unserem Leben erlernen und auch leben zu können.

7.1 Gefühle wahrnehmen und verstehen

Die Emotionspsychologie kennt, wie in der Wissenschaft üblich, viele verschiedene Modelle zur Beschreibung von Emotionen, wir können somit auf unterschiedliche Erklärungsansätze zugreifen. Uns Autoren erscheinen evolutionspsychologische Modelle am intuitivsten, weshalb sich unsere folgenden Erläuterungen an solche Modelle anlehnen.

In den 1970er-Jahren war der amerikanische Psychologe Paul Ekman einer der Ersten, der aufgrund seiner empirischen Forschungsergebnisse die sogenannten Basisemotionen beschrieb. Er und sein Team studierten dafür verschiedene Gesichtsausdrücke bei Personen in der ganzen Welt und entdeckten grundlegende Ausdrucksformen und Emotionen, die offenbar bei jeder Kultur zu finden sind. Gemeinsam mit den Ergebnissen weiterer Forscher sprechen wir heute meist von sechs Basisemotionen: Furcht, Ekel, Wut, Trauer, Überraschung, Freude.[120]

Zusätzlich zu diesen primären Basisemotionen beschreibt die Emotionsforschung auch sekundäre Emotionen, die sich aus verschiedenen Facetten der Basisemotionen zusammensetzen.[121] So wird Stolz etwa als die Verbindung aus Wut und Freude gesehen, Verachtung ist eine Mischung aus Wut und Ekel usw. Und auch wenn man sich noch weiter vertiefen könnte bezüglich der Herkunft unserer Emotionen, so wollen wir hier primär verständlich machen, wie die einzelnen Emotionen auf uns wirken.

Um den Ablauf von Emotionen besser greifbar zu machen, hat der Dalai Lama vor Jahren ein Projekt ins Leben gerufen, bei dem eine Art Landkarte unserer emotionalen Welt entwickelt werden sollte. Zur Umsetzung des Projekts beauftragte er den bereits oben genannten Emotionsforscher Paul Ekman und dessen Tochter Eve Ekman, ebenfalls Emotionsforscherin sowie Meditationslehrerin. Der dabei entstandene »Atlas der Emotionen« beschreibt den komplexen Ablauf einer Emotions-Episode auf verständliche Art, er soll auf den nächsten Seiten näher beschrieben werden.[122]

Wie treten Emotionen in unser Leben? Wie gehen wir derzeit damit um und wie könnte ein künftiger Umgang aussehen? Zur Beantwortung dieser Fragen sieh dir bitte folgendes Diagramm zum Thema Trauer näher an:[m]

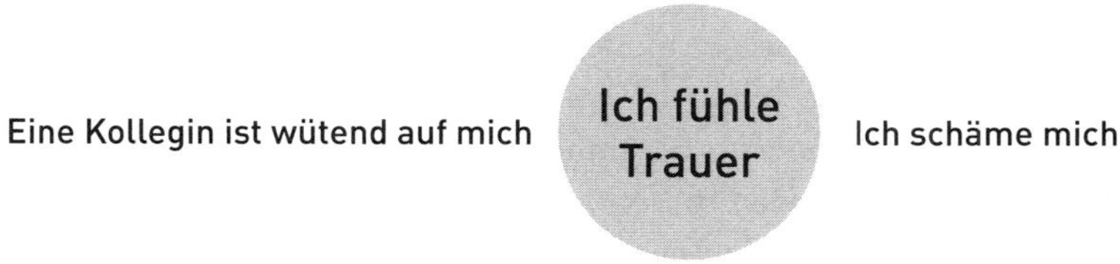

In der einfachsten Betrachtungsweise sieht ein Emotionsdiagramm wie folgt aus: Es gibt einen sogenannten Trigger (links im Bild), der die Emotion (Mitte) auslöst und zu einer Reaktion (rechts) führt. In diesem Beispiel wäre die Wut der Kollegin der Trigger, das Gefühl von Trauer die Emotion und das Schämen die entsprechende

[m] Die folgenden Diagramme sind in ihren Grundzügen an den »Atlas der Emotionen« angelehnt. Für weitere Nachforschungen empfehlen wir diese Webseite *www.atlasofemotions.org*.

Reaktion. Diese einfache Betrachtungsweise greift aber zu kurz, weshalb wir unseren Erlebnissen mehr Bewusstsein hinzufügen wollen.[123]

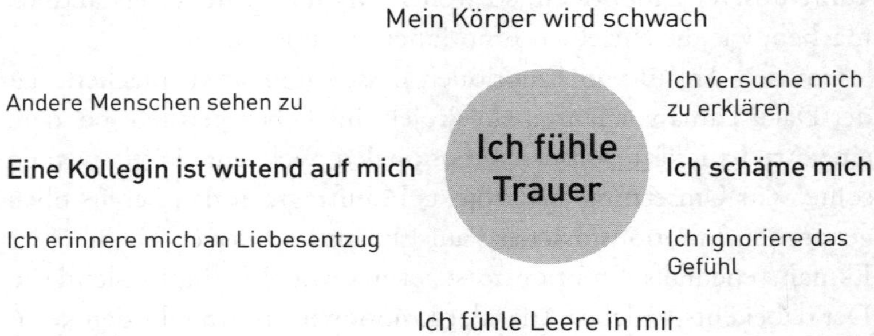

Bei einer bewussten Herangehensweise an eine Emotions-Episode braucht es zuallererst ein Verständnis dafür, dass Emotionen sehr stark von äußeren wie auch inneren Parametern abhängen. Je nachdem, wo und mit wem wir die Situation erleben, wer diese Kollegin ist, welcher Wesenstyp wir sind, woran wir unterbewusst erinnert werden und wie unsere Tagesverfassung ist, kann uns eine wütende Kollegin emotional triggern oder auch nicht.

Dabei ist zu beachten, dass uns vor allem jene Erlebnisse triggern, die mit der eigenen Biografie aus Erinnerungen, Glaubenssätzen oder alten Wunden in Verbindung stehen. Außerdem lösen oft scheinbar gleiche Situationen komplett andere Emotionen aus, als das womöglich beim letzten Mal der Fall war. So können wir beim Aufeinandertreffen mit einer wütenden Kollegin sowohl das Gefühl von Trauer als auch jenes von Wut oder Schadenfreude empfinden.

Nehmen wir einmal an, wir haben wissentlich einen Fehler gemacht und unsere Kollegin damit verletzt. Ist uns diese Kollegin sympathisch, wird uns ihre Wut in Trauer versetzen. Macht die Kollegin selbst oft Fehler, ohne dies zuzugeben, könnte ihre Wut uns ebenso wütend machen. Wollten wir der Kollegin mit unserem Fehler eins auswischen, kommt uns ihre Wut vermutlich gelegen und wir werden von Schadenfreude erfüllt. Ob und wie uns ein Ereignis triggert, ist also von Fall zu Fall unterschiedlich und hängt von vielen verschiedenen Faktoren ab. Um sich dies bewusst zu machen, ist es sinnvoll, immer wieder nach den eigenen Triggerpunkten zu fragen: Was hat mich so verletzt? Woran hat mich diese Situation erinnert? Was genau war der Auslöser für die nachfolgende Emotion?

Im mittleren Teil unseres Diagramms haben wir die Wahrnehmung mit »Ich fühle Trauer« beschrieben. Bei manchen Menschen ist es schon ein riesiger Fortschritt, wenn sie sich ein derartiges Gefühl überhaupt eingestehen können. Dennoch geht eine bewusste Wahrnehmung weiter und bezieht psychische wie körperliche Empfindungen noch viel stärker mit ein. Eine psychische Reaktion auf die Trauer könnte etwa das Gefühl von innerer Leere sein, während sie sich körperlich als Schwäche, Müdigkeit oder durch Kopfschmerzen äußert. Um eine Emotion also besser wahrnehmen zu können, benötigt es neben ihrer Benennung auch das Bewusstsein um ihre körperlichen und psychischen Auswirkungen. Auf präzise Art und Weise könnte man Trauer zum Beispiel wie folgt beschreiben: »Ja, ich spüre große Traurigkeit in mir. Ich spüre sie wie einen dicken Kloß in meinem Hals. Ich spüre sie wie ein Brett, das auf meine Schläfen drückt. Es fühlt sich an wie eine tiefe Leere in der Mitte meines Herzens.«

Im Anschluss an die Wahrnehmung einer Emotion folgt zu guter Letzt die Reaktion. Auch diese kann auf ein und dieselbe Emotion in komplett unterschiedlicher Weise ausfallen. So muss das Gefühl der Trauer nicht immer dazu führen, dass wir uns schämen. Wir könnten beispielsweise auch den Versuch starten, unseren eigenen Fehler darzulegen und ihn unserer Kollegin zu erklären. Wir könnten ihr mitteilen, dass es uns leidtut und wir deswegen eine innere Traurigkeit verspüren. Wir könnten uns sogar kurz an einen stillen Ort zurückziehen, all die angestaute Traurigkeit hinausweinen und dann mit klarem Kopf nach neuen Lösungen suchen.

Entgegen all diesen achtsamen Möglichkeiten wählen wir oft eine gänzlich andere Herangehensweise, reagieren unbewusst oder unterdrücken jegliche Reaktion. Obwohl es in unserem Inneren ein Gefühl der Trauer gibt, ignorieren wir es, da wir es entweder nicht mehr spüren können, nicht spüren wollen oder wir es nicht als professionell ansehen, unsere Gefühle nach außen zu zeigen. Eine derartige Reaktion ist allerdings nicht wahrhaftig, was uns als emotionskompetenten Personen in jedem Fall bewusst sein sollte.

Emotionen sind komplexe Vorgänge, die von den unterschiedlichsten Parametern beeinflusst werden. Da reicht es oft nicht, Emotionen einfach nur mit Trigger -> Emotion -> Reaktion zu beschreiben. Daher müssen wir unseren Überlegungen neue Gesichtspunkte hinzufügen.

Ein passendes Schema, das die beschriebene Emotions-Episode auf ganzheitlicher Ebene wiedergibt, zeigt uns die folgende Abbildung.

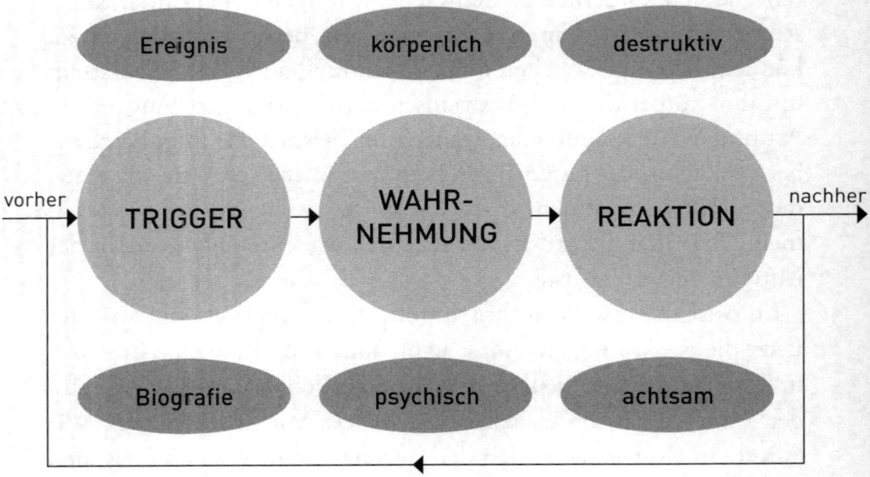

Abb. 4: Zeitverlauf einer Emotion

Zusammengefasst lässt sich dieses Diagramm so erklären:[124] Zusätzlich zu einer bestimmten Vorbedingung, wie etwa der aktuellen körperlichen Verfassung, kommt es zu einem Ereignis. Steht dieses mit der eigenen Biografie aus Erinnerungen, Glaubenssätzen oder Mustern in Verbindung, wird eine Emotion getriggert. Diese Emotion kann sowohl auf psychischer wie auch auf körperlicher Ebene wahrgenommen werden. Je genauer wir das auftretende Körpergefühl und die psychische Änderung empfinden können, desto bewusster wird die Wahrnehmung sein. Dies wiederum steigert die Chance, dass auch die Reaktion auf die empfundene Emotion achtsam und nicht destruktiv geschieht.

Der Weg zu einer emotional reifen Persönlichkeit ist durchaus ein Stückchen Arbeit. Es bedarf der Beschäftigung mit den eigenen Glaubenssätzen und Mustern und gleichzeitig des Bewusstseins, dass diese ständig mit uns sind. Wir müssen verstehen, dass diese »Altlasten« bei all den alltäglichen Erfahrungen mit dabei sind und unser Erleben entsprechend beeinflussen. Wir brauchen eine erhöhte Aufmerksamkeit für äußere Ereignisse sowie für innere und körperliche Vorgänge. Es erfordert unseren Mut, anders zu reagieren, als wir es gewohnt sind, und wir müssen lernen, die Reaktion vom Reiz zu trennen.

Wenn also eine Situation auftritt und eine bekannte Emotion getriggert wird, sollten wir in der Lage sein, kurz innezuhalten und entgegen einer gewohnten, destruktiven Reaktion eine achtsame zu wählen. Vor allem Letzteres ist nicht immer ganz einfach, da uns manche Situationen so stark mit einem inneren Schmerz verbinden, dass die äußere Reaktion trotz aller guten Vorsätze nicht positiv verläuft. Dies ist zutiefst menschlich und wird, egal wie achtsam wir auch werden, immer wieder einmal passieren.

In solch einer Situation erscheint es sinnvoll, sich im Nachhinein die Zeit zu nehmen und zu überlegen, wie und durch welche Trigger die Situation zustande kam, welche Gefühle aufgetreten sind und wie eine konstruktive und achtsame Reaktion ausgesehen hätte. Solch eine Nachbearbeitung schärft die Sinne und steigert das eigene Bewusstsein für die nächste herausfordernde Situation.

Die Fleischesserin und der Vegetarier

Eine emotionsbewusste Gesellschaft ist zugleich eine achtsame Gesellschaft – achtsam mit den Mitmenschen wie auch mit der Umgebung. Um dies zu veranschaulichen, möchten wir dir von einem kleinen Erlebnis erzählen. Stell dir dazu bitte folgendes Szenario vor: Zwei Kollegen sind auf Dienstreise und sitzen miteinander in einer Kantine. Sie ist Fleischesserin und er ist Vegetarier. Plötzlich bekommen sie, ohne bestellt zu haben, vom Kellner das Tagesmenü serviert. Es ist ein Schnitzel.

Wie könnte die emotionale Reaktion der beiden aussehen? Die Fleischesserin betrachtet ihr Schnitzel, fühlt Vorfreude und beginnt zu essen. Der Vegetarier fühlt nur Ekel und schiebt in verachtender Manier sein Teller beiseite. Die Fleischesserin fühlt Schadenfreude und sagt etwas hämisch: »Warum isst du denn nichts?« Der Vegetarier fühlt daraufhin Wut und entgegnet: »Du weißt genau, dass ich Vegetarier bin!« Dann jagt ein Wort das nächste und die beiden beginnen einen Streit. Am Ende ist der Vegetarier stinksauer und hat einen leeren Magen, während die Fleischesserin damit kämpft, die ekelhaften Bilder über Schweinezucht aus dem Kopf zu verdrängen, die ihr der Vegetarier gerade eingepflanzt hat. Beide landen schlecht gelaunt zu Hause, und weder ihnen noch der Natur noch den Schweinen war damit geholfen.

Was aber kann dabei helfen, damit solch eine Situation nicht in einen Streit mündet und auch der Natur ein Dienst geleistet wird? Fügen wir wiederum mehr Bewusstsein hinzu und lassen die beiden, beginnend mit unserem Vegetarier, die Situation reflektieren. Seine Emotionen waren Ekel und Wut und er reagierte mit Verachtung und Streitlust. Folgende Reflexionsfragen könnte er sich im Anschluss an den Streit in Ruhe stellen:

- Welche Gefühle löst der Anblick von Fleisch in mir aus?
- Warum werde ich dadurch wütend auf meine Kollegin?
- Welche Schattenanteile habe ich auf meine Kollegin projiziert?
- Welche Information habe ich, die meine Kollegin nicht hat?
- Warum freut sich meine Kollegin so sehr auf Fleisch?
- Was freut sie daran, dass ich nichts Vegetarisches bekommen habe?
- Welche Reaktion wäre achtsam gegenüber ihr UND der Natur?

Sieben Fragen mit Dutzenden von möglichen Antworten. Versuch es gern selbst einmal, die einzelnen Fragen etwas umfassender zu beantworten. Vor allem bei jenen Fragen, die Vermutungen über die Kollegin betreffen, wirst du schnell entdecken, dass es eine unendliche Zahl an Antwortmöglichkeiten zu geben scheint. Deshalb ist es sinnvoll, keine »passende« Reaktion, sondern eine für dich achtsame Reaktion zu wählen.

Machen wir im nächsten Schritt das Gleiche für unsere Fleischesserin. Ihre Emotionen waren Vorfreude und Schadenfreude und sie reagierte erst mit Genuss und dann mit Häme. Ihre Reflexionsfragen könnten demnach wie folgt lauten:

- Welche Gefühle verbinde ich mit dem Konsum von Fleisch?
- Welche Gefühle löst der Anblick von Fleisch bei meinem Kollegen aus?
- Warum freue ich mich, wenn mein Kollege wütend ist oder leidet?
- Welche Schattenanteile habe ich auf meinen Kollegen projiziert?
- Warum bekommt man, ohne gefragt zu werden, Fleisch serviert?
- Gibt es Dinge beim Thema Fleisch, die ich verdränge?
- Wie könnte ich beim Kollegen oder Kellner künftig reagieren?

Im letzten Schritt stellen wir uns noch mal vor, dass die beiden Kollegen nach eifriger Reflexion erneut in eine ähnliche Situation geraten. Wie würden sie diese als emotionsbewusste Menschen nun lösen? Die Fleischesserin würde den Kellner fragen, warum sie ohne vorige Bestellung ein Gericht serviert bekommt. Der Vegetarier würde sich dadurch gesehen fühlen und sofort nach einem alternativen Menü verlangen. Dies zeigt dem Kellner, dass ein Fleischgericht als Standard heutzutage einfach nicht mehr drin ist. Entspannt könnte unser Vegetarier seiner Kollegin daraufhin erklären, warum er sich fleischlos ernährt. Offen für Neues bekäme auch die Fleischesserin wertvolle Informationen über die gesundheitlichen und ökologischen Aspekte von Fleisch. Sie würde dann vielleicht einwenden, dass sie nur wenige vegetarische Gerichte kennt, da sie auf einem Bauernhof aufgewachsen ist und von klein auf nur Fleischgerichte zu essen bekam. Das wiederum könnte unseren Vegetarier motivieren, sie zum Veggie-Abendessen einzuladen. Was ihr sehr gefällt, immerhin hat sie ihren Kollegen schon immer recht süß gefunden …

7.2 Mit dem Herz durch den Schmerz

Liebe deine Ängste, umarme deine Glaubenssätze und bewundere dich für deine ewig wiederkehrenden Muster! Na los, geht schon, mach jetzt! Wäre die Liebe zum eigenen Schatten ein kognitiver Prozess, so könnte man ihn wohl mit der Peitsche durchsetzen oder einfach per Gesetz verordnen. Leider ist die Aufgabe aber viel komplexer und mit einfachem Denken und Reflektieren nicht zu bewältigen.

Du erinnerst dich sicherlich noch an die bereits besprochene Strategie des Schattens: Wir erleben eine Situation, die einen Schmerz in uns triggert. Da dieser Schmerz uns an ein früheres Erlebnis erinnert, das wir irgendwann einmal in den Schatten verbannt haben, wollen wir die Emotion nicht fühlen und reagieren stattdessen mit den von uns erlernten Abwehrmechanismen. Dies funktioniert für einige Zeit, ehe uns das Leben wieder in eine ähnlich schmerzvolle Situation bringt, die wir wiederum nicht fühlen und mit dem erlernten Muster abwehren. Dieser Kreislauf währt ewig und lässt uns über die Zeit hinweg entweder emotional abstumpfen oder noch emotionaler in Bezug auf unsere Reaktionen werden.

Da wir eine emotionskompetente Persönlichkeit anstreben, ist es an der Zeit, diese hinderlichen und manipulativen Elemente ans Licht zu holen und den Schatten und seine Strategie zu durchkreuzen.

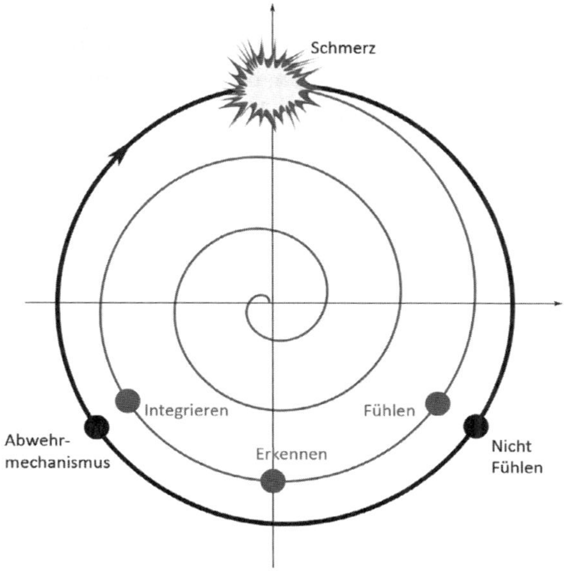

Abb. 5: Die Schattenspirale

Will man die Strategie des Schattens grafisch darstellen, lässt sich dies zum Beispiel über die hier gezeigte Schattenspirale tun: Schmerz -> Nicht-fühlen-Wollen -> Abwehrmechanismus. Möchten wir diesen Kreislauf durchbrechen, müssen wir an den einzelnen Stationen anders reagieren als gewohnt. Kurz gesagt: Kommt es zu einem für uns schmerzhaften Ereignis, dürfen wir die Emotionen erst einmal zulassen, fühlen, wahrnehmen. Dies erlaubt uns, die Gefühle als solche besser zu erkennen und zu benennen. Damit fällt es uns viel leichter, den Schmerz anzunehmen und als Teil von uns selbst zu akzeptieren. Dies ist die beste Grundlage in Richtung Integration des Schmerzes und führt meist auch dazu, dass er beim nächsten Auftreten besser wahrgenommen wird und auch weniger manipulativ auf uns einwirkt. Und je öfter wir diese Spirale aus Fühlen -> Erkennen -> Integrieren durchlaufen, desto bewusster wird unser Umgang mit dem Schmerz und desto weniger schmerzhaft wird er in Erscheinung treten.

Allerdings sei bemerkt, dass ein bewusster Umgang mit unseren verborgenen Ängsten und Schattenanteilen nicht zwangsläufig dazu führt, dass diese verschwinden! Indem wir sie bewusster machen, können wir sie einfach besser und schneller als solche erkennen. Dadurch nehmen wir ihnen die Möglichkeit, uns in gewohnter Manier zu beeinflussen. Es geht also nicht darum, jegliche Schattenteile in uns auszulöschen, sondern darum, sie ans Licht des Bewusstseins zu holen.

Das klingt alles ganz einfach, oder? Kognitiv können wir es leicht verstehen, wie der Schatten erkannt und ins Bewusstsein gebracht werden kann. Blöd nur, dass der kognitive Weg allein nicht funktioniert. Auch wenn das Verständnis für die Prinzipien der Schattenarbeit hilfreich ist, lassen sich tief sitzende Ängste, alte Schmerzpunkte und eingravierte Glaubenssätze nicht mit rein gedanklichen Überlegungen oder Reflexionsfragen lösen. Ein weiser Mensch verglich es einmal wie folgt: Den Schatten mit dem Verstand zu lösen ist in etwa so, als würden wir versuchen, das Wasser mit dem Lichtschalter aufzudrehen. Es sind einfach zwei unterschiedliche Ebenen.

Darum wollen wir an dieser Stelle unbedingt betonen, wie wichtig gerade das Herz auf dem Weg zur emotionalen Kompetenz ist. Wenn wir alte Schmerzpunkte, Wunden oder Ängste transformieren wollen, müssen wir uns dafür unserem eigenen Herzen zuwenden! Nur das Herz, die Liebe und die Hingabe in uns können den Raum öffnen, der für das Durchbrechen alter Muster erforderlich ist.

Nur das Herz hat die Größe und Güte, den Schmerz oder die Angst wie ein kleines Kind barmherzig in seine Arme zu nehmen. Nur mit der Liebe des Herzens können wir unsere Schmerzen lindern und die ungeliebten Aspekte unseres Selbst zur Heilung bringen. Und so vermag es nur das Herz allein, alles in uns aufzunehmen, einzuatmen und lichterloh zu verbrennen, ohne dabei selbst zerstört zu werden, im Gegenteil, es wird noch reiner. Das Herz ist die bewusstseinserweiternde Transformationszentrale unserer Gefühle. Es lässt das, was zur eigenen Ganzwerdung notwendig ist, niemals im Stich. Denn alles, wirklich alles, hat in unserem Herzen Platz!

Wenn du bereit bist, den alles entscheidenden Schritt zu wagen und deinem Schatten zu begegnen, dann sage vom Herzen her: »Ja«! Heiße deinen Schatten willkommen: »Lieber Schatten, schön, dass du dich zeigst! Danke, dass ich die Gelegenheit bekomme, durch dich mehr über mich selbst zu erfahren. Danke, dass du mir hilfst, ganz zu werden.«

Anstatt den Schatten zu verdrängen, begegnest du ihm mit voller Anerkennung und Wertschätzung und lässt deine negative Bewertung einmal los. Jeder Schatten bringt auch immer etwas Positives mit sich. Sei also einladend dem Gefühl gegenüber, das der Schatten dich spüren lässt. Sei dankbar für die Einsichten, die dir der Schatten über dich selbst gewähren wird. Sei offen für das Geschenk, das du durch die Integration erhalten wirst. Erst durch diese positive Haltung kannst du dich auf emotionaler Ebene für deine verschiedenen Schattenaspekte öffnen und ihnen wertschätzend begegnen.

Doch was bedeutet es, sich emotional dafür zu öffnen? Wir wollen es ganz plakativ und einfach ausdrücken: Weine, wenn du traurig bist! Schreie, wenn du wütend bist! Zittere, wenn du ängstlich bist! Spüre deine inneren Schattenanteile und verbinde dich mit ihnen. Werde zur Eifersucht, zur Gier, zum Dämon. Mach es laut, mach es leise, mach es spielerisch. Egal wie, aber mach es! Wage den Schritt, geh hinein und erfahre am eigenen Leib, wie sich das vermeintlich Böse, das du so lang gefürchtet hast, in dir anfühlt. Sieh dir diesen dunklen Anteil in dir an und spüre, wie er sich verhält und ausdrückt. Wie fühlt sich der Zorn in deinen geballten Händen an? Wie sehr stockt dir der Atem im Angesicht deiner tiefsten Angst? Wie viele Tränen wollen deine Augen vergießen, wenn du sie lässt?

Nimm alle diese Empfindungen wahr und nimm sie in dein Herz. Heilung kann nicht erdacht werden, Heilung muss »erlebt« werden! Das sagte bereits C. G. Jung. Wir nennen es so: Wer raus will aus dem Schmerz, der muss zuerst einmal hinein! Oder auch: »The only way out is in!«

Zum besseren Verständnis für solch einen Heilungsprozess möchte ich, Stefan, dir eine Geschichte erzählen:

- Zeit meines Lebens war ich ein glücklicher, motivierter und meist sehr positiver Mensch. Einer, der sich immer schon für eine Veränderung in unserer Welt interessierte. 2008 begann ich mit dem Aufbau eines Kulturvereins, um meinen Überzeugungen auch Taten folgen zu lassen. Nach zwei guten Jahren kam es mit meiner damaligen Partnerin zur Trennung, die sehr emotional ausfiel. Da sie ebenfalls in den Verein mit eingebunden war, führte unser Rosenkrieg auch zu zahlreichen Konflikten innerhalb des Vereins. Einige Monate später war ich auch mit guten Freunden zerstritten, hab dem Verein den Rücken gekehrt und stand aufgrund meines Studienabschlusses ohne Aufgabe da. Es war eine zutiefst schwere Zeit für mich, und anfangs suchte ich die Schuld für all das Geschehene natürlich bei den anderen – bei meiner Ex-Partnerin, meinen unsolidarischen Freunden und dem ganzen verdammten Leben an sich.
  Da mir dies nicht weiterhalf und meine negativen Gefühle selbst Monate später noch sehr präsent waren, begann ich, auch mich selbst mehr und mehr infrage zu stellen. Ich war bei Coaches, las Dutzende Bücher und besuchte alle möglichen Seminare und Gesprächsrunden. Zwei Jahre danach schaffte ich einen wichtigen Schritt, indem ich allen Beteiligten innerlich verzeihen konnte und endlich begriff, dass ich selbst verantwortlich bin für meine Misere – und dass nur ich selbst mich da auch wieder rausholen kann.
  Trotz dieses Verständnisses war ich aber immer wieder traurig, wütend und auch unmotiviert, mein Leben wieder voll und ganz in die eigene Hand zu nehmen. So begann ich, weiterzusuchen und mich auch für Methoden zu öffnen, die ich zuvor eher abgelehnt hätte. Das Leben führte mich zu den verschiedensten Menschen und Methoden, ehe ich irgendwann auf einem internationalen Festival in Rumänien landete, wo ich ein Workshop-Areal mit aufbauen durfte. An einem sonnigen Tag im August sollte dann etwas passieren, das mich bis heute prägt. Ich nahm an einer Session »Holotropes Atmen« teil, wo man über eine schnelle und körperbetonte Atemtechnik in eine Art Trance geführt wird. Zwei Psy-

chotherapeutinnen geleiteten mich viereinhalb Stunden lang bis in die tiefste Tiefe meines Schmerzes. All meine Trauer und all meine Angst waren plötzlich spürbar und ich weinte, wie ich in meinem ganzen Leben noch nie zuvor geweint hatte. Ich spürte all die Wut, auf das, was passiert war. Und ich spürte all die Wut, die ich deshalb gegen mich selbst hegte. Als dieser innere Schmerz schon fast unerträglich wurde, entspannte ich mich auf einmal. Von einem Moment auf den anderen identifizierte ich mich nicht mehr mit diesem Schmerz. Mein Körper war noch immer am Atmen und Schwitzen, doch mein Geist war ruhig und ich konnte mir selbst beim Leiden zusehen. Auch meine Ängste waren verschwunden und ich wurde plötzlich von einer tiefen Liebe und Zufriedenheit erfüllt. Mein ganzes Herz dehnte sich aus und ich begriff, dass ich nicht nur den anderen, sondern auch mir selbst verzeihen darf!
Dieses Erlebnis war eines meiner einprägsamsten überhaupt und stellte meine damaligen Glaubenssätze und Annahmen über das Leben völlig auf den Kopf. Aber nicht nur das! In den beiden darauffolgenden Jahren hörte ich mit dem Rauchen auf, entsagte dem regelmäßigen Alkoholkonsum, stellte meine Ernährung komplett um und erfüllte mir endlich meinen Traum und gründete ein ökosoziales Unternehmen. Ich kann nicht sagen, warum genau dies alles im Nachhinein passiert ist. Ich weiß nur, dass ich meinen Körper und meine Gefühle bis dahin nie so stark wahrgenommen hatte, und mir wurde klar, dass ich das Geschenk des Lebens von nun an völlig bewusst auskosten möchte.

Seinen Schatten zu erkennen und zu integrieren, bedeutet also, ihn ganz bewusst zuzulassen. Du lässt ihn gewähren, lässt ihn da sein, drückst ihn nicht weg und spürst ihn stattdessen tief in deinem Körper. Du hältst ihn aus und hältst auch alles andere aus, was mit ihm verbunden ist. Innerlich umarmst du ihn, herzt ihn, bist lieb und verständnisvoll mit ihm. So wie eine Mutter mit einem weinenden Kind.

Bleib jedoch wachsam in diesem Prozess. Dramatisiere nichts und identifiziere dich nicht mit dem, was geschieht. Sag nicht: »Oh ich armer Mensch! Ich bin ja so einsam und verlassen!« Auch wenn du mittendrin steckst, im Auge des Orkans, bist du gleichsam nur ein Beobachter des Geschehens. Bleib im Gewahrsein, in der bewussten Wahrnehmung, während sich auf der Bühne deines Körpers das Schattenwunder entfaltet. Das Ganze braucht Übung, denn der Grat zwischen Unterdrückung, Identifikation und echtem Fühlen ist schmal und die Gefahr, sich selbst auszutricksen, ist groß.

Wichtig ist, dem, was sich zeigt, kein Etikett oder Bewertungen aufzudrücken, sondern es wertfrei und liebevoll entgegenzunehmen. Du wirst staunen, wie wenig Schmerz schmerzt, wenn du die Bewertung wegnimmst. Du wirst staunen, wie wenig Angst ängstigt, wenn du sie als eine Art Energie im Körper einfach zirkulieren lässt. Du wirst staunen, wie kraftvoll Wut sein kann, wenn du dich nicht dafür verurteilst. Hinfühlen, hinatmen und liebevoll hinwenden – das sind die Werkzeuge echter Integration!

Auch wenn wir die Gefühle und Wahrnehmungen der Schattenarbeit gern weiter beschreiben würden, machen wir an dieser Stelle Schluss. Denn kein Text vermag zu zeigen, wie diese innere Arbeit auf tieferer Ebene wirklich läuft. Deshalb empfehlen wir dir, es am besten selbst und am eigenen Leib auszuprobieren. Es gibt dafür unzählige Methoden im Bereich der Schattenarbeit. Uns persönlich erscheinen besonders jene als empfehlenswert, die auch ganz bewusst den Körper ins Geschehen einbeziehen.

Fühlen findet im Körper statt und funktioniert immer dann am besten, wenn der Verstand ruhig ist und uns nicht ablenkt. Körperbetonte Praktiken tragen dieser Tatsache Rechnung, indem sie uns aus dem Verstand herausholen und eine innerliche Öffnung erleichtern. Da jeder Mensch verschieden ist, kannst letztlich nur du selbst entscheiden, welche Methode am besten für dich passt. Eine körperbetonte Praxis bieten etwa kathartische Meditationen oder dynamische Atemtechniken wie eben das Holotrope Atmen. Wer es etwas ruhiger haben möchte, dem seien Herz-Meditationen, geführte innere Reisen, bestimmte Formen der (Körper-)Therapie oder auch Varianten der Aufstellungsarbeit zu empfehlen.

Ergänzend sei gesagt, dass eine bewusste Schattenarbeit Übung voraussetzt und man nicht einfach loslegen sollte. Wir empfehlen deshalb, die ersten Schritte mit einer Mediationslehrerin, einem geschulten Coach oder einer Therapeutin zu machen. Erst wenn man eine bestimmte Meditation oder Praxis einige Male unter Anleitung durchgeführt hat, kann man diese auch selbstständig zu Hause machen. Schattenarbeit kann Unglaubliches bewirken, doch sie sollte nicht auf die leichte Schulter genommen werden.

Schattenarbeit an einem praktischen Beispiel

Um die Schattenarbeit noch einmal praktisch darzustellen, möchten wir ein einfaches Beispiel durchspielen, das gerade für Change Maker interessant sein dürfte. Wollen wir etwas verändern in der Welt, müssen wir anderen unsere Ideen und Lösungen auch präsentieren. Dabei ist es nicht immer leicht, unsere innere Überzeugung so nach außen zu bringen, dass der Funken auch auf andere überspringt.

Stefan arbeitet neben seiner Vortragstätigkeit seit vielen Jahren als Rhetoriktrainer und Coach und kennt auch die Angst vor dem Präsentieren in den verschiedensten Facetten. Und weil Präsentieren viel mit Selbstwirksamkeit, Selbstliebe und Selbstbewusstsein zu tun hat, passt es sehr gut zur Beschreibung der aktuellen Thematik.

Viele engagierte Menschen haben Bühnenangst oder empfinden es als äußerst unangenehm, vor anderen Leuten zu sprechen. Eigentlich wollen sie ihre Mitmenschen inspirieren und von ihren Ideen überzeugen, doch sobald sie nach vorn treten, sei es im Meeting, Vortrag oder Seminar, haben sie mit starken Emotionen zu kämpfen. Körperlich äußern sich diese mit Schweißausbrüchen, Stottern, zitternden Händen oder einer extrem steifen Haltung beim Reden. Will man dem zugrunde liegenden Schmerz auf die Schliche kommen, muss man ihn erst einmal bewusst machen. Lass uns diesen Vorgang anhand von zwei fiktiven Präsentations-Stereotypen etwas genauer beschreiben.

Nummer eins ist der klassische »Gefühlsverdränger«. Er ist meist männlich, intelligent, rational ausgerichtet und durchschreitet unsere Schattenspirale in der gewohnten äußeren Linie. Fragt man ihn, ob er Angst vor dem Präsentieren habe, wird er dies mit Sicherheit verneinen. Obwohl man an seiner steifen Haltung, den steifen Sätzen und den oft genauso steifen Meinungen schnell erkennt, dass er sich nicht wohlfühlt, wird er dies selbst nicht spüren. Dieser Typ präsentiert nämlich nicht sich selbst. Er präsentiert meist nur irgendwelche Daten und Fakten.

Wenn du dich also schon mal gefragt hast, wieso viele wissenschaftliche Präsentationen so langweilig ablaufen, dann liegt die Antwort mitunter darin, dass dieser Typ in der Wissenschaft des Öfteren zu finden ist. Der Gefühlsverdränger hat oft die Angst, infrage gestellt zu werden, weshalb er sich hinter all den Daten und Fakten zu verstecken versucht. Das ist sein Abwehrmechanismus. Wer möglichst viele Daten zeigt, muss sich selbst umso weniger zeigen. Daten sind nun mal Daten und können nicht so einfach infrage gestellt werden. Er selbst hingegen schon. Und weil ihn das verletzen könnte, bringt er sich und sein Selbst kaum in die Präsentation mit ein. Stattdessen zählt er nüchtern seine Daten auf und wirkt dabei meist auch noch etwas arrogant. Dass er tief in sich drin auch Leidenschaft und Begeisterung für sein Thema empfindet, will er nicht nach außen tragen. Das ist ihm zu gefährlich, denn Leidenschaft hat er irgendwann mal in den Schatten verfrachtet und mit dem Glaubenssatz belegt, dass sie im professionellen Umfeld nichts verloren hat. Der Schmerz tritt nun immer dann auf, wenn sein Publikum den Vortrag unberührt zur Kenntnis nimmt und mit mäßigem Applaus quittiert; wenn seine Theorien im Anschluss nur von jenen diskutiert werden, die sie ohnehin schon kennen, oder wenn seine Forschung in der Öffentlichkeit wieder mal nicht gesehen wird. Anstatt jedoch den Schmerz des »Nicht-gesehen-Werdens« zu spüren, legt er sich lieber ein paar passende Ausreden zurecht. So beklagt er sich ständig über die postfaktische Gesellschaft, die kurzsichtige Politik oder die immer einfältiger werdenden Studierenden.

Will der Gefühlsverdränger ausbrechen aus diesem ewigen Kreislauf, muss er im ersten Schritt einmal fühlen lernen. Ihm muss beispielsweise klar werden, dass seine steife Körperhaltung mit einer inneren Emotion zu tun hat. Diese Emotion überhaupt einmal zu spüren, steht am Anfang jedes Prozesses. Da der Gefühlsverdränger nicht gerade ein Spezialist in Bezug auf das Fühlen ist, wird dieser Teil des Prozesses auch eine Weile dauern.

Der zweite Schritt verlangt nach Erkenntnis und Einsicht. Anstatt anderen die Schuld zu geben, dass seine Theorien nicht an die Öffentlichkeit dringen oder sein Publikum ihm nicht applaudiert, muss er sich eingestehen, dass ihn dies tief im Inneren schmerzt. Da der Gefühlsverdränger ein sehr analytischer Typ ist, kommt er meist schnell dahinter, was genau ihn so schmerzt. Dies könnte etwa mit Versagensängsten, mit der Angst vor Ausgrenzung oder eben auch damit zu tun haben, dass er sich nicht gesehen fühlt. Diesen Schmerz zu erkennen und ihn mit »Ich werde nicht gesehen« zu benennen, ist eine schwierige und zugleich bewundernswerte Sache.

Hat er das einmal geschafft, ist nur noch Schritt drei erfolgreich zu meistern: das Integrieren des Schmerzes. Dies ist keine kognitive Angelegenheit, sondern muss auf Gefühlsebene geschehen. Dafür braucht es viel Zeit, Liebe und Mitgefühl für sich selbst und den eigenen Schatten. So muss ein und derselbe Schmerz oft viele Male durchlebt und gefühlt werden, bis es zur vollständigen Integration kommen kann. Unser Präsentator wird also noch viele weitere Male auf der Bühne stehen und steif seine Daten und Fakten herunterbeten. Doch mit jeder Selbstbeobachtung und jedem Akt an innerer Arbeit wird ihm sein Verhalten bewusster und er wird nach und nach mehr von sich und seiner Leidenschaft preisgeben – bis er irgendwann genau jene Mischung aus Daten und Emotionen an den Tag legt, mit der er sein Publikum garantiert auf seine Seite ziehen kann. Und sollte es ihm dann doch mal wieder nicht gelingen, wird er weder dem Publikum die Schuld geben noch sich selbst dafür geißeln. Genau so wird aus dem Gefühlsverdränger eine emotional kompetente Persönlichkeit.

Unser zweiter Präsentationstyp ist die »Verängstigte«, und auch von ihr lässt sich einiges in Bezug auf Schattenarbeit lernen. Der Erfahrung nach ist sie – Achtung Stereotyp – meist weiblich, schüchtern, herzlich und hat einen guten Zugang zu ihrer Gefühlswelt. In Bezug auf Emotionen ist sie somit schon etwas fortgeschritten und beginnt unsere Spirale gleich im Inneren. Ihr ist bewusst, dass sie bei Präsentationen alle möglichen körperlichen Zustände bekommt. Angefangen bei zitternden Händen bis hin zum vollständigen Kreislaufversagen kann alles dabei sein. Fragt man die Verängstigte, ob sie Angst vor dem Auftritt habe, gibt sie das offen und ehrlich zu. Meist hat sie mit »Ich kann einfach nicht präsentieren« auch gleich den passenden Glaubenssatz parat.

Bei manchen Verängstigten hat man das Gefühl, sie kommen nur deshalb ins Seminar, um sich wieder einmal die Bestätigung abzuholen, dass sie nicht präsentieren können. Blöd nur, dass das nicht stimmt. Doch wie kann unsere Protagonistin da am besten selbst draufkommen? Zu Beginn muss sie sich klarmachen, dass ihr Glaubenssatz ein reiner Abwehrmechanismus ist. Der Glaube an die eigene Unfähigkeit ist meist ein Schutz vor dem tiefer liegenden Schmerz einer tatsächlich gefühlten Unfähigkeit.

Wenn unsere Protagonistin Erfolg hat, ist das natürlich bestens. Scheitert sie jedoch mit ihrer Präsentation, fühlt sie sich in ihrem Glaubenssatz bestätigt. Auch dies konfrontiert sie nicht mit dem zugrunde liegenden Schmerz und ist somit zu verkraften. Was im ersten Moment nach einer Win-win-Situation klingt, ist eher eine Lose-lose-Situation: Einerseits wird sie ihr inneres Potenzial nie anzapfen, wenn sie fest daran glaubt, keines zu besitzen, andererseits verfestigt sich ihr Muster mit jeder Bestätigung der eigenen Glaubenssätze.

Die Verängstigte tut also gut daran, ihren Glaubenssatz als Schutz und Hindernis zu entlarven. Letztlich passiert dies nur, wenn der eigentliche Schmerz freigelegt wird. Dieser hat allerdings nie etwas direkt mit Präsentieren zu tun. Viel eher kommen Gedanken wie »Ich bin nichts wert« oder »Ich bin nicht gut genug« zum Vorschein. Wenn dies erst einmal gefühlt und die tiefere Ursache dessen erkannt wird, kommen wir der authentischen und selbstsicheren Rednerin der Zukunft einen großen Schritt näher.

Die Integration ihres Schattens läuft ähnlich ab wie zuvor. Anstatt den Schmerz abzulehnen oder zu verdrängen, muss unsere Verängstigte ihn wahrnehmen, anerkennen und mit ihm mitfühlen. Je öfter sie dies tut, desto weniger schmerzhaft wird er, bis er sich irgendwann in ein Gefühl der Liebe umwandelt.

Ja, du hast richtig gelesen, der Schmerz wird zu Liebe! Falls dies noch immer schwer zu verstehen ist, dann denk einfach daran, dass solche Informationen auch nicht für den Verstand gedacht sind. Die Liebe zum eigenen Schatten ist ein Gefühl, das man erst dann wirklich verstehen kann, wenn man es zum ersten Mal am eigenen Leib gespürt hat. Und auch wenn der Weg dorthin ein schwieriger ist, lohnt es sich allemal, ihn zu gehen – das erfahrbare Gefühl am Ende der Strecke ist eines der stärksten und mächtigsten überhaupt!

Wer beginnt, seinen Schatten zu lieben, beginnt sich selbst zu lieben. Und wer sich selbst wahrhaftig liebt, setzt sein innerstes Potenzial frei und bringt es mit all seiner Kraft, Schönheit und Güte im Außen zum Wirken.

Ü: Aktive Meditation

Um dir eine kurze und wichtige Verschnaufpause vom Lesen zu gönnen, möchten wir dir eine Übung in sechs Schritten ans Herz legen, die du gern jetzt gleich bei dir zu Hause machen kannst.

1. Schaff dir bitte einen Ort, wo du von niemandem abgelenkt wirst.
2. Such ein längeres Musikstück, das aktivierend auf dich wirkt. Falls dir nichts Passendes einfällt, hätten wir eine sanfte und eine härtere Variante als Empfehlung:
   Sanft: Professor Trance – Medicine Trance
   Hart: Liquid Soul – Devotion (Ace Ventura Remix)
3. Schließe nun deine Augen und stell dich aufrecht mit lockeren Knien auf den Boden. Deine Beine stehen schulterbreit auseinander, die Arme sind entspannt, der Mund ist leicht geöffnet.
4. Mit dem Start der Musik beginnst du deinen Körper zu schütteln. Beginne ganz langsam und geh am besten von den Beinen hoch in den Oberkörper bis zu den Armen. Lass dein Becken dabei vor und

zurück schwingen und schicke eine Art Wellenbewegung vom Kreuzbein in die Wirbelsäule.

5. Bring das Schütteln in deinen ganzen Körper ein und werde mit der Zeit immer schneller. Schalte den Verstand so gut es geht ab und schüttle so, wie dein Körper es gerade möchte und braucht. Das darf ruhig auch wild und ausgelassen sein! Es gibt kein Richtig oder Falsch.
6. Sobald das Musikstück zu Ende ist, werde wieder langsamer und beende das Schütteln. Dann setz dich auf den Boden und nimm noch einmal 5 bis 10 Minuten wahr, was in dir passiert. Welche Gedanken kommen hoch, welche Emotionen spürst du und wie fühlt sich dein Körper an? Beobachte dein inneres Erleben. – Beende die Übung in Achtsamkeit und danke dir, dass du dir ein bisschen Zeit für dich selbst genommen hast.

7.3 Liebe deinen Schatten wie dich selbst

Du kennst sicherlich den Bibelspruch: »Liebe deinen Nächsten wie dich selbst.« Diese berühmte Aussage Jesu ist in unserer westlichen Kultur bis heute stark verankert. Der Spruch ist wunderschön, er wird aber meist nicht ganz verstanden. Nächstenliebe steht nach wie vor hoch im Kurs bei uns Menschen, und selbst wenn sie bei Weitem nicht immer gelebt wird, ist sie uns ein hoher Wert. Selbstliebe hingegen ist nur den Wenigsten bekannt und wird gern übersehen. Spricht man über Selbstliebe, hören andere stattdessen nur Selbstsucht oder Narzissmus – Tugenden, die nicht gerade angesehen sind. Deshalb halten wir die Liebe zu uns selbst lieber in den Weiten unseres Inneren versteckt.

Doch der liebe Jesus hat sich schon etwas dabei gedacht, als er seinem Spruch das »wie dich selbst« angehängt hat! Wer sich selbst nicht lieben kann, der wird auch nur schwer jemand anderen lieben können. Oder positiv formuliert: Je mehr man die Liebe zu sich selbst steigert, desto stärker wird auch die Liebesfähigkeit gegenüber anderen. Klingt für dich nach Hippiekram? Natürlich, das ist es ja auch – zumindest ein Stück weit. Und weil die Hippies, äh wir Hippies bei all unseren Selbstfindungstrips auch ein paar wundervolle Prinzipien des Lebens entdeckt haben, wollen wir sie hier weitergeben. Selbstliebe ist mehr als nur Kuschel-Mentalität und hat auch mit Narzissmus sehr wenig zu tun. Die Selbstbewunderung im Narzissmus geht mit einem geringen Selbstwertgefühl einher, während wahre Selbstliebe das Selbstwertgefühl steigert. Und mehr als das! Eine ehrliche, reflektierte Liebe zu sich selbst macht uns glücklich, setzt unser tiefstes Potenzial frei und wirkt auch auf andere Menschen wie ein ansteckender Virus. Allerdings einer, vor dem man garantiert keine Angst haben muss.

Kein Mensch auf diesem Planeten kommt ohne Selbstliebe aus. Und so trägt sie auch jeder von uns mit sich. Die Handwerkerin liebt sich für ihre Fähigkeit, Dinge zu erschaffen. Der Vater schätzt seine Kochkünste und freut sich, dass es seiner Familie schmeckt. Die Akademikerin liebt sich und ihren analytischen Verstand und der geübte Redner hört sich meist gern selbst beim Reden zu. Selbstliebe ist wichtig, und auch wenn es verpönt ist und sich dies kaum jemand zuzugeben traut: Jeder Mensch liebt sich selbst. Zumindest ein bisschen! Dass es oft nicht allzu viel ist, liegt mitunter daran, dass wir die Selbstliebe nur zum Teil verstanden haben.

Wahre Selbstliebe umfasst nicht nur jene Dinge, die wir ohnehin schon an uns mögen. Sie geht viel weiter. Um ein tiefes Gefühl der Liebe für sich selbst zu entwickeln, muss man auch jene Teile lieben lernen, die man nicht so gernhat. Das aufbrausende Temperament, die eigene Streitlust, die kontrollierte Strenge, die ewige Zurückhaltung, die Verurteilung anderer, das ständige Sich-klein-Machen, Gefühle der Wertlosigkeit, dauernde Ungeduld und vieles mehr.

Und während es uns naturgemäß leichtfällt, uns für unsere Erfolge zu lieben, fällt es umso schwerer, dies auch im Fall des Scheiterns zu tun. Die Kunst der Selbstliebe liegt aber genau darin, sich auch dann zu lieben, wenn es gerade nicht so gut läuft: wenn wir bei einem Vorhaben versagen, das uns wichtig war; wenn unsere Kommunikation trotz aller guten Vorsätze erneut unglücklich verläuft; wenn unser Körper schneller schlapp macht als erwartet; oder wenn die eigenen Gedanken wieder mal eine Geschichte erzählen, die man nicht hören will.

Sich selbst zu lieben heißt, verständnisvoll mit sich selbst zu sein, wertschätzend über sich zu denken und mit sich umzugehen; sich nicht selbst zu geißeln oder unter Druck zu setzen; sich nicht selbst Angst einzujagen oder sich in Selbstvorwürfen nach unten ziehen zu lassen, sondern sich stattdessen selbst zu achten und sich Respekt zu zollen; geduldig mit sich zu sein; sich zu loben, zu stärken und auch mal auf die eigene Schulter zu klopfen.

Ein mit sich selbst in Liebe verbundener Mensch achtet auf seine körperlichen wie emotionalen, geistigen und seelischen Bedürfnisse. Es ist wichtig, sich selbst etwas Gutes zu tun, auf die eigene Gesundheit zu achten und verantwortungsvoll mit den eigenen Energiereserven umzugehen. Es ist wichtig, den Körper zu nähren, das Herz zu erfreuen und die Seele auf vielseitige Art und Weise zu beflügeln.

Gleichzeitig sollte man darauf achten, klare Grenzen zu ziehen. Zum Beispiel gegenüber Menschen, Situationen und Lebensumständen, die einem – nach sorgfältiger Überprüfung etwaiger Projektionen und Glaubenssätze – tatsächlich nicht guttun oder nicht mehr zu einem passen. Ein sich selbst liebender Mensch weiß, was ihm guttut und was nicht. Er übernimmt Verantwortung für das eigene Leben, sorgt sich selbst um sein Glück und gibt alles dafür, ein erfüllter Mensch zu sein.

Um solch eine Erfüllung zu erreichen, dürfen wir lernen, nachsichtig mit uns selbst zu sein und uns eigene Schwächen und Schwierigkeiten auch einmal einzugestehen. Seien wir uns ehrlich, jeder Mensch hat sie! Niemand ist gefeit vor den Schwierigkeiten des Lebens. Wir alle haben es manchmal schwer und sind mit Angst, Schmerz oder Krankheit konfrontiert. Wir Autoren, unsere Eltern, deine Eltern, dein Partner, die Unternehmerin von nebenan, der Politiker aus den Medien, deine Friseurin, dein Coach, deine spirituelle Lehrerin und natürlich du selbst.

Niemand ist perfekt, und das ist auch gut so. Genau das macht uns menschlich und jeden Einzelnen von uns einmalig und einzigartig. Verletzbar zu sein, schwach zu sein und auch mal zu verlieren, macht uns offen, weich und zugänglich. Es liegt nichts Negatives oder Verwerfliches in der Angst, im Schmerz oder im Schatten. Ganz im Gegenteil, die Verletzlichkeit gehört zum Menschsein dazu wie die Nacht zum Tag oder die Dunkelheit zum Licht. Deshalb darf das Dunkle ebenso geschätzt, umarmt und geliebt werden wie das Licht.

Eine Gesellschaft, die das Verletzbare und Schwache um jeden Preis vermeiden will, richtet mehr Unheil an, als sie dadurch zu vermeiden glaubt. Wir verleugnen uns damit selbst. Wer seine Schwäche leugnet, der beweist keine echte Stärke. Wer seine Angst leugnet, der beweist keinen echten Mut. Wer seinen Schmerz leugnet, dessen Freude kann nicht tief reichen. Und wer seine Fehlbarkeit leugnet, der wird niemals von seiner Vollkommenheit erfahren.

Doch wollen wir das? Wollen wir ewig eine Lüge leben und nur mit unserer vermeintlich guten Hälfte existieren? Nur jenen Teil von uns sehen und wahrnehmen, der uns angenehm erscheint? Wir glauben nicht, denn das alles trägt dem wahren Menschsein in keinster Weise Rechnung! Menschsein ist ein vielfältiges, facettenreiches Unterfangen. Wir kennen heiß und kalt, oben und unten, links und rechts, groß und klein, männlich und weiblich, Yin und Yang, Licht und Dunkel. Das alles, ausnahmslos alles, gehört zum Leben dazu. Deshalb hat auch unser Schatten als Summe unserer verdrängten Anteile alles Recht der Welt, endlich ans Licht unseres Bewusstseins geholt zu werden. Und dies geschieht dann, wenn wir ihn aufrichtig und ehrlich zu lieben beginnen.

8. Die emotionskompetente Gesellschaft

Eine zukunftsfähige Kultur braucht starke, kluge und vor allem emotionsbewusste Individuen. Menschen, die Verantwortung für ihre Gefühle übernehmen, anstatt aus einem verletzten Ego heraus wild um sich zu schlagen. Menschen, die ihre Schwächen kennen und sich diese auch eingestehen können. Und natürlich Menschen, die sich ihrer Stärken, Fähigkeiten und Talente bewusst sind und diese im Sinn des Gemeinwohls einzusetzen wissen. Das Beispiel zur Selbstwirksamkeit beim Präsentieren (Kapitel 7.2) hat dir ja schon einen Einblick gegeben, wieso wir als emotional befreite Menschen mehr Wirkkraft in unser Leben bringen, als wenn wir nicht frei sind.

Wenn wir unser menschliches Potenzial im großen Stil entfesseln möchten, dürfen wir die Arbeit mit unseren Emotionen nicht als reine Persönlichkeitsentwicklung sehen. Es geht um mehr als nur die Verbesserung der eigenen, emotionalen Welt. Es geht darum, dieses neue, freiere und liebevollere Bewusstsein auch mit anderen Menschen und der Welt zu teilen, damit es sich vervielfältigen und immer weiter ausdehnen kann. All jene, die sich in einem Prozess des emotionalen Erwachens befinden, haben dies vermutlich schon verstanden. Für jene, die noch am Anfang stehen, soll es eine kleine Erinnerung sein.

Unsere Mitmenschen und die uns umgebende Welt wirken ständig auf uns ein und beeinflussen damit unsere Emotionen. Im Umkehrschluss bedeutet das auch, dass wir mit unseren Emotionen ebenfalls eine Wirkung auf unsere Mitmenschen und die Welt haben. Die Entwicklung der eigenen emotionalen Kompetenz wirkt sich also immer auch auf unser Umfeld aus.

An dieser Stelle könnte man auch vom »emotionalen Fußabdruck« sprechen, den man vielleicht nicht messen, wohl aber fühlen kann. Es macht einen großen Unterschied, ob uns ein Mensch freundlich oder aggressiv entgegentritt; ob er wahrhaftig ist oder voller Zweifel; ob er apokalyptische, angstvolle Gedanken hat oder ermutigend in die Zukunft blickt. Du kennst das bestimmt, dass du aus gewissen Begegnungen gestärkt hervorgehst und aus anderen eher gelähmt oder betrübt. Es ist also nicht unerheblich, wie wir auf die Welt und andere zugehen. Wir beeinflussen unser Umfeld und dieses beeinflusst uns. Diesen Zusammenhang zwischen den inneren und äußeren Welten zu begreifen und danach zu leben, ist ein wichtiger Schritt.

Der nächste Schritt zu einer emotionskompetenten Gesellschaft besteht darin, die Erfahrungen, die wir auf dem Weg der emotionalen Reifung machen, auch mit anderen zu teilen. Oft merken die uns umgebenden Menschen ohnehin bewusst oder unbewusst, dass sich in uns etwas verändert hat und wir in gewissen Situationen anders reagieren als bisher. Sie bemerken vielleicht auch, dass sich manche unserer Werte oder Lebensprinzipien geändert haben.

Wenn wir andere Menschen im besten Sinn »anstecken« und inspirieren möchten, sollten wir unsere eigenen Erfahrungen nicht nur für uns selbst nutzen, sondern auch mit anderen teilen. Denn ein Mensch, der sich innerlich zum Positiven ändert, ist etwas Großartiges. Beflügelt dieser Mensch auch andere, wird er zum Multiplikator und kann dadurch noch viel mehr bewirken! Je mehr Menschen sich dessen bewusst sind und so verfahren, desto schneller kann die Transformation unserer Gesellschaft geschehen und ihre heilvollen, positiven Impulse zur Entfaltung bringen.

Wie könnte eine emotionskompetente Gesellschaft also aussehen? Welche kollektive Zukunft dürfen wir erwarten, wenn wir als Menschheit lernen, konstruktiv mit unseren Gefühlen umzugehen? Was passiert, wenn wir unsere Ängste und Schatten immer weiter überwinden und dadurch die Liebe zu unserer Handlungsgrundlage wird? In den nachfolgenden Kapiteln möchten wir skizzieren, wie eine wache und emotional reife Gesellschaft aus unserer Sicht aussehen könnte. Wir wollen zeigen, welches Potenzial in uns schlummert und was es für unser Zusammenleben auf diesem Planeten bedeuten würde, wenn wir es befreien und entfalten.

8.1 Mit-Gefühl in die Zukunft

Eines der größten Potenziale von uns Menschen ist unsere Eignung, mit anderen Lebewesen mitzufühlen. Wie es der Name bereits verrät, erfordert Mitgefühl die Fähigkeit des Fühlens. Ist man einer bewussten Wahrnehmung der eigenen Gefühle nicht mächtig, wird stattdessen meist nur mitgelitten. Was im ersten Moment nach ein und derselben Sache klingt, ist bei genauerer Betrachtung sehr verschieden. Und dies ist keineswegs nur eine philosophische oder rhetorische Spielerei, sondern mittlerweile auch wissenschaftlich belegt.

Im allgemeinen Sprachgebrauch werden Empathie und Mitgefühl oft als Synonyme verwendet. Die bekannte Neurowissenschaftlerin Prof. Tania Singer hat in zahlreichen MRT-Analysen jedoch herausgefunden, dass sich die aktivierten Gehirnareale von Mitgefühl und Empathie unterscheiden.[125]

Empathie meint die Fähigkeit, Empfindungen, Gedanken oder Motive einer anderen Person zu erkennen, zu verstehen und nachzuempfinden. Bei empathischen Reaktionen werden oft Bereiche im Gehirn aktiviert, die mit negativen Erfahrungen wie Schmerz oder Hilflosigkeit verbunden sind. Man leidet also buchstäblich mit, wenn der andere leidet. Bei häufiger Wiederholung solcher Empfindungen kann es daher auch zur Erschöpfung und Abstumpfung kommen.

Kommt man hingegen in einen Zustand des Mitgefühls und der altruistischen Liebe, werden Gehirnareale aktiviert, die mit positiven Gefühlen wie Mutterliebe, Hilfsbereitschaft oder auch Mut verbunden sind. Mitgefühl ist also etwas Aktives. Es ist ein Gefühl, das unsere Hilfsbereitschaft steigert und uns zum Handeln veranlasst. Man leistet Beistand, spendet Trost und sucht gemeinsam nach Lösungen, verliert sich nicht im Anderen und dessen Leid.

Die Kraft des Mitgefühls kann im Gegensatz zur Empathie nicht ermüden oder abstumpfen, sondern sogar dabei helfen, innere Balance, couragiertes Handeln und persönliche Resilienz zu entwickeln.[126] Mitgefühl ist eng verwandt mit Qualitäten wie Güte, Wohlwollen und Offenherzigkeit. Es lässt uns sozial, uneigennützig und großzügig handeln, was entsprechend wissenschaftlicher Studien auch unser eigenes, subjektives und psychisches Wohlbefinden positiv beeinflusst. Ist das nicht interessant? Es geht uns also besser, wenn wir für andere und deren Wohlergehen sorgen.

Der Mensch ist ein Beziehungswesen – und damit sind es primär auch gelingende Beziehungen, die uns glücklich machen und erfüllen. Mitgefühl liefert uns die Grundlage für solche stabilen Beziehungen, denn es erleichtert den Umgang mit Menschen und lässt uns einander verständnisvoll, offen und hilfsbereit begegnen. Des Weiteren motiviert es uns, fürsorgliche und nährende Gemeinschaften aufzubauen. – Tja, wenn das mal keine Wunder bewirken kann auf dem Weg zu einer neuen Kultur?!

Die Relevanz von Mitgefühl im sozialen Bereich dürfte damit einleuchtend sein. Doch auch was die ökologische Nachhaltigkeit und Zukunft unseres Planeten angeht, brauchen wir Persönlichkeiten, die ihr Verhalten von Mitgefühl und Menschlichkeit leiten lassen. Denn die Fähigkeit des Mitfühlens macht uns sensibel für die Gefährdung der Welt und die Verletzbarkeit des Planeten.

Mitgefühl ist das Gegenteil von Apathie. Es erlaubt uns, uns emotional an die Probleme der Gegenwart zu wagen und uns berühren zu lassen von dem, was in der Welt nicht so rosig läuft. Dabei ist Mitgefühl eben nicht nur auf die eigene Verwandtschaft und Freunde beschränkt, sondern kann sich auch auf fremde Menschen und nicht-menschliches Leben ausdehnen. Wer mitfühlend ist, kann sich in die Lage anderer Lebewesen – Menschen, Tiere oder auch Pflanzen – hineinversetzen und dadurch noch besser verstehen, was die Zerstörung von Ökosystemen für uns alle bedeutet. Genau daraus lassen sich enorme Kraft und Engagement schöpfen, etwas im Sinne dieser Lebewesen zu tun.

Mitgefühl, oder sagen wir »mit Gefühl handeln«, ist unumgänglich auf dem Weg in eine nachhaltige Zukunft! Und vielleicht kommt auch dir manchmal der Gedanke, dass unser Zusammenleben auf diesem Planeten viel besser wäre, würden wir nur mehr Mitgefühl an den Tag legen. Besonders wenn man mit gewaltdurchtränkten Schlagzeilen konfrontiert wird oder Bilder sozialer Krisen sieht, klammert sich der Geist gern an die Vorstellung, dass alles besser wäre, wenn Nächstenliebe und Menschlichkeit unser Handeln bestimmen würden. In der Praxis ist diese Haltung jedoch alles andere als leicht, gängig oder etabliert. Wie wir alle wissen, haben Gefühle in den meisten Lebensbereichen einen geringen Stellenwert. Bei den meisten von uns wurden sie von klein auf oft abgewertet und uns somit abtrainiert.

Wie kann sich also das Mitgefühl als Qualität etablieren, wenn Gefühle an sich schon tabuisiert werden? Der Philosoph und Gefühlscoach Klaus Eibach bringt dieses Dilemma im Blog von *www.ursachewirkung.com* unter dem Titel »Mitgefühl leben« auf den Punkt:

»Solange Menschen nicht bewusst über Gefühle und Mitgefühl reden, so lange kann sich keine Gesellschaft bewussten Mitgefühls entfalten … Es nützt nichts, sich über mangelndes Mitgefühl in der Welt zu beklagen, wenn wir es nicht selbst in die Welt tragen. Solange Gefühle in der Schule ein Tabuthema sind, so lange ist auch Mitgefühl ein Tabuthema …«

Es liegt also in unseren Händen, wie die Zukunft des Miteinanders auf diesem Planeten aussehen wird. Wir allein sind dafür verantwortlich, ob wir uns Mitgefühl nur wünschen oder diese Qualität auch tatsächlich in unserem Leben etablieren und anderen zuteilwerden lassen.

In der emotionalen Gleichgültigkeit liegt eine der größten Gefahren für die Zukunft. Aber genau dort, wo Gefahr steckt, findet man meist auch das höchste Potenzial für eine grundlegende Veränderung. Diese Veränderung verlangt das ehrliche Bemühen von jedem Einzelnen von uns. Denn Mitgefühl ist keine Strategie. Es kann nicht verordnet werden, und auch keine App wird es uns je beibringen. Mitgefühl ist eine emotionale Kompetenz, die für das Gelingen einer guten Zukunft in hohem Maß erforderlich ist. Wir können diese Empfindung nicht nur von anderen einfordern, sondern müssen sie auch in uns selbst entwickeln. Der beste Weg dorthin ist jener, zuerst einmal ein tiefes Mitgefühl für sich selbst zu kultivieren. Wenn diese Haltung irgendwann selbstverständlich wird, dann wird sie ganz automatisch auch zu anderen Menschen und in die Welt hinausströmen.

Ü: Metta-Meditation

Diese buddhistische Meditation ist sehr alt und wird praktiziert, um Mitgefühl, liebende Güte, Freundlichkeit und Verbundenheit mit allen Wesen zu kultivieren. Sie besteht aus vier Sätzen bzw. Segenssprüchen, die man an sich selbst sowie an verschiedene Gruppen richtet.

Als Vorbereitung fokussierst du dich auf deinen Herzraum. Du atmest einige Mal in dein Herz hinein und aus deinem Herzen wieder aus. Schließe die Augen und sinke nach innen.

Du kannst die folgenden vier Sätze entweder laut aussprechen oder in Gedanken sagen. Wichtig ist, diese Sätze wirklich zu fühlen und sie mit dem Herzen auch so zu meinen.

- Möge ich in meinem Herzen wohnen.
- Möge ich glücklich sein.
- Möge ich mich gesund und geborgen fühlen.
- Möge ich unbeschwert und friedvoll durchs Leben gehen.

Als Nächstes sendest du diesen Segen einer Person, die du liebst. Sprich wieder die vier Sätze:

- Mögest du in deinem Herzen wohnen.
- Mögest du glücklich sein.
- Mögest du dich gesund und geborgen fühlen.
- Mögest du unbeschwert und friedvoll durchs Leben gehen.

Nun wende dich hin zu einer Person, mit der du gerade Schwierigkeiten hast. Vielleicht jemand, der dich verletzt hat oder wo ein Konflikt schwelt. Sprich wieder die vier Sätze: »Mögest du ...«.

Als Nächstes sendest du den Segen an deine Familie und Freunde. Also alle, die dir im Leben nahestehen. Segne sie, indem du erneut die vier Sätze sprichst: »Möget ihr ...«.

Im fünften Schritt dehnst du den Segen auf alle Menschen dieser Welt aus. Versuche im Herzen zu fühlen, wie dein Segen zu allen Menschen fließt. Sprich die vier Sätze: »Mögen alle Menschen …«.

Zum Abschluss schickst du deine liebende Güte noch einmal zu allen Wesen in allen Welten:

- Mögen alle Wesen in allen Welten in ihrem Herzen wohnen.
- Mögen alle Wesen in allen Welten glücklich sein.
- Mögen sich alle Wesen in allen Welten gesund und geborgen fühlen.
- Mögen alle Wesen in allen Welten unbeschwert und friedvoll durchs Leben gehen.

Spüre jetzt noch mal nach, wie du dich fühlst. Spüre in dein geöffnetes Herz hinein. Fühle die Verbindung zu deinen Mitmenschen und zur Natur. Genieße den Zustand der Sanftheit und Güte. Und wenn du so weit bist, komme zurück ins Hier und Jetzt und öffne in deinem individuellen Tempo die Augen.

8.2 Im Dialog mit Andersdenkenden

Wie wir bereits ausführlich beschrieben haben, sehen wir im Wert des Miteinanders einen wichtigen Schlüssel für die Zukunft. Damit dieses Miteinander funktionieren kann, braucht es Menschen, die auch mit schwierigen Situationen umgehen können; die für die eigenen Werte einstehen und auch die Werte des Gegenübers respektieren; die ihren inneren Impulsen Raum geben und dennoch achtsam im Ausdruck bleiben. Menschen also, die im Dialog mit Andersdenkenden stets das Verbindende suchen, anstatt die vermeintlichen Gegensätze hervorzuheben.

Dies alles ist kein leichtes Unterfangen. Nicht jeder behält im Konfliktfall die Nerven und bleibt achtsam in Wort und Tat. Diese Qualitäten braucht es jedoch für das Gelingen eines kollektiven Wandels, in ihnen steckt ein unglaublich großes Potenzial, um gemeinsam die Welt von morgen aufzubauen.

Wir möchten dir anhand von drei Geschichten erzählen, wie solch ein Aufeinandertreffen der Gegensätze aussehen und welch gewaltige Wirkung dabei erzielt werden kann.

Interkultureller Dialog –
Vergebung als Brücke zwischen den Kulturen

Wie fühlen sich Eltern, deren Tochter ermordet wurde? Wie gehen sie damit um, wenn sie den Tätern im Gerichtssaal plötzlich gegenüberstehen, und was tun sie, wenn diese nach dem Prozess auf freien Fuß gesetzt werden? So erging es dem kalifornischen Ehepaar Peter und Linda Biehl, deren Tochter Amy von Jugendlichen erstochen wurde.[127]

Gehen wir zurück ins Südafrika der 1990er-Jahre. Die Apartheid stand kurz vor ihrem Ende und schon bald sollten die ersten demokratischen Wahlen abgehalten werden. Die junge Studentin Amy war als Entwicklungshelferin nach Kapstadt gereist und wollte die Wahlvorbereitungen vor Ort unterstützen. Doch nicht alle Bürger standen der Demokratie freundlich gegenüber. Der Panafrikanische Kongress (PAC), eine der radikalsten Widerstandsbewegungen, befand die Zugeständnisse an die Weißen als zu groß und wollte die Wahlen boykottieren.

»Macht die Townships unregierbar!« Mit dieser Parole im Rücken verließen fünfzig Jugendliche am 23. August 1993 eine Versammlung des PAC, als plötzlich eine weiße Amerikanerin im Auto um die Ecke bog. Sofort flogen Steine, durchbrachen die Windschutzscheibe und trafen Amy am Kopf. Als die junge Frau aus dem Auto in Richtung einer Tankstelle flüchten wollte, zückten zwei junge Männer ein Messer und stachen auf sie ein.

»Wir haben sie getötet, weil sie weiß war.«[128] Mit diesem Satz gestehen Easy und Tobeko vier Jahre später die Tat vor der Wahrheits- und Versöhnungskommission. Linda und Peter Biehl sind für den Prozess extra nach Südafrika gekommen und treffen dort zum ersten Mal auf die Mörder ihrer Tochter. Die Gefühle, die Linda dabei hat, wird sie später als »vollkommene Leere« beschreiben. Kein Hass, keine Wut, einfach nur eine große Leere. Doch von nun an wendet sich das Blatt und es passiert etwas Außergewöhnliches: Nicht nur vergeben die Eltern den Tätern und setzen sich für deren Freilassung ein, sie geben ihnen sogar die Chance auf eine echte Rehabilitierung.

Das Ehepaar aus Kalifornien zieht nach Südafrika und gründet dort eine Stiftung für Kinder und arbeitslose Jugendliche. Auch Easy und Tobeko werden eingestellt und arbeiten noch heute für die mittlerweile über hundert Mitarbeiter zählende Organisation. Während Easy sich im Schulfußball engagiert, ist Tobeko für Jobtrainings zuständig und hilft jungen Leuten bei der Geschäftsgründung. Außerdem besuchen Tobeko und Linda immer wieder Gefängnisse und andere Einrichtungen, wo sie ihre Geschichte der Versöhnung erzählen. Aus dem Schmerz ist eine Beziehung hervorgegangen. Für Linda sind die einstigen Täter zu Söhnen geworden, und Easy und Tobeko nennen sie liebevoll Makhulu, was übersetzt Großmutter bedeutet.

Auf die Frage, warum Linda den beiden eine zweite Chance gegeben hat, antwortet sie meist damit, dass ihre Tochter es genauso gewollt hätte. Darüber hinaus sei Vergebung nicht nur altruistisch, wie der Leiter der Versöhnungskommission, Desmond Tutu, ehemaliger Erzbischof von Kapstadt und Friedensnobelpreisträger, aus seinen Erfahrungen immer wieder bestätigt. Wenn die Opfer imstande sind, den Tätern zu vergeben, liegt dies auch im Eigeninteresse und unterstützt sie beim Prozess des Trauerns. »Das Opfer hört auf, Opfer zu sein, und wird wieder zur handelnden Person.« Dies hilft wiederum den Tätern, sich auch selbst die Tat zu vergeben und ein neues Leben zu beginnen.

Interreligiöser Dialog – Zusammenhalt über die Religionen hinweg

Religion ist kein einfaches Feld. Viele Religionen haben eine teils sehr grausame Geschichte, und auch heute noch kann man täglich in den Nachrichten mitansehen, wie Gläubige anderen Gläubigen schweres Leid zufügen, alles »im Namen der Religion«. Da verwundert es nicht, dass viele Menschen, egal ob gläubig oder nicht, beim

Aufkommen dieses Themas schnell emotional reagieren und die Religion per se als etwas Trennendes empfinden. Doch das muss nicht so sein, wie wir im Folgenden aufzeigen möchten.

Während wir in Mitteleuropa nur selten mit religiösen Gewalttaten zu tun haben, ist Gewalt im Namen des Glaubens anderswo an der Tagesordnung. Man denke nur an die zwei Bombenanschläge auf koptische Kirchen im Vorfeld der Osterfeiertage 2017 in Ägypten. 44 Menschen starben und die Terrororganisation Islamischer Staat (IS) rief in Videos zu weiteren Gewalttaten auf.[129] Anstatt der Angst nachzugeben und diese Aufrufe zu verdrängen, entschieden sich viele Muslime, in die Offensive zu gehen und ihren christlichen Brüdern und Schwestern zur Seite zu stehen. Die beeindruckendsten Geschichten lieferte damals wohl das Land Jordanien. Dort gab es eine regelrechte Bewegung von muslimischen Freiwilligen, die sich zu Ostern 2017 vor Kirchen versammelten, um den Christen ein sicheres Feiern zu ermöglichen. Sie halfen bei den Sicherheitskontrollen, standen vor den Kirchen Tag und Nacht Wache und zeigten damit in aller Öffentlichkeit ihre Verbundenheit und Solidarität mit den Christen ihres Heimatlands.

Ein ebenso starkes Zeichen im Dialog der vermeintlichen Gegensätze setzte die neuseeländische Premierministerin Jacinda Ardern. Als 2019 ein rassistisch motivierter Anschlag auf zwei Moscheen fünfzig Menschen das Leben kostete, durchkreuzte sie die Strategie der Exklusion.[130] Mit tiefem Mitgefühl und einer starken Symbolpolitik stellte sich Ardern im schwarzen Kopftuch vor die TV-Kameras und begann ihre Ansprache mit der Friedensbotschaft »As-Salaam alaikum«. In den weiteren Tagen nahm sie immer wieder muslimische Frauen in ihre Arme und verbrachte auch ohne Kameras viel Zeit im Gespräch mit den Hinterbliebenen. Sofort kündigte sie strengere Waffengesetze an und machte klar, dass sie den Namen des rassistischen Attentäters nie in den Mund nehmen werde. Ihre Klarheit und ihr Mitgefühl hatten eine unglaubliche Wirkung auf die Bevölkerung. Überall im Land kam es zu Friedenskundgebungen, wo Imame und Priester Hand in Hand zum Gebet aufriefen und viele Frauen tagelang einen schwarzen Hidschab als Zeichen ihrer Anteilnahme trugen. Von der internationalen Presse wurde Jacinda Ardern darüber hinaus zum empathischsten Staatsoberhaupt des Planeten gekürt. Ja, es ist erstaunlich, was ehrliches Mitgefühl alles bewirken kann!

Interpolitischer Dialog – Grundlage für kooperatives Handeln

Wir haben zuvor (Beginn von Kapitel 7) bereits den Philosophen René Descartes erwähnt und dass seine Thesen dazu führten, Emotionen als Laster des menschlichen Daseins zu verstehen. Doch so einseitig wollen wir diesen weisen Herrn in unserem Buch nicht dastehen lassen. Einerseits hatte Herr Descartes nur einen bedingten Einfluss auf die jahrhundertelangen Interpretationen seiner Aussagen. Andererseits haben seine Ideen auch viel Gutes, nein, Herausragendes bewirkt. Nehmen wir eines seiner wegweisenden Zitate zur Hand: »Ich bin zwar anderer Meinung als Sie, aber ich würde mein Leben dafür geben, dass Sie Ihre Meinung frei aussprechen dürfen.«

Dieses grundlegende Prinzip freier Gesellschaften mag uns heutzutage nicht mehr allzu tief bewegen. Trotzdem wird es nur in ganz wenigen Staaten umgesetzt, und wir in Europa dürfen dankbar sein, in solch einem freien Teil dieser Erde zu leben. Dass auf unserem Kontinent immer mehr Menschen ohne Angst ihre Meinung äußern dürfen, liegt nicht zuletzt am größten interpolitischen Projekt unseres Planeten – der Europäischen Union.

Natürlich ist die EU in vielen Belangen kein Staatenbund im Sinn eines neuen Bewusstseins. Man findet im Handumdrehen Dutzende Themen, wo die EU als machtpolitische und wirtschaftsgetriebene Institution vielen zukunftsfähigen Ideen im Weg steht oder diese sogar bekämpft. Wir Autoren sind uns dieser Tatsache bewusst und stehen vielen »europäischen« Entscheidungen skeptisch gegenüber.

Aber versuchen wir doch mal, das Glas halb voll und nicht halb leer zu betrachten. In kaum einer anderen Region der Welt ist es möglich, sich derart frei zu bewegen und frei seine Meinung zu äußern. Kein anderes politisches Projekt schafft es, die Meinungen aus weit über zwanzig verschiedenen Ländern und Kulturkreisen immer wieder unter einen Hut zu bringen. Und in keinem anderen Staatenbund wird so sehr Rücksicht genommen auf die Bedürfnisse und Eigenheiten von über 450 Millionen Menschen.

In einer alten und machtpolitischen Sichtweise wird die EU gern als lahm und entscheidungsunfähig dargestellt. Im positiven Sinn könnte man sie genauso gut als behutsam, besonnen und gemeinschaftlich bezeichnen. Bestimmt sind nicht alle Volksvertreter in Brüssel Koryphäen in Sachen emotionale Kompetenz, und viele verdrängen wohl die meisten ihrer Gefühle im Glauben, dass Politik nur so funktionieren könne. Dennoch sollte man auch anerkennen, dass für den Zusammenhalt eines solch großen Staatenbunds ein gewisses Maß an Mitgefühl und Offenheit bei den europäischen Politikern vorhanden sein muss. Denn ohne die Fähigkeit, sich in andere Länder und Kulturen einzufühlen, lässt sich keine derart komplexe Gemeinschaft aufrechterhalten.

Die Europäische Union ist keine emotional kompetente Organisation, aber es gibt durchaus Hoffnung, dass sie irgendwann eine werden könnte. Je klarer und mitfühlender sie agiert, desto besser wird sie ihre Krisen meistern. Je öfter und tiefer sie sich reflektiert, desto stabiler und resilienter wird sie werden. Je mehr Entscheidungsmacht sie den Bürgern einräumt, desto näher wird sie an das herankommen, was wir Europäer tief im Herzen unter Gemeinschaft verstehen.

Ob man die EU nun mag oder nicht, ist streng genommen völlig belanglos. Allein die Idee einer europäischen Gemeinschaft, des Miteinanders, ist größer und wichtiger als das individuelle Empfinden von Mögen und Nicht-Mögen.

Wer sich den Fortbestand unserer Spezies wünscht, muss sich auch die Lösungen unserer immer dringlicheren Umweltprobleme wünschen. Viele europäische Staaten haben zweifellos zu diesen Problemen beigetragen. Doch gemeinsam sind sie auch imstande, diese wieder zu lösen. Einzelstaaten allein werden dieses Vorhaben nicht schaffen. Als größter Wirtschaftsraum dieses Planeten ist die Europäische Union als Ganzes aber sehr wohl imstande, den entscheidenden Schwenk in Richtung Nachhaltigkeit anzustoßen.

8.3 Das befreite Potenzial

Zu guter Letzt wollen wir uns in diesem Kapitel nochmals in Erinnerung rufen, was wir über Ängste und ihren Bezug zur Nachhaltigkeit erläutert haben. Du erinnerst dich bestimmt, wie sehr

- die Angst vor **Mangel** unsere Gier befeuert,
- die Angst vor **Veränderung** wichtige Fortschritte lähmt,
- die Angst vor **Machtlosigkeit** uns den Kopf in den Sand stecken lässt,
- die Angst vor **Wertlosigkeit** uns dazu verleitet, unseren Selbstwert in materiellen Dingen zu suchen,
- die Angst vor **Ausgrenzung** uns daran hindert, für wichtige Werte abseits der konventionellen Meinung einzustehen, und
- die Angst vor dem **Scheitern** uns abhält, die eigenen Ideen und Ziele in die Tat umzusetzen.

Dass diese und andere Ängste einer nachhaltigen Zukunft entgegenstehen, ist eine der zentralen Botschaften unseres Buchs. Wir wollen aber nicht nur schlecht über Ängste reden, denn hinter jeder Angst verbirgt sich meist auch ein großer Schatz. Jede Angst trägt eine Möglichkeit zum Wachsen in sich, ein Potenzial, das nur darauf wartet, von uns befreit und gelebt zu werden.

Darum wollen wir abschließend den Blick in eine Zukunft wagen, in der dieses Potenzial bereits freigesetzt wurde. Wie könnte unsere Welt aussehen, wenn die Mehrheit der Menschen wie selbstverständlich am eigenen Schatten arbeitet und alte Glaubenssätze und Muster stets zu hinterfragen versucht? Wie funktioniert wohl unsere Gesellschaft, wenn sie aus der Pubertät gekommen und langsam zu einem erwachsenen Bewusstsein herangereift ist? Wie könnte solch eine wache Gesellschaft aussehen und handeln?

Mangel: Stell dir eine Welt vor, in der die Gierigen ihre Sucht nach mehr erkennen. Anstatt mit immer neuen Dingen ihren Mangel zu überdecken, begreifen sie das Leben als einen Fluss aus Geben und Nehmen – und beginnen, es in all seiner Fülle zu genießen. Diese Fülle verlangt nicht nach ständig neuen Erfahrungen noch materiellen Gütern. Fülle ist ein inneres Gefühl, ein Seinszustand. Es bedeutet, zufrieden zu sein und vor innerer Freude überzusprudeln. Diese Quelle ist stets im Überfluss vorhanden und kann nie versiegen. Wer solch ein Gefühl in sich trägt, ist auf äußere Fülle nicht mehr angewiesen und kann sie dennoch auskosten. Und zwar genau in jenem Maß, in der sie unser wunderbarer Planet auch bereitstellen kann.

Veränderung: Wohin würde unsere Gesellschaft gelangen, wenn immer mehr Leute ihre Angst vor Veränderung ablegen? Wenn sie erkennen, dass Veränderung ein natürlicher Prozess ist und zum Leben dazugehört? In voller Wertschätzung für das, was war, öffnen sie sich dem, was ist, und vor allem auch dem, was sein könnte. Diese Öffnung bewirkt ein inneres und ein äußeres Feuerwerk zugleich. Denn wer die Utopie im Kopf zulässt, ebnet ihr damit den Weg für die Umsetzung. Aus zurückhaltenden Bremsern werden begeisterte Antreiber – solche, die sowohl zum Möglichen als auch zum scheinbar Unmöglichen den nötigen Bezug haben.

Machtlosigkeit: Stell dir vor, all die Schlafenden würden aus ihrer Ohnmacht erwachen und in ihre Wirkkraft kommen. Das andauernde Warten auf den besten Zeitpunkt ist dann nicht mehr nötig. Sie erkennen, dass sie für den Wandel mitverantwortlich sind und dass der richtige Moment oft näher ist als gedacht. Aus dem Irrglauben, allein ohnehin nichts ändern zu können, erhebt sich der Mut, den ersten Schritt zu wagen. So wird die gefühlte Machtlosigkeit zur echten Ermächtigung, und damit stecken sie auch Leute um sich herum an. Das Gefühl der Macht nutzen sie stets auf Augenhöhe mit den anderen. So erkennen immer mehr Menschen, wie wertvoll der eigene Beitrag ist und wie viel man als Einzelner tatsächlich bewegen kann.

Wertlosigkeit: Denk an all die vermeintlich »Wertlosen«, die ihre Suche nach äußerer Anerkennung als Abwehrmechanismus eines tiefen Schmerzes entlarven. Keine Arbeit, kein Luxusartikel und kein Lob sind mehr nötig, um sich selbst als wertvoll zu sehen. Ihre tiefe Selbstliebe lässt sie auch in den schweren Stunden nicht mehr am eigenen Wert zweifeln. Sie lernen sich für das zu schätzen, was sie eben sind: wunderbare, kreative und liebevolle Wesen! Intrinsisch motiviert verfolgen sie von da an genau jene Ziele, die sie schon immer erreichen wollten. Sie glauben an sich und ihre Träume. Und weil sie den unanfechtbaren Wert ihrer selbst erkannt haben, wissen sie auch um den intrinsischen Wert aller anderen.

Ausgrenzung: Betrachten wir jene, die bislang um jeden Preis dazugehören wollten. Sie machen nicht mehr wie gewohnt mit und halten schön brav den Mund, sondern beginnen entsprechend ihren Werten und Überzeugungen zu handeln. Sie erheben die eigene Stimme, ganz ohne Angst vor einer möglichen Ausgrenzung. Sie wissen: Wer seinem Herzen folgt, wird Menschen anziehen, die dies ebenso tun. Das bestärkt sie auch in den einsamen Stunden des Lebens. Die wiedergewonnene Autorität stärkt nicht nur sie selbst, sondern ist auch der Demokratie sehr dienlich – denn eine offene und demokratische Gesellschaft lebt von Menschen, die ihre Meinung kundtun, die wertschätzend, gütig und gleichzeitig klar und selbstbestimmt sind. Wenn erst einmal all die Schweigenden zu reden beginnen, ist eine Kultur des echten, allumfassenden Miteinanders nicht mehr allzu weit entfernt.

Scheitern: Stell dir zuletzt vor, dass all die Kreativen, Querdenker und Visionäre ihre Angst vor dem Scheitern ablegen. Dass all die Managerinnen, Politiker und Wissenschaftlerinnen wieder beginnen, an sich und ihre einstigen Visionen zu glauben. Es braucht oft nur einen Funken, bis das Feuer für die eigenen Ideen und Utopien wieder zu brennen beginnt. Kein Scheitern kann sie mehr davon abhalten, das Beste zu fordern und daran zu arbeiten, es auch zu erreichen. Und zwar für uns alle! Womöglich brauchen sie einige Anläufe, um ihre Wünsche umzusetzen. Jedes Scheitern ist aber auch mit Wachstum verbunden. Und so bleiben sie dran, ehe ihnen irgendwann genau das gelingt, was sie sich schon immer gewünscht haben. Ein guter, aber ungelebter Plan wird sie niemals erfüllen. Erst mit der Umsetzung des Plans in die Tat beginnt die Freisetzung des eigenen Potenzials. Wer sein Potenzial zu leben beginnt, wer seine Fähigkeiten und Talente mit anderen teilt, macht sich selbst zum größten Geschenk an diese, unsere Welt.

TEIL IV

Weltbild der Verbundenheit

9. Die spirituelle Krise der Menschheit

Wenn du bis hierher mit Wohlwollen gelesen hast, bist du vermutlich ein Mensch, der das Leben neben den äußeren Erfahrungen auch als inneres Erlebnis begreift. Im Sinne dieses Buchs bedeutet dies, dass du die Bereitschaft hast, den Eisberg (siehe Kapitel 2.3) von oben nach unten durchzugraben und dabei auch den schmerzhaften Aspekten ins Auge zu sehen. Und so bist du im besten Fall deinem inneren Schweinehund begegnet, hast deine persönlichen Wertvorstellungen reflektiert, Teile des eigenen Schattens erkannt und auch liebevoll angenommen. Wenn du diesen Weg in deinem Leben bereits gegangen bist, kannst du wahrlich zufrieden mit dir sein. Denn wir wissen nur zu gut, wie hart und anstrengend der Weg zu innerer Erkenntnis manchmal ist.

Wir müssen dir an dieser Stelle jedoch mitteilen, dass es auch die nächsten Seiten noch mal ordentlich in sich haben und wir dich erneut gehörig herausfordern möchten. Wir befinden uns vor dem letzten großen Tor unserer Reise – und wenn du bereit bist, dann treten wir in jene Dimension ein, die unseren größten Schmerz, aber auch die größte Hoffnung für eine regenerative Zukunft in sich birgt. Wir steigen hinab zu den Wurzeln aller Dinge, an den Ursprung unserer Existenz und stellen uns den tiefen philosophischen und spirituellen Fragen des Lebens.

Wenn du dich in der Vergangenheit bereits für das Mysterium des Lebens geöffnet hast, wirst du diese Seiten vermutlich mit Freude lesen. Hast du hingegen noch die ein oder anderen Vorbehalte beim Wörtchen Spiritualität, möchten wir dich ermutigen, dennoch mit Offenheit und Neugierde an die Texte heranzugehen. Neue Dinge verlangen stets nach Offenheit. Und wenn es um tief vergrabene, mystische und häufig missbrauchte Themen wie Glauben, Religion oder Spiritualität geht, tja, dann verlangt das noch etwas mehr Offenheit und Aufmerksamkeit als sonst.

Im Namen der Religionen sind viele Kriege geführt und der Menschheit unzählige Wunden zugefügt worden. Unsere Körper wurden gezüchtigt und lieblos behandelt, unser Geist wurde durch Schuld und Angst kleingehalten und die ganze Welt wurde eingeteilt in wir und die anderen, in Gut und Böse, Gott und Teufel, Himmel und Hölle. Diese Traumen haben uns und unsere Gesellschaft geprägt und sitzen bis heute tief.

Auch im Namen der Esoterik ist in den letzten Jahrzehnten nicht gerade wenig Schindluder getrieben worden. Man verkaufte uns allerhand Zaubermittelchen zum teuren Preis, spielte mit unserer Gutgläubigkeit und wollte uns einreden, dass nur dieser oder jener Guru uns zur Erleuchtung führen könne. Viele dieser Entwicklungen haben zur spirituellen Krise des Menschen beigetragen. Dabei könnte uns ein spirituelles Verständnis von Religion oder die Vorstellung, dass es etwas weit Größeres, Umfassenderes gibt als uns Menschen, eine starke Motivation für die Bewahrung der Schöpfung sein!

Bis heute fällt es vielen Menschen schwer, sich für ihre tiefere Wahrheit, ihren tieferen Kern zu öffnen. Die wenigsten wissen, wer sie am Grund ihres Herzens und am Grund ihrer Seele wirklich sind. Wir wenden uns diesen Aspekten ja gar nicht mehr zu – wir leben in einer Welt, die den Fokus auf Äußerlichkeiten legt: auf den Körper, das Aussehen, die Kleidung, das Auto, die Wohnung, Besitz, Ansehen, Erfolge, Status. Das Äußere ist ständig präsent. Das Feinstoffliche und Mystische in uns haben wir indessen vollkommen verdrängt. Die Verbindung zu dem, was uns tief drinnen ausmacht – unser Wesen, unsere Essenz, unsere Seele – haben wir gekappt.

Was im ersten Moment danach klingt, als hätte es nur Auswirkungen auf unser inneres Wohlbefinden, ist in Wirklichkeit viel weitreichender. Wir sind davon überzeugt, dass die ökologischen wie auch die sozialen Probleme auf unserem Planeten im Endeffekt ein Ausdruck dieser Krise sind. Ausdruck einer spirituellen Krise des Menschen und der verlorenen Verbundenheit mit uns selbst und unserer Mitwelt.

Je tiefer wir gehen und nach dem Grund von Krisen fragen, desto mehr werden wir erkennen, dass es oft nur ganz wenige Umstände sind, auf die sich unsere Probleme zurückführen lassen. Wenige, dafür tief eingravierte Glaubenssätze, die wir unser Leben lang in uns tragen und die unsere Sicht der Welt bestimmen. Damit ist es an der Zeit, uns der spirituellen Dimension der Nachhaltigkeit zuzuwenden.

Wir werden hier erörtern, warum in der fehlenden Anbindung an das »große Ganze« ein Grundproblem der Nachhaltigkeit liegt. Zusammen werden wir erkunden, wie die spirituellen Probleme unserer Zeit aussehen und was wir tun können, um Heilung auf allen Ebenen zu erfahren, neuen Sinn für unser Leben zu finden und wieder in den Kreislauf des lebendigen Seins eingebunden zu sein.

9.1 Die Illusion der Trennung

Wir wollen nicht lange um den heißen Brei herumreden, sondern servieren dir direkt die »Quelle allen Übels«. Unserer Ansicht nach liegt diese in der Überzeugung, dass wir getrennt voneinander seien; in der Idee, wir könnten unabhängig voneinander existieren. In einem Weltbild der Trennung glauben wir an ein eigenständiges Selbst und daran, dass wir als isolierte Individuen vom Rest der Welt vollkommen getrennt existierten. Ich bin ein Fleischklops und du bist ein anderer Fleischklops – Ende der Geschichte! Diese in unserer westlichen Welt vorherrschende Sichtweise macht es schwer, den Blick auf größere Zusammenhänge zu richten, die hinter dem Offensichtlichen liegen. Dadurch sind wir nicht mehr imstande zu sehen, dass in dieser Welt alles mit allem auf einzigartige Weise verbunden ist, sowohl auf materiell-biologischer als auch auf geistig-spiritueller Ebene.

Als biologische Wesen sind wir existenziell abhängig von unseren Mitmenschen, von allen Mikroorganismen, Pflanzen, Tieren und allen Ökosystemleistungen, die uns das Leben in Form von Sauerstoff, Wasser oder Nahrung überhaupt erst ermöglichen. Jedes

Lebewesen hat in diesem großen Zusammenspiel seine ganz eigene Rolle, und eine zu starke Dysbalance wirkt sich auf den gesamten Kreislauf aus. Die Geschichte hat uns dies schon oft gezeigt, wie wir am Beispiel des heimischen Bienensterbens oder des Geiersterbens in Indien bereits erläutert haben.

Beim Verlust der Arten, aber auch am Klimawandel sehen wir nur zu deutlich, wie tief wir in der Illusion der Trennung gefangen sind. Wie wir in Europa wirtschaften und welche Produkte wir konsumieren, hat einen gewaltigen Einfluss auf das Klima und das Leben der Menschen am anderen Ende des Erdballs. Die energie- und ressourcenintensiven Produktionsweisen der westlichen Welt verursachen Treibhausgase, die vor allem in jenen Ländern negative Konsequenzen nach sich ziehen, die diese Emissionen nicht oder nur zu einem geringen Teil verursacht haben. In großen Teilen Afrikas leben viele Menschen von der Landwirtschaft, die wiederum vom Regen abhängig ist. Wegen der globalen Erwärmung haben sich die Niederschlagsmuster in den vergangenen Jahrzehnten allerdings drastisch verändert, das Wetter ist unberechenbar geworden.[131] Die Landwirte können ihr traditionelles Wissen über den Regen und das Klima nicht mehr anwenden, was die Produktivität beeinflusst und in vielen Teilen Afrikas zu einer unsicheren Ernährungslage führt.

Das mag wie eine große Ungerechtigkeit aussehen – und ja, das ist es auch! Gleichzeitig führt es uns einmal mehr vor Augen, dass die Erde ein Ganzes ist und keine Ländergrenzen oder nationalen Verantwortungen kennt. Es ist der Atmosphäre vollkommen egal, wo die Treibhausgase emittiert werden. Letztlich kommt alles in einer Schicht zusammen und resultiert im globalen Treibhauseffekt. Und damit verlangen globale und vernetzte Probleme auch globale und vernetzte Lösungen!

In Anbetracht der Globalisierung gibt es heute kaum etwas, was wirklich isoliert betrachtet werden kann. Dennoch haben wir nichts Besseres zu tun, als weiterhin auf nationalstaatlicher Ebene darüber zu streiten, wie viel jeder einzelne Staat beitragen müsse, um irreversible Schäden zu vermeiden. Von der eigentlich erforderlichen

Weltgemeinschaft, die sich als EINE Menschheit auf EINEM Planeten begreift, sind wir leider weit entfernt.

Wir müssen erkennen, dass in unserer Welt alles voneinander abhängig ist. Nichts ist teilbar oder kann für sich allein existieren! Nicht nur die Natur, auch unsere Gesellschaft besteht aus einer unzählbaren Menge an weltumspannenden Beziehungen zwischen Individuen, Institutionen, Unternehmen, Ländern, Nationen, Kontinenten etc. Wir sind kulturell, ökonomisch, sozial, digital und damit existenziell aufs Engste miteinander vernetzt. Wie kann es da sein, dass wir in einer so hochkomplexen und stark verflochtenen Welt noch immer an getrennte Souveräne glauben und so handeln, als hätten wir mit anderen Menschen, Ländern oder der Natur nichts am Hut?

Die tiefere Realität, in der wir leben, ist Verbundenheit. Die Trennung hingegen, die wir in unserem Geiste vornehmen, ist eine menschliche Erfindung – eine bloße Illusion. Auf den ersten Blick erleichtert uns diese vermeintliche Trennung natürlich die Handhabung des täglichen Lebens. Wir können die Dinge dadurch einteilen, einordnen und analysieren. Gleichzeitig jedoch verdeckt sie – wie es Illusionen nun mal tun – eine tiefere Wahrheit. Daraus resultiert eine gefährliche Kluft, die im Sinn unseres Überlebens und im Sinn unserer kulturellen Evolution überwunden werden muss. Wenn wir nämlich so handeln, als wären wir voneinander unabhängig und getrennt, obwohl wir einander in Wahrheit wechselseitig bedingen, hat das verheerende Auswirkungen. Und zwar genau jene, die wir aktuell an allen Ecken und Enden unserer Welt zu sehen bekommen.

Das Erkennen der wechselseitigen Verbundenheit und der vielschichtigen Zusammenhänge wird somit zu einer zentralen Voraussetzung für eine nachhaltige und zukunftsfähige Entwicklung.

Alles ist eins!

Es ist gut zu wissen, dass sich die Zerlegung der Welt, die fast 500 Jahre lang als die einzig wahre philosophische und naturwissenschaftliche Position galt, allmählich zu ändern beginnt. Seit etwa einem halben Jahrhundert findet das vernetzte und systemische Denken wieder stärker Einzug in die Wissenschaft. Auf geistig-spiritueller Ebene ist die Illusion der Trennung hingegen schon seit Tausenden Jahren ein Begriff. Weshalb wir uns auch bei ökologischen und sozialen Problemstellungen die Frage erlauben sollten, ob nicht auch spirituelle Ansätze und Zugänge eine wesentliche Hilfestellung in Richtung Zukunft bieten können?

Seit Ewigkeiten lehren alle spirituellen Lehrer dieser Welt nichts anderes: »Erinnere dich: Alles ist eins! Wir kommen aus dem großen Ganzen und wir gehen dahin zurück. Es gibt nichts, was außerhalb davon jemals existiert hat oder je existieren wird.« Ob Jesus, Buddha oder Krishna, in einer Sache waren sich alle einig: Es gibt ein übergeordnetes Prinzip, in das jeder einzelne Mensch, jedes Tier, jede Pflanze, jeder Stein, jeder Planet und das gesamte Universum liebevoll eingebunden sind.

Ob du daran glaubst oder nicht, religiös bist oder nicht, spielt keine Rolle. Es geht nicht um Religion oder Glauben, sondern um eine erfahrbare Realität der persönlichen Anbindung an ein größeres Netz des Lebens. Es geht um ein erlebbares Gefühl, das einen die Verbundenheit mit allen Lebewesen, dem Planeten und dem Universum spüren lässt; ein Sinngefüge, das über den Einzelnen und seine begrenzte Wahrnehmung weit hinausreicht.

Kognitiv können wir das weder verstehen noch erfassen, und jene Menschen, deren Denken stark rational geprägt ist, werden hier vermutlich aufschreien. Doch was, wenn wir uns einfach entspannen, unseren von Gedanken gesteuerten Verstand etwas zurücknehmen und uns dem Mysterium des Lebens öffnen? Wenn wir mit unserem Herzen zu fühlen beginnen und wahrnehmen, dass wir eigentlich alle aus derselben Substanz bestehen und am Urgrund unseres Seins miteinander verbunden sind? So wie die Finger einer Hand, die irgendwie individuell aussehen, aber alle Teil der einen Hand sind; oder die Wellen des Ozeans, die sich einzeln emporheben, aber Teil des großen Ozeans sind; oder die Seiten eines Diamanten, die verschiedenen geschliffen wurden, aber zum selben kostbaren Stein gehören; oder die Instrumente eines Orchesters, die zwar einzeln gespielt werden, aber nur zusammen eine Sinfonie ergeben. Genauso sind auch wir Menschen und alles, was lebt, Teil der einen Erde und des einen Kosmos.

Leider sind die meisten Menschen meilenweit davon entfernt, eine solche Erkenntnis und Erfahrung tief in sich selbst zuzulassen. Viele von uns sind sogar meilenweit davon entfernt, zuzulassen, dass solch eine tiefere Erfahrung überhaupt möglich sein könnte. Wir haben nicht nur vergessen, dass wir verbunden sind – wir haben auch vergessen, dass wir vergessen haben! Darum kommen wir nicht einmal auf die Idee, eine größere, ganzheitlichere Perspektive auf das Leben zumindest zu versuchen.

Und als wäre der Schlamassel nicht schon groß genug, bestätigt uns alles um uns herum in dieser Haltung. Denn ein Großteil unserer Welt ist dieser Illusion der Trennung zum Opfer gefallen. Innen wie außen. Wir sind blind geworden gegenüber dem lebendigen Netz, dem wir alle angehören; blind gegenüber den Bedürfnissen und dem Leid von allem, was nicht »Ich« ist: Menschen auf der anderen Seite des Erdballs, Tiere, Pflanzen, Berge, Flüsse, die Erde als Ganzes.

Wir sind zu Einzelkämpfern geworden, die glauben, sich behaupten und stärker sein zu müssen als alle anderen. Wir gehen auf »Raubzug«, ohne zu verstehen, dass wir im Grunde genommen nur uns selbst berauben. Wir teilen die Welt in kleine, handhabbare Stücke ein und verlieren dadurch den Blick auf das Ganze, das Wesentliche, auf die Beziehungen untereinander.

Das ist es auch, was wir allgemein unter dem »mechanistischen Weltbild« verstehen. In dieser veralteten, teils noch immer aktiven Weltanschauung werden die Natur und das Leben selbst, ähnlich einem Uhrwerk, als etwas Berechenbares, Starres, Lineares, Unbelebtes und mit strikten, quantitativen Naturgesetzen Beschreibbares angesehen. Seien wir uns ehrlich: 500 Jahre dieses Denkens haben ordentlich Spuren hinterlassen. Bis heute schreiben wir der Vernunft, der Logik und dem technischen Fortschritt weitaus größere Bedeutung zu als dem Mystischen, Weichen und Intuitiven. Alles muss rational beweisbar sein und einen direkten Nutzen haben.

Gefühle sind etwas für Softies und die Fragen nach Sinnhaftigkeit etwas für Esoteriker. Es zählt der akademische Grad und nicht der Grad an Selbsterkenntnis. Es zählen die technischen Errungenschaften und nicht die Siege über die eigene Angst. Es zählen die Fachmeinungen und nicht das, was die innere Stimme sagt oder im Sinne des eigenen Herzens wäre.

Und so ZERdenken wir alles, was ist, und auch alles, was sein könnte. Da ist es wohl kein Wunder, dass wir in der Vorstellung leben, die Erde sei einfach nur ein Ressourcenlager, ein großes Buffet, an dem wir uns beliebig bedienen können. Den Gedanken, dass die Erde ein lebendiges, fühlendes und intelligentes Wesen sein könnte, finden viele hingegen absurd bis lächerlich. Damit werden aber die Probleme weiterhin so bleiben, wie sie es heute sind: isoliert und – vor allem – ungelöst.

9.2 Der Mensch als Krone der Schöpfung

Eine weitere große Problematik, die aus der Illusion der Trennung hervorgeht, ist, dass sich der Mensch als die Krone der Schöpfung glaubt. Wir verwenden ganz bewusst den Terminus »glaubt«, weil es unserer Meinung nach eben nicht so ist. Natürlich, wir Menschen sind kreative, vernunftbegabte, fühlende Wesen mit einem reflektierenden Bewusstsein und der Fähigkeit, Recht und Unrecht zu unterscheiden sowie Ethik zu verstehen. Dies ist tatsächlich kaum einem anderen Wesen auf der Erde gegönnt, und so mögen uns manche im besten Sinn als die Krone der Schöpfung bezeichnen. Doch wäre es ein Irrtum zu denken, dass wir deshalb wertvoller seien oder mehr Rechte hätten als andere Lebewesen. Unsere Position dürfen wir zudem nicht dazu verwenden, egoistische Handlungen zu legitimieren.

Stell dir eine Familie mit mehreren Kindern vor. Jedes ist anders und hat unterschiedliche Fähigkeiten und Talente. Nehmen wir an, die Talente des einen Kinds sind gesellschaftlich mehr angesehen als die der anderen. Ist dieses Kind nun wertvoller? Hat dieses Kind vielleicht mehr Recht auf Leben als seine Geschwister? Natürlich nicht, wirst du zu Recht antworten.

Genauso verhält es sich auf höherer Ebene: In den Augen der Schöpfung besitzt jedes Lebewesen, wie klein oder groß es auch sein mag, denselben Wert und ist von der Schöpfung ebenso gewollt und geliebt wie alle anderen. Jede Spezies ist für sich ganz eigen und jede erfüllt eine andere Aufgabe, doch jede ist auf ihrem Platz richtig, wichtig und gut.

Der Mensch als »Krone der Schöpfung« scheint der Einzige zu sein, der das nicht verstanden hat. Wir glauben, wir seien das Maß aller Dinge. Oder schlimmer noch, wir glauben, wir stünden über den Dingen. Der Mensch hat sich so sehr in seiner anthropozentrischen[n] Weltsicht verloren, dass alles andere, was nicht gleich Mensch ist, auch nicht gleich wertvoll ist. Die Tiere nicht, die Flüsse nicht, die Ozeane nicht, die Natur als Ganzes nicht.

Wenn wir also der ökologischen Vielfalt kein generelles Existenzrecht zubilligen, sind ihre Übernutzung, Schädigung und Zerstörung nur die logische Folge davon. Viel zu viele Arten und Ökosystem-Leistungen werden erst dann als wertvoll erkannt, wenn sie verloren gegangen sind. Und falls wir gewisse Ökosysteme doch einmal vorher zu erhalten versuchen, dann meist nur deshalb, weil sie uns einen speziellen Nutzen versprechen. Dass dies jedoch in eine Sackgasse führt, sollte uns schön langsam einleuchten.

So warnen bekannte Evolutionsbiologen wie Dr. James Lovelock stets davor, dass Organismen, die das Spiel der Kooperation und der wechselseitigen Anpassung nicht mitspielen, aussterben werden.[132] Von biologischer Seite her weiß man, dass jeder Organismus, der die Umwelt für seine Nachkommen verbessert, aufblühen wird. Dem entgegen werden jene Organismen, die dabei versagen und die Umwelt vernichten, auf lange Sicht nicht leben können. Spätestens jetzt müssten wir hellhörig werden! Denn als vermeintliche

---

[n] Anthropos, griech.: der Mensch; Anthropozentrismus: Der Mensch steht im Mittelpunkt.

Krone der Schöpfung haben wir das Spiel der Kooperation doch schon längst verlernt. Wir Menschen ignorieren vollkommen, dass wir lediglich eines von vielen »Organen« im gesamten Organismus Erde sind. In etwa so, wie die Lunge ein Organ im Körper ist oder der Ringfinger ein Teil der Hand. Jedes Organ und jeder Teil des Ganzen erfüllt bestimmte Aufgaben, und alle zusammen sind wichtig, um die Emergenz, die Selbstorganisation und damit das Überleben des Ganzen sicherzustellen.°

Wir haben es aber nicht nur verlernt, mit anderen Organen zu kooperieren, sondern es insgesamt »geschafft«, das dynamische Gleichgewicht und die günstigen Lebensbedingungen der Erde für alle Lebewesen empfindlich zu stören. Die Menschheit wuchert heute in weiten Bereichen eher wie ein destruktiver Krebs, anstatt sich auf gesunde Weise in den natürlichen Kreislauf des Lebens einzufügen. Und obwohl uns alle aktuellen und globalen Krisen die Rechnung dafür präsentieren, glauben wir immer noch, dass die Natur etwas wäre, was wir beherrschen müssten.

»Macht Euch die Erde untertan«, heißt es im Alten Testament. Dieser oftmals missverstandene Satz scheint in seiner buchstäblichen Bedeutung tief in unseren Köpfen eingraviert. Doch er ist kein Freibrief, die Erde zu beherrschen und auszubeuten. Wir sollten sie vielmehr pflegen und gestalten. Gut nur, dass Papst Franziskus mit seiner Umwelt-Enzyklika »Laudato si« 2015 diese Stelle neu und aktuell zu deuten begann in Richtung von: »Macht Euch der Erde untertan«[133]

Herrschaft bedingt Verantwortung

Mit der alt-biblischen Aufforderung zur »Herrschaft« über die Welt ist eben auch eine Verantwortung verbunden. Leider haben wir diesen Teil der Geschichte bislang außen vor gelassen. Die Herrschaft haben wir gern, die Verantwortung wollen wir lieber nicht tragen.

° Emergenz: Auftauchen, Emporsteigen, Herausbilden neuer Eigenschaften.

In solcher Form kann ein globales Miteinander jedoch niemals funktionieren. Jene, die das Sagen haben und die Entscheidungen treffen, tragen auch die Verantwortung für die daraus resultierende Entwicklung. Und da auf dem Planeten Erde nun mal der Mensch das Sagen hat, macht ihn dies auch automatisch zum Schöpfungsverantwortlichen. Aber …? Nein, tut uns leid, kein Aber!

Verantwortung bedeutet, sich seiner Handlungen bewusst zu werden und dafür zu sorgen, dass alles Notwendige und Richtige getan wird, damit kein Schaden entsteht. Verantwortung bedeutet auch, nicht nur mit dem Verstand, sondern auch mit dem Herzen an die eigenen Entscheidungen heranzugehen. Erst wenn unser Gefühl für Ethik in den Tiefen unseres Herzens erwacht, werden wir verstehen, dass alles in der Natur wertvoll und heilig ist.

Der Verstand wird immer nach Gründen suchen, weshalb dieses oder jenes Lebewesen wertvoll sein soll. Das Herz braucht keine Gründe, das Herz weiß es einfach! Mit diesem tieferen Wissen und Bewusstsein kann der Mensch zu einem weisen Weltengestalter werden. Die »Krone der Schöpfung« zu sein – sofern man diesen Begriff überhaupt noch verwenden möchte – bedeutet also im besten Sinn, auf die Schöpfung achtzugeben; es heißt, den eigenen Ursprung zu ehren; sich in den Dienst der Schöpfung zu stellen.

Die wahre Größe des Menschen liegt darin, über die Erde zu herrschen wie die weiseste, liebevollste und großzügigste Königin, die man sich nur vorstellen kann; eine Königin, die auf all ihre »Untergebenen« achtet, wie klein und unscheinbar sie auch sein mögen; eine Königin, die mit einem Herzen voll Güte und Gerechtigkeit entscheidet; eine Königin, die voller Würde und Demut ihre Krone trägt. – Das ist das Menschenbild, das sich aus einem wahrhaft offenen und spirituellen Zugang zum Leben ergibt. Das ist eine Ethik, die aus dem Herzen kommt und die wir heutzutage dringend brauchen.

Einer der wenigen Bereiche, wo wir Menschen eine solche ethische Verantwortung übernehmen, ist jener unserer Kinder und Enkelkinder. Das ist auch das Narrativ[p], das wir uns selbst und an-

---

[p] Narrativ: Geschichte, Erzählung.

deren so gern erzählen, um uns in Sachen Nachhaltigkeit bei Laune zu halten: »Tu es nicht für dich, tu es für deine Kinder und Enkelkinder! Die nachkommenden Generationen werden es dir danken!« Wir argumentieren also mit dem Wohlergehen künftiger Generationen und appellieren an unsere Verantwortung ihnen gegenüber. Und dies tun wir zu einem gewissen Teil natürlich zu Recht.

Viele Menschen sehen in der Tatsache, dass wir die Erde von unseren Nachfahren nur »geliehen« haben, eine große Motivation, um aktiv eine Veränderung herbeizuführen, und das ist wirklich edel und schön. Ist in dieser Haltung aber nicht auch ein Hauch von Anthropozentrismus zu spüren? Impliziert es nicht, dass unsere Umwelt nur für das Wohl der Menschen und nicht um ihrer selbst willen erhalten werden sollte? Ignoriert diese Art des Denkens nicht auch, dass die Erde und alle Lebewesen einen intrinsischen Wert für sich haben, ein Recht auf Leben, vollkommen unabhängig davon, ob künftige Generationen etwas davon haben oder nicht? Wir finden schon – und wollen deshalb noch einmal klarstellen:

Nicht nur der Mensch trägt einen göttlichen Funken in sich, auch alles andere um uns herum tut das. Und ja, es ist die große Aufgabe und Verantwortung des Menschen, seinen Planeten zu schützen, sich um diese Welt als unser aller Erbe zu kümmern und die Entweihung der Schöpfung zu stoppen – nicht nur aus Eigeninteresse und auch nicht nur für unsere Kinder und Kindeskinder, sondern zuallererst einmal aus einer tiefen Liebe und Verbundenheit zur Erde selbst. Weil wir aus ihr kommen, weil wir ihr unser Leben verdanken und weil wir am Ende unseres Lebens auch wieder zu Erde werden.

Der innigste Grund, unsere Natur zu schützen, sollte die aufrichtige Wertschätzung sein, die Dankbarkeit, hierin eingebettet zu sein, und die Erkenntnis, dass die Erde an sich und für sich wertvoll und schützenswert ist. Und dass alles, was auf ihr lebt, so wie wir, Teil eines großen Organismus ist. Ein Organismus, der nur durch die Summe seiner Teile das sein kann, was er nun mal ist – ein unglaubliches Wunder.

9.3 Sinnverlust und kollektive Identitätskrisen

In unserer Tausende Jahre alten Geschichte haben wir Menschen einiges erlebt und befinden uns nun in einer Zeit, wo wir in der äußeren Welt scheinbar alles erobert haben. Wir tauchen in die Tiefen der Meere, besteigen die höchsten Gipfel und erkunden fremde Sphären in den Weiten des Weltalls. Alles Äußere scheint bekannt, nur die inneren Welten sind unerforscht geblieben. Wir haben unendlich viel Wissen angesammelt, aber in uns selbst sind wir leer ausgegangen.

Modernste Technik und Medizin halten unsere Körper immer länger am Leben und wir sterben, weltlich gesehen, erst im hohen Alter. Spirituell gesehen verlassen viele von uns diesen Planeten jedoch als »Jugendliche oder Kinder«. Egal wie alt wir auch werden, nur die wenigsten nutzen ihre Lebenszeit für echte, tiefgreifende Erfahrungen. Diese aber braucht es, um auch geistig und emotional erwachsen zu werden. Das ist wiederum eine Voraussetzung dafür, um auf nachhaltige und regenerative Weise mit uns und unserem Planeten umzugehen. Denn wie wir bereits wissen, sind der Umgang mit uns selbst und jener mit der äußeren Welt eng miteinander verbunden.

Wenn wir uns selbst vom lebendigen Netz des Lebens abschneiden, darf es uns nicht verwundern, wenn wir im Inneren verkümmern und schon tot sind, bevor wir sterben. Wenn wir das Leben ständig zu unserem eigenen Vorteil instrumentalisieren, dann werden uns früher oder später die Magie und der Sinn des Lebens abhandenkommen. Wenn wir uns immer über die Dinge stellen, nur uns selbst für wichtig halten, dann kann unser Herz nicht anders, als irgendwann kalt und starr zu werden. Und wenn wir glauben, dass wir uns durch Arbeit unsere Existenzberechtigung und Würde erst verdienen müssen, dann kann es passieren, dass wir ins Burnout geraten oder eine psychosomatische Krankheit entwickeln.[134]

Wir sollten das Leben nicht als geistlose Aneinanderreihung von Zeit begreifen. Falls doch, geht uns etwas Wesentliches verloren. Glücklicherweise wird dieser Verlust immer stärker spürbar, da mehr und mehr Menschen entdecken, dass uns viele der aktuellen Denk- und Handlungsweisen nicht wirklich gut bekommen. Eine echte Kehrtwende scheint aber noch nicht in Sicht. Denn anstatt einfach mal auszusteigen, bemühen wir uns oft sogar noch mehr, so zu funktionieren, wie es im System vorgesehen ist; anstatt manche Dinge und Denkweisen öffentlich oder bei uns selbst infrage zu stellen, bemühen wir uns darum, als »normal« dazustehen. Doch wie sagt es der deutsche Mediziner und Psychologe Wolf Büntig so pointiert:[135]

»Der Normale atmet nicht frei, er hält die Luft an. Der Normale lässt sich nicht gehen, er reißt sich zusammen. Der Normale hält den Kopf oben, er ist bei Verstand, aber weitgehend von Sinnen.«

Eine Gesellschaft lässt sich nur schwer in eine zukunftsfähige Richtung transformieren, wenn immer mehr Menschen normal, sprich von Sinnen sind. Es braucht also etwas, was uns dabei hilft, unsere Sinne wie auch unseren tieferen Lebenssinn wieder zu begreifen. Genau dabei kann uns ein geistiger, spiritueller Zugang zum Leben in vielen Bereichen unterstützen.

Der bekannte tschechische Psychotherapeut Stanislav Grof meinte einmal, dass die spirituelle Entwicklung eine angeborene und evolutionäre Fähigkeit des Menschen sei. Sie unterstützt uns auf dem Weg zur Ganzheit, bei der Entdeckung unseres tieferen Potenzials und ist ebenso natürlich wie die Geburt, das physische Wachstum oder der Tod.

Auch wenn die klassische Psychologie das Menschheitsphänomen der Spiritualität lange marginalisierte, gibt es seit der Jahrtausendwende hier ein breites Umdenken. Spirituelle Erlebnisse, wie das Gefühl der Einheit mit dem Kosmos, wurden seither stark beforscht und können aus allen Traditionen quer um den Globus bezeugt werden.[136]

Darüber hinaus hat man festgestellt, dass der Religiosität und der Spiritualität eine besonders sinnstiftende Funktion zukommt. So hilft ein spiritueller Lebenszugang etwa dabei, unterschiedliche Lebensbereiche als stimmig und kohärent zu erfahren. Dies schafft die Möglichkeit, auch schmerzhafte Erlebnisse sinnvoll in den Lebensweg zu integrieren und die eigene Existenz als etwas Sinnvolles und Wertvolles zu begreifen.[137]

Das immer stärker werdende Interesse an inneren und transzendenten Themen ist allerdings keineswegs etwas Neues. Viele Jahrhunderte lang haben ganze Kulturkreise die innere Transformation als notwendigen und wünschenswerten Bestandteil der menschlichen Existenz angesehen.[138] Dutzende Meditationen, spirituelle Praktiken, Rituale und Bräuche wurden entwickelt, um das Individuum – und folglich auch die Gesellschaft – beim Wachstum und Wandel zu unterstützen.

Und auch wenn wir bis heute Sonnwendfeste, Hochzeiten, Geburtstage oder Weihnachten feiern, so sind viele Rituale und Bräuche in den vergangenen Jahrhunderten verloren gegangen oder haben sich von ihrer tieferen Bedeutung entfernt. Sie wurden entweiht, so wie auch viele andere Dinge im täglichen Leben entweiht wurden. Dass es aber in einer geistlosen Welt immer schwieriger wird, einen Sinn zu finden, müsste ebenso einleuchtend sein wie die Tatsache, dass solch eine Gesellschaft nicht gerade identitätsstiftend auf ihre Mitglieder wirkt.

Sich an das Mysterium des Lebens erinnern

Das Entweihen der Schöpfung und die Zerstörung dessen, was uns Menschen einmal heilig war, führen dazu, dass wir auch in unserem persönlichen Leben das Heilige nicht mehr spüren oder sehen können. Wohlstandsverwahrlost fällt es vielen von uns schwer, auch einmal ohne Telefon, Fernsehgerät oder anderes Entertainment in Begeisterung zu verfallen. Und da fragen wir uns dann immer wieder, wo all die Liebe, Lust und Wertschätzung für das Geschenk des Lebens hingekommen sind? Wo bleibt das große Staunen über den leuchtenden Regenbogen? Wo die aufrichtige Dankbarkeit für frisches, klares Wasser? Wo die Gänsehaut beim tiefen Blick in die Augen eines anderen Menschen? Wo bleibt der Segensspruch für das Schwein, das gerade auf dem Teller gelandet ist und sein Leben für uns gegeben hat? Wo die unbändige Freude darüber, barfuß über eine Sommerwiese zu laufen? Wo bleibt die Ehrfurcht beim Anblick eines schneebedeckten Berggipfels?

Solche magischen Momente sind höchstens Kindern vorbehalten, und selbst ihnen wird das Staunen meist früh abtrainiert. Als Erwachsene nehmen wir das Mystische und Heilige hinter der offensichtlichen Erfahrung noch deutlich weniger wahr. Und bei vielen Menschen sind diese Momente schon gänzlich aus dem Leben verschwunden. Das ist aus unserer Sicht eine der größten Tragödien in der Geschichte der Menschheit.

Denn seien wir uns ehrlich: Welche Lebensqualität soll das sein? Was für ein Leben ist das, das manche von uns in alltäglicher Tristesse, abgeschnitten von ihren vitalen Gefühlen und von der Gemeinschaft des Lebens führen? Gefangen im Trott Tausender sinnfreier Tätigkeiten und bedacht auf jede Menge Äußerlichkeiten. Sind wir bestimmt, so zu leben? Ist es wirklich das, was uns glücklich macht, was uns auf Dauer zu befriedigen vermag?

Die Antwort darauf ist vermutlich auch bei dir ein sonnenklares Nein. Die Rechnung, die sich uns präsentiert, ist nämlich alles andere als schön. Je mehr Individuen einer solchen Tristesse verfallen, desto stärker wirkt sich dies auch auf die Bevölkerung als Ganzes aus. Große Teile unserer Gesellschaft erodieren durch Oberflächlichkeiten und eine Ethik des Eigennutzes. Damit macht sich eine kollektive Identitätskrise breit, in der niemand mehr weiß, wer er ist, was er will, was er kann, oder was er hier auf dieser Welt überhaupt soll. »Der Sinn des Lebens und unseres Zusammenlebens ist uns irgendwann abhandengekommen und damit auch die Fähigkeit, uns gemeinsam vernünftig in der Welt einzurichten«, formuliert es die Philosophin Ariadne von Schirach treffend.[139]

In unserem Leben, das oberflächlich betrachtet annehmlich erscheinen mag, aber auf tiefer Ebene unbefriedigend ist, suchen wir in allerhand Dingen Ersatzbefriedigungen. Diese sind jedoch in der Regel nicht nachhaltig, da sie zum einen meist mit einem hohen Ressourcenverbrauch einhergehen und zum anderen nicht lange anhalten.

Die innere Leere ist also ein Zustand, der uns nicht guttut. Uns nicht, und auch dem Planeten nicht. Doch wir wollen diese Leere nicht fühlen und tun alles, um das »Loch« zu stopfen. Wir lenken uns ständig ab oder kompensieren den inneren Mangel, indem wir gierig nach immer mehr von allem streben. Nur: Ein Mangel, der durch den Verlust eines tieferen Sinnempfindens oder den Verlust der Verbundenheit mit der Welt entstanden ist, kann schlicht und ergreifend nicht durch ein neues Smartphone oder eine Gehaltserhöhung aufgefüllt oder wettgemacht werden. Ebenso wenig durch einen adrenalingeladenen Fallschirmsprung oder die nächste Fernreise nach Thailand.

Innere und äußere Fülle – beziehungsweise Mangel – sind zwei grundsätzlich verschiedene Dinge. Jemand kann sehr reich an Geld sein und dennoch arm und eng in seinem Denken. Ein anderer kann sehr wenig besitzen, aber eine große Zufriedenheit und Dankbarkeit im Herzen tragen.

Das Glück finden wir letztlich nicht in den äußerlichen Dingen. Auch wenn das nach einem abgedroschenen Weisheitsspruch aus einem Kalender klingt, liegt darin sehr viel Wahres und Schönes. Und gerade weil es solche Sprüche zu brauchen scheint, müssen wir uns eingestehen, dass bei vielen von uns allein die Suche nach dem Sinn des Lebens schon vor Langem zum Erliegen kam. Wen wundert es da, dass so viele Menschen geistig und menschlich immer mehr degradieren und nur einen Bruchteil ihres innewohnenden Potenzials ausleben?

Die meiste Zeit führen wir ein Leben auf Sparflamme. Wir dimmen unser Licht. Wir gehen nicht in die Vollen, nicht in die echte Lebendigkeit. Dabei wären wir Menschen zu so vielen erstaunlichen Dingen in der Lage! So viele Talente, Fähigkeiten und Schätze liegen in uns verborgen, jederzeit bereit, wachgeküsst zu werden. So viele Anteile unseres Selbst warten darauf, endlich von uns gelebt zu werden. Die Seele ruft uns dazu schon so lange! Doch in der Regel hören wir sie nicht.

Die beste Möglichkeit, die wir haben, um dem Teufelskreis vom unerfüllten und zerstörerischen Leben zu entkommen, ist die spirituelle Rückverbindung zu uns selbst; die Verbindung mit uns, unseren Wurzeln und unserer ureigenen Wahrheit; die Wiederentdeckung unseres Potenzials; das Lauschen unseres Herzens und unserer Träume. Wir dürfen uns wieder daran erinnern, wer wir wirklich sind, was wir wollen und was wir imstande sind zu tun.

Wir können ein Geschenk sein für diese Welt – und genau in diesem Bewusstsein können wir auch ein vollkommen neues Weltbild erschaffen. Ein Weltbild, wo wir Menschen Teil der Natur und eines größeren Ganzen sind; ein Weltbild, wo das Mysterium des Lebens ebenso Platz hat wie die Ratio des Verstandes; ein Weltbild also, das die Grundlage legt für einen neuen Umgang mit uns selbst, mit all den anderen Menschen und mit dem Planeten an sich.

Ü: Erdatmung[140]

In Vorbereitung auf das nächste Kapitel wollen wir gleich damit beginnen, die Trennung, wie oben besprochen, ein Stück weit hinter uns zu lassen. Wir stellen dir deshalb eine Meditation vor, mit der du die eigene Verbindung zur Erde stärken kannst.

Setz dich bitte aufrecht im Schneidersitz oder im Fersensitz auf den Boden. Bringe deine Aufmerksamkeit auf jenen Raum der Erde, der ein paar Meter unterhalb von dir liegt. Verbinde dich in Gedanken mit dem Boden unter dir!

Nun atme einige Male tief und entspannt in genau diesen Erdraum. Stell dir vor, dass du von diesem Raum ausgehend in deinen Körper hineinatmest. Beim Einatmen ziehst du die Energie aus der Erde hinauf in dein Becken, und beim Ausatmen lässt du die Energie wieder in die Erde hinunterfließen. Du atmest die ruhige, friedliche und kraftvolle Energie aus der Erde ein und gibst sie danach wieder an die Erde ab.

Fahre einige Male fort und spüre, wie sich langsam ein Kreislauf ergibt. Jetzt kannst du beginnen, die Erdenergie beim Einatmen über die Körpermitte bis hinauf zu deinem Herzen und weiter bis zum Scheitelpunkt hochzuziehen. Beim Ausatmen lässt du die Energie über die Körpervorderseite wieder hinunter bis in die Erde gleiten.

Fahre einige Male fort, bis sich ein Zirkel um deinen ganzen Körper herum einstellt und du dich im Kreislauf deiner Atmung ganz verbunden fühlst. Beim Einatmen ziehst du friedvolle, frische Energie von unten ganz nach oben in deinen Scheitel, und beim Ausatmen sinkst du mit deiner Aufmerksamkeit wieder tief in die Erde hinunter.

Bleib bei dieser Praxis, solange es dir guttut und es angenehm ist.

Unserer Erfahrung nach sind täglich fünf bis zehn Minuten dieser Übung ausreichend, um bald schon eine neue und tiefere Verbundenheit mit dir selbst und mit der Erde zu spüren.

10. Das Weltbild der Verbundenheit

Mit einem Weltbild oder einer Weltanschauung bezeichnen wir die Vorstellung von der Natur der Dinge und unsere Sicht auf die Welt. Es ist sozusagen das »Fundament unseres geistigen Hauses« und umfasst alle Grundüberzeugungen, auf denen wir unser Denken und Handeln errichten. Es prägt unsere Vorstellungen, Traditionen und ganz generell unseren Umgang mit dem Leben selbst. Kurz gesagt, so ein Weltbild hat ganz schön Gewicht in unser aller Leben!

Die spannende Frage, die sich stellt, ist, wie ein modernes und zukunftsfähiges Weltbild aussehen könnte, nachdem uns das noch immer bestehende, mechanistische Weltbild in eine Sackgasse zu leiten scheint? Welche neuen Grundüberzeugungen müssten wir bilden, um Nachhaltigkeit zu ermöglichen? Welche neuen Narrative sind geeignet, um uns die Welt im 21. Jahrhundert angemessen zu erklären und uns erfolgreich in eine lebenswerte Zukunft zu navigieren?

Eines steht schon mal fest: »Probleme kann man niemals mit derselben Denkweise lösen, durch die sie entstanden sind«, das wusste schon Albert Einstein. Eine Weltsicht, die auf Trennung und Egozentrik basiert und aus der all die Probleme erst hervorgegangen sind, ist nicht geeignet, die Lösung zu stellen.

Mit Gier, Macht, Konkurrenz und einer Ethik des Eigennutzes lassen sich keine Weichen in ein nachhaltiges Morgen legen. Mit dieser Haltung kommen wir nicht weiter. Solange wir also in alten Denkmustern stecken und an die Illusion der Trennung glauben, wird kein Wandel in Richtung einer zukunftsfähigen Gesellschaft geschehen. Denn eine nachhaltige Welt lebt von Menschen, die um ihre Verbundenheit wissen, die sich als Teil der Natur verstehen und die sich den lichtvollen Seiten ihrer selbst zugewendet haben. Die innere Haltung bestimmt, wie wir uns in der Welt draußen verhalten. Wir sind daher mehr denn je eingeladen, unsere wechselseitige Abhängigkeit zu erkennen und uns wieder als Teil des Ganzen und als Teil der Natur zu verstehen. Als jener Teil also, der wir natürlicherweise auch sind.

Wer seinen Geist dehnt und seiner Seele lauscht, bekommt eine neue Sicht auf die Welt. Es lässt uns reifen und weiser werden. Aus dieser inneren Weisheit heraus kann jene neue Ethik erwachsen, auf der nachhaltige und regenerative Systeme gründen können.

Wenn wir uns als verbundene Wesen betrachten, können wir gar nicht anders, als der uns umgebenden Welt achtsam, respektvoll und freundlich zu begegnen. Wir sehen dann mit anderen Augen, wir folgen anderen Werten und treffen andere Entscheidungen. Viele destruktive Verhaltensweisen fallen einfach ab, ohne dass wir uns groß anstrengen müssen. Wir müssen dann oft nicht mal mehr um all die notwendigen Veränderungen kämpfen. Diese werden ganz von allein kommen, wenn wir erst einmal unsere Perspektive entsprechend verändert haben. Denn nicht im Handeln an sich liegt der größte Hebel zur Veränderung, sondern in unserem Bewusstsein, aus dem heraus unser Handeln und Tun entspringen!

10.1 Die Natur als Ausdruck von Verbundenheit

Wer jetzt meint, ein Weltbild der Verbundenheit wäre eine neuartige oder gar esoterische Erfindung, der liegt falsch. Denn Verbundenheit ist ein integraler Bestandteil des Lebens, und vor allem die Natur ist ein lebendiger Beweis dafür. In der Natur ist alles verbunden und in Kreisläufen gestaltet, nichts existiert nur für sich allein. Im Netz des Lebens besitzt jede Zelle, jeder Organismus, jede Pflanze und jedes noch so kleine Lebewesen eine ganz eigene Funktion, die immer auch den anderen dient. Die Natur zeigt uns wunderbar vor, wie Verbundenheit und wechselseitige Abhängigkeit funktionieren.

Beginnen wir mit einem einfachen Beispiel. Du hast sicherlich schon mal etwas vom Sahara-Sand gehört. Vor allem in den Sommermonaten liest man immer wieder davon, dass dieser über Tausende Kilometer auch zu uns nach Mitteleuropa getragen wird und sich im Fall von Regen irgendwann auf unsere Landschaften ergießt. Wiesen, Wälder und auch Straßen werden kurzfristig rot eingefärbt, und manchmal kann auch ein rötlich schimmernder Sonnenuntergang genossen werden.

Nun ist es so, dass dieser Sahara-Sand nicht nur als besonderes Naturschauspiel dient, sondern auch eine zentrale Aufgabe im Gefüge unseres Planeten übernimmt. Große Teile der heutigen Sahara waren vor mehreren tausend Jahren mit Wasser bedeckt und Millionen von Lebewesen tummelten sich darin.[141] Sie lebten dort, starben dort und bildeten über die Jahrtausende hinweg eine riesige fossile Schicht am Grund des Bodens. Noch heute ist der Sand der Sahara voll mit dem Staub von Algenschalen und Mineralen.

Winde tragen diesen phosphorreichen Staub in riesigen Mengen auch über den Atlantik, unter anderem in Richtung Amazonas-Regenwald. Auch wenn das dichte Grün des Amazonas es verdecken mag, hat der größte Regenwald unseres Planeten einen starken Mangel an Nährstoffen wie etwa Phosphor. Dass der Regenwald dennoch so üppig gedeihen kann, liegt mitunter eben an den 50 Millionen Tonnen an Mineralen, die jährlich von der Sahara nach Südamerika gelangen. Die größte Wüste der Welt düngt also den größten Regenwald der Welt.

Auch wenn das allein schon fantastisch klingen mag, ist es noch lange nicht alles. Die übertragenen Nährstoffe werden über den Regen später wieder ausgewaschen und gelangen in den Amazonas-Fluss. Dieser transportiert das Düngematerial über Tausende Kilometer durch Südamerika und mündet schließlich im Atlantik, wo die Wassermassen in den Weiten des Ozeans auf Algen treffen und auch diese mit wertvollen Nährstoffen versorgen. Wenn man nun bedenkt, dass knapp fünfzig Prozent des weltweiten Sauerstoffs durch Algen erzeugt wird, dann müsste uns wohl klar sein, dass auch wir mit diesen Naturphänomenen in enger Verbindung stehen. Der Sahara-Sand düngt also den Regenwald und versorgt uns Menschen unter anderem mit Sauerstoff, wer hätte das gedacht.

Wir Menschen leben in ständiger Verbundenheit mit der Natur – auch wenn uns das in den meisten Fällen nicht einmal bewusst ist.

»Inter-Being« nannte der vietnamesische Mönch und Lyriker Thích Nhâ't Hạnh dieses Prinzip: Alles bedingt einander, alles ist miteinander verwoben. Zum Verständnis hielt er einmal ein Blatt Papier vor die Augen seiner Schüler und sagte:[142]

»Seht die Wolke, die in diesem Stück Papier schwebt. Wenn ihr genau hinschaut, werdet ihr sie sehen können. Ohne die Wolke wird kein Regen sein; ohne den Regen können die Bäume nicht wachsen, und ohne die Bäume können wir kein Papier herstellen. Für die Existenz des Papiers ist die Wolke wesentlich. Wenn die Wolke nicht ist, kann auch das Stück Papier nicht sein. Die Wolke und das Papier durchdringen einander, aber nicht nur das. Auch die Sonnenstrahlen sind im Papier enthalten, ohne die der Wald nicht wachsen kann. Auch den Holzfäller sehen wir im Papier, genauso wie seine Eltern, ohne die der Holzfäller nicht wäre. Und selbst das tägliche Brot ist im Holz enthalten, das er zum Leben und somit zum Schlagen des Baumes benötigt. Ohne all diese Dinge kann das Stück Papier nicht existieren, und somit enthält das Blatt Papier im Grunde das ganze Universum.«

Was wir von Naturvölkern lernen können

Das Wissen und Verständnis für die wechselseitige Verbundenheit des Lebens haben wir in unserer Kultur leider stark in den Hintergrund gedrängt. Bei den Naturvölkern und ihren Religionen findet sich dieses Wissen aber nach wie vor. So ist etwa der Schamanismus ein Paradebeispiel für eine spirituelle Kultur, deren Mitglieder sich tief eingebunden fühlen in die Natur sowie die geistige Welt.

Während schamanische Weisheiten durch die New-Age-Bewegung stark an Popularität gewonnen haben und uns heilsame Rituale und wichtige Erkenntnisse zuteilwerden ließen, steht es um die Naturvölker heute mehr schlecht als recht. Dabei hätten gerade indigene Gruppen jenes tiefe Wissen über die Verbundenheit des Lebens, das wir so dringend bräuchten.

Müssen wir also wieder in den Wald ziehen und uns als Jäger und Sammler betätigen, um naturverbunden zu leben? Natürlich nicht! Dennoch haben Naturvölker viel wertvolles Wissen, wovon wir »modernen« Menschen einiges lernen könnten. Der wichtigste Aspekt ist wohl jener, dass ein von der Natur abhängiger Mensch diese auch achten und respektvoll mit ihr umgehen sollte.

Die indigenen Völker wissen, dass sie auf die Natur angewiesen sind, weshalb es für sie keine Alternative gibt, als diese zu ehren und zu schützen. Aber sind nicht auch wir auf die Natur angewiesen? Sind nicht auch wir abhängig vom Sauerstoff der Bäume, vom Licht der Sonne, vom Regen der Wolken, vom fruchtbaren Boden, von Mikroorganismen, Tieren und Pflanzen? Na klar sind wir das! Und genau deshalb ist es so wichtig, uns diese existenzielle Abhängigkeit einzugestehen, um wieder zu mehr Demut und Wertschätzung für das Leben zu gelangen.

In der heutigen Denke werden die alten Naturvölker oft mit primitiven und rückständigen Menschen gleichgesetzt. Im besten Fall haben wir Mitleid mit ihnen und versuchen sie aus humanistischen Gründen zu schützen. Dabei könnten wir uns einiges von ihnen abschauen: Viele indigene Völker haben in den vergangenen Jahrhunderten beeindruckende Methoden zum Schutz der Natur entwickelt. Die Aborigines in Australien haben beispielsweise ein System erarbeitet, bei dem sie durch gezieltes Abbrennen gewisse Flächen buschfrei halten und das Risiko von unkontrollierten Buschfeuern verringern.[143] Ihre »reinigenden« Feuer legen sie in der Zeit nach den Wintermonaten, wenn der Boden noch feucht ist und die Brände beherrschbar bleiben.

Heute ist bekannt, dass diese Art der Bewirtschaftung das Risiko großflächiger Waldbrände massiv reduziert, weil dabei das Feuer nicht ungehindert von einem zum anderen Busch überspringen kann. Hätte man solch alte Techniken mehr etabliert, wären die australischen Buschbrände von 2019 und 2020 wohl weniger heftig ausgefallen und die über 120.000 km^2 verbrannte Fläche womöglich zu großen Teilen noch erhalten.

Ein weiteres Beispiel für die enge Verbindung alter Kulturen zur Natur kommt aus Indien. Wie in vielen anderen Ländern werden auch dort indigene Gruppen im Namen des Umweltschutzes von ihrem Land vertrieben, weil sie angeblich eine Gefahr für die Natur darstellen. Mensch und Natur, so der weitverbreitete Glaube, können nicht koexistieren. Im BRT-Tigerreservat im südindischen Karnataka war man zuerst ebenso dieser Ansicht. Unter Berufung auf Naturschutz wollte man den dort ansässigen Menschen des Soliga-Stammes verbieten, Waldprodukte wie Honig, Bambus, Kurkuma oder Brombeeren zu ernten, und sie so zum Abzug bewegen. Dies entfachte eine Debatte über die Rechte indigener Völker und führte letztlich dazu, dass die Soliga bleiben und den Wald weiter nutzen durften.[144] Einige Jahre später fand man heraus, dass sich die Tigerpopulation dort innerhalb von vier Jahren verdoppelt hat und dieser Zuwachs wesentlich höher ausfiel als im nationalen Durchschnitt. Anstatt den bedrohten Tigern gefährlich zu werden, führte die Koexistenz mit dem indigenen Stamm offenbar zur Erholung der Population. Dazu muss man wissen, dass die Soliga den Tiger verehren, und so gab es auch keinen einzigen Zwischenfall, wo ein Tiger und die Soliga in Konflikt gerieten. Nicht einmal bei der Jagd!

Die indigenen Völker sind sich ihrer Verbindung mit der Natur voll und ganz bewusst und übernehmen Verantwortung für diese. Sie passen sich an die Natur an und entnehmen ihr nur das, was sie auch wirklich brauchen. Als die »Hüter der biologischen Vielfalt« haben sie stets eine hohe Artenvielfalt in ihrer Umwelt gefördert. Sie gelten als pragmatische und kreative Problemlöser und sind somit wahre Experten, was die Zusammenhänge in der Natur betrifft. Weiterhin sind sie eng verbunden mit ihrem Land und haben gerade deshalb ein so reiches Wissen über die Flora und Fauna. Dass dieses Wissen einen immensen Beitrag zur Erhaltung von Natur und Biodiversität leisten kann, haben auch die Vereinten Nationen erkannt und 1992 in Artikel 8 der UN-Konvention über biologische Vielfalt festgehalten.

Wer die Gesetze der Physik verstehen möchte, braucht einen passenden Lehrmeister in Physik. Wer das Handwerk des Tischlers erlernen möchte, muss wohl in einer Tischlerei in die Lehre gehen. Und wer die Verbindung zur Natur erleben möchte, der ist gut beraten, jene Menschen als Lehrmeister zu akzeptieren, die seit Jahrtausenden im Einklang mit ihr leben. Gerade auf geistig-emotionaler Ebene können wir dadurch ein höheres Verständnis für die Natur erlangen, das uns die Wissenschaft nur schwer bieten kann. In einem Weltbild der Verbundenheit koexistieren Wissen mit Weisheit, Analytik mit Erfahrung und Verstand mit Gefühl. Die ganzheitliche Sicht auf die Welt lässt uns zu zukunftsfähigen Menschen werden, die anderen Lebewesen immer auf Augenhöhe begegnen. So werden wir zu jenen weisen Gelehrten, die nicht nur lehren, sondern stets auch zu lernen bereit sind!

10.2 Das systemische Denken in der Wissenschaft

Nicht nur Naturvölker oder buddhistische Zen-Mönche nehmen sich selbst als Teil eines weltumspannenden Prinzips wahr, auch im Bereich der Wissenschaft gibt es mittlerweile viele weise Menschen, die sich als verbundene Wesen begreifen und von denen wir einiges lernen können. So finden sich heute unzählige Theorien und Forschungsarbeiten zu einem verbundenen Weltbild, wovon wir einige im Folgenden kurz vorstellen möchten.

Beginnen wir in den 1970er-Jahren, wo von Pionieren der Evolutionsbiologie – James Lovelock und Lynn Margulis – die Gaia-Theorie entwickelt wurde. Sie beschreiben die Erde als einen sich selbst regulierenden, lebendigen Organismus. Lebendig in dem Sinn, dass sie sich selbst erhalten und auch selbst organisieren kann. Die Forscher zeigen etwa, dass die physikalischen und chemischen Lebensbedingungen der Erde – wie Lufttemperatur, CO_2-Gehalt, Salzanteil im Meer oder Zusammensetzung der Atmosphäre – über Jahrmillionen hinweg so reguliert wurden, dass sie stets für alle Lebewesen optimal gehalten waren.[145]

Erst diese Regulierung machte es überhaupt möglich, dass auf unserem Planeten Leben gedeihen und sich entfalten konnte. Die Gesamtheit aller Organismen wirkt demnach symbiotisch und selbstorganisierend in einem übergeordneten »Wesen« zusammen, so die Vertreter der Hypothese. Gaia, benannt nach der griechischen Erdgöttin, steht also für eine Art »biologisches Kontrollsystem«, einen

Meta-Organismus, der sich selbst in einem dynamischen Gleichgewicht hält. Dabei kann der »Gesamtorganismus Erde« dafür sorgen, dass sich neue Eigenschaften, Verhaltensweisen oder Strukturen herausbilden, wenn beispielweise die alten zu versagen drohen.

Viele Aussagen der Gaia-Theorie basieren auf wissenschaftlichen Daten und sind bis heute auf breiter Ebene anerkannt. Gleichzeitig hält Gaia auch Hypothesen bereit, die sich nur schwer belegen lassen und je nach Weltanschauung unterschiedlich gedeutet und interpretiert werden können. Dies ist wohl der Grund dafür, warum Gaia in den 70er-Jahren einige Gemüter erhitzte, stellt sie doch so ziemlich alles infrage, was reduktionistisch denkende Wissenschaftler seit jeher propagiert hatten. So ist es auch kein Wunder, dass die Ideen von Lovelock und Margulis einiges an Gegenwind erfahren mussten. Doch wie sagte es der kanadische Psychiater Ian Stevenson einst so passend:

»Nichts ist den Leuten so unangenehm wie eine neue Idee, und ich glaube, das gilt erst recht für uns Wissenschaftler.«

Dabei ist es unserer Ansicht nach nicht wichtig, ob man die Erde nach streng biologischer Definition als Organismus ansehen kann oder nicht. Während sich manche bis heute darüber Gedanken machen, ob und wie sich die Gaia-Hypothese korrekt widerlegen lässt, haben andere den tieferen Kern dieser Theorie verstanden:

Die Erde ist mehr als die Summe ihrer Teile! Oder andersherum gedacht: Allein durch die Kenntnis der Eigenschaften einzelner Teile kann nicht auf das Gesamtsystem Erde geschlossen werden.

Vernetztes Denken in der Nachhaltigkeit

Mit der Gaia-Theorie und der ihr übergeordneten Systemtheorie ist es uns heute möglich, die vielfältigen Zusammenhänge auf unserem Planeten besser zu verstehen. Außerdem haben wir eine wissenschaftliche Grundlage dafür, dass unser schöner Planet viel eher als großer Organismus denn als leblose Maschine zu sehen ist. Dieses Systemverständnis ist für das Fortbestehen unserer Spezies absolut grundlegend.

Darum ist es mehr als erfreulich, dass gerade die Arbeit und Forschung im Bereich der Nachhaltigkeit immer stärker systemisch ausgerichtet ist. So werden etwa inter- und transdisziplinäre Zugänge immer wichtiger, und nach und nach begreifen wir, dass die Lösung der meisten Probleme nicht von nur einer Wissenschaftsdisziplin kommen kann. Vielmehr geht es um die Zusammenschau unterschiedlicher Perspektiven und dass verschiedene Gruppierungen aus Wissenschaft und Gesellschaft miteinander in Dialog treten.

Um etwa den Klimawandel in den Griff zu bekommen, braucht es nicht nur Meteorologen, die auf naturwissenschaftlicher Basis die Zusammenhänge zwischen CO_2-Konzentration und Temperaturanstieg erklären und die daraus resultierenden Auswirkungen prognostizieren können. Es braucht gleichermaßen Sozial-, Human-, Kultur- und Geisteswissenschaftler, die gesellschaftliche Strategien und Maßnahmen zur Erreichung klimagerechter Pfade entwickeln, anwenden und bewerten können. Dabei wiederum sind Politik- und Rechtswissenschaftler genauso gefragt wie jene, die das letztlich umsetzen müssen. Und das sind natürlich wir alle – in unserer Rolle als Bürgerinnen und Bürger.

Erkenntnisse aus der Quantenphysik

Einen weiteren spannenden Hinweis auf die Verbundenheit allen Seins liefert uns die Quantenphysik. Ihre Erforschung durch Wissenschaftler wie Max Planck, Erwin Schrödinger oder Wolfgang Pauli revolutionierte die Physik und schuf die Grundlage für viele technologische Errungenschaften wie den Laser oder die moderne Mikroelektronik.

Doch nicht nur technisch, auch philosophisch und spirituell bot die Quantenphysik allerhand Sprengstoff. Ihre Enthüllung lieferte derart mystische und kaum vorstellbare Ergebnisse, dass Vertreter der klassischen Physik sie seit mehr als hundert Jahren zu widerlegen versuchen – und jedes Mal daran scheitern. So bewies die Quantenphysik etwa, dass die in der alten, mechanischen Physik angenommenen Theorien nur Idealisierungen sind und auf der

Ebene von Elementarteilchen[q] keine Gültigkeit haben. Die Vorstellung einer exakten Naturwissenschaft wurde dadurch beendet, auch wenn dies die meisten Menschen bis heute weder wissen noch verstanden haben. Gleichzeitig ist ein Verstehen in unserem gewohnt rationalen Sinn ohnehin schwer möglich.

Ohne zu weit auszuholen, möchten wir hier nur jenen Teilaspekt der Quantenphysik vorstellen, der im Zusammenhang mit dem Weltbild der Verbundenheit von großer Relevanz und Interesse ist. Lass uns dazu in das Phänomen der Quantenverschränkung eintauchen.

Die Verschränkung zweier oder mehrerer Objekte gehört zu den beeindruckendsten Entdeckungen der Quantenphysik und ist mit unserem normalen Erfahrungshorizont nur schwer vorstellbar. So ist es physikalisch möglich, zwei Teilchen miteinander zu verschränken, also vollkommen zu verbinden. Wenn man diese Teilchen räumlich wieder voneinander trennt und eines der Teilchen beliebig verändert, kann man die exakt gleiche Veränderung auch beim anderen Teilchen feststellen.

Noch einfacher zu erklären ist das Ganze am Beispiel der verschränkten Quantenwürfel. Stell dir dazu zwei Würfel vor, die miteinander verbunden sind. Man transportiert einen der beiden Würfel Tausende Kilometer weit weg an einen anderen Ort. Des Weiteren sorgt man dafür, dass keinerlei Kommunikation zwischen den beiden Würfeln passieren kann. Verändert man nun den einen Würfel, findet die gleiche Veränderung auch am entfernten Würfel statt. Wenn wir mit Würfel A eine Eins würfeln, zeigt auch Würfel B eine Eins. Würfeln wir dann mit Würfel B eine Fünf, zeigt auch Würfel A wiederum eine Fünf. Obwohl jeder Würfel für sich genommen die gleiche Wahrscheinlichkeit hat, eine der sechs Zahlen zu würfeln, zeigen die beiden Quantenwürfel immer das gleiche Ergebnis. Sie sind wie von Zauberhand miteinander verbunden, und es ist kein Wunder, dass Albert Einstein dies als »spukhafte Fernwirkung« bezeichnete.

---

[q] Elementarteilchen sind die kleinsten bekannten Bausteine der Materie.

Das erklärt wohl auch, dass sich viele Quantenphysiker seit jeher Gedanken dazu machen, wie diese Entdeckungen philosophisch und transzendental zu deuten seien. Einer der bekanntesten Physiker aller Zeiten, Erwin Schrödinger, betrachtete die Forschungsergebnisse etwa als Beweis dafür, dass alles miteinander verbunden ist und wir die Trennung und den Dualismus aus Geist und Materie hinter uns lassen müssen.[146] Seine Überzeugungen, wie auch jene von Niels Bohr oder Werner Heisenberg, brachten einen Stein ins Rollen, und so gibt es bis heute eine rege Diskussion an der Schnittstelle Physik und Transzendenz.

Moderne Bewusstseinsforschung

Was ist die biologische Grundlage von Bewusstsein? Jahrhundertelang stellten sich Gelehrte aus den verschiedensten Bereichen immer wieder diese Frage. Doch der Grund, warum sie bis heute nicht geklärt ist, liegt womöglich nicht an den falschen Antworten, sondern an der falschen Frage.

Trotz der zahlreichen Entdeckungen der Quantenmechanik geht die klassische Wissenschaft bis heute davon aus, dass alle Wirklichkeit nur auf Materie zurückzuführen sei. Oft wird angenommen, dass sowohl unsere Gedanken und Handlungen als auch unser Bewusstsein in den Zellen des Gehirns erschaffen werden.[147] In dieser Denkweise wird der Mensch zur Maschine und kann auf Sinneseindrücke nur reflexartig reagieren, wie es die Neurowissenschaftlerin Dr. Marjorie Woollacott beschreibt. Die Präsidentin der Akademie für Post-Materialistische Wissenschaft[r] gehört zu jenen, die den materialistischen Standpunkt zwar nicht ablehnen, jedoch entscheidend erweitern wollen. Wie viele andere ihrer Kolleginnen und Kollegen vertritt Woollacott die Ansicht, dass es nur ein allumfassendes Bewusstsein gebe und dass dieses vom Gehirn gefiltert und in sensorische Informationen übertragen werde.

---

[r] AAPS: Academy for the Advancement of Postmaterialist Sciences.

Unterstützt wird diese These durch die Erkenntnisse der Meditationsforschung. Man weiß heute, dass es in unserem Gehirn ein sogenanntes Ruhezustandsnetzwerk gibt, das immer dann aktiv ist, wenn sich Menschen innerlich eine Geschichte erzählen oder tagträumen.[148] Bei längerem Meditieren hingegen wird die Hirnaktivität irgendwann heruntergefahren, und man hat über Studien herausgefunden, dass diese Inaktivität im Ruhezustandsnetzwerk mit verstärkten Verbundenheitsgefühlen und erweiterten Bewusstseinszuständen einhergeht. Sobald unsere Gedanken also endgültig still werden, öffnen wir uns scheinbar für ein neues Bewusstsein. Was einem die Yogis seit Jahrtausenden zu erklären versuchen, lässt sich heute auch via Magnetresonanz nachweisen. Da kann man der Wissenschaft – und natürlich auch den Yogis – schon mal herzlich Danke sagen!

Ein weiteres Argument für ein allumfassendes und vom Hirn unabhängiges Bewusstsein liefern die Studien über Nahtoderfahrungen (NTE). Einer der Pioniere in diesem Bereich ist der niederländische Kardiologe Dr. Pim van Lommel, der die Erlebnisse von Menschen mit NTE-Erfahrungen seit Jahrzehnten erforscht. Gemeinsam mit seinen Kollegen hat er viele Tausend Menschen interviewt, die im Koma oder in der Zeit eines Herzstillstands eine Nahtoderfahrung hatten. Während manche unangenehme Erfahrungen machten, sprachen viele andere von weißem Licht oder starken Einheitsgefühlen.

Noch spannender ist die Tatsache, dass einige Interviewte angaben, dass sie dabei »zusehen« konnten, wie sie vom Krankenhauspersonal versorgt und reanimiert wurden. Manche konnten sogar exakt wiedergeben, welche Handlungen die Mediziner bei der Operation durchführten und welche Instrumente sie dabei verwendeten.[149] Medizinische Laien gaben also präzise Informationen darüber, was während ihrer Operation passierte.

Wie lässt sich das deuten? Mit einer materialistischen Perspektive ist dies jedenfalls nicht zu erklären. Wie soll der Mensch im Gehirn etwas bewusst wahrnehmen, wenn das Gehirn komplett stillsteht und quasi tot ist? Die geläufigste Erklärung, die die klassische

Wissenschaft zur Verfügung stellt, ist jene, dass all den Studien ein Fehler unterlaufen sein muss. Die geläufigste Erklärung der modernen Bewusstseinsforschung hingegen ist, dass es ein allumfassendes Bewusstsein geben muss und wir Menschen ein Teil davon sind.

Tja, was erscheint dir stimmiger? Haben Hunderte Wissenschaftler seit mehr als drei Jahrzehnten immer wieder die gleichen Fehler gemacht, oder liegt der Fehler doch im System? Entscheide selbst. Wie wir dies sehen, kannst du dir vermutlich denken.

Fassen wir unsere Erkenntnisse noch mal zusammen. In einer endlosen Anzahl an Schriften sprechen verschiedene Gelehrte zu verschiedenen Zeiten an verschiedenen Orten immer wieder von ein und derselben Sache. Im Einklang mit ihren Gefühlen und offen für das Mysterium des Lebens beschreiben sie seit Tausenden Jahren, dass wir alle miteinander verbunden sind und die Trennung nur eine Illusion des Verstands ist.

So spricht etwa die indische Lehre der Upanischaden[S] davon, dass die Trennung ein bloßes Konzept sei und dass wir alle denselben Ursprung haben und in einem einzigen Bewusstsein miteinander verbunden sind. Was in den vergangenen Jahrhunderten voll strenger Rationalität meist als Spuk abgetan wurde, bekommt mittlerweile auch abseits spiritueller Gelehrter Rückendeckung: Quantenphysik und Bewusstseinsforschung stellen unser klassisches Denken seit einem Jahrhundert völlig auf den Kopf.

All unsere Konzepte von Zeit und Raum scheinen nicht tief genug, um die Essenz des Lebens wirklich fassen zu können. Leben ist mehr als nur die Summe der einzelnen Teile. WIR sind mehr als diese Summe. Wir sind Teil eines größeren, allumfassenden Bewusstseins und somit verbunden mit diesem Planeten und all seinen Lebewesen.

Wenn wir tatsächlich in ein neues und zukunftsfähiges Zeitalter aufbrechen wollen, tun wir gut daran, uns diesen mystisch anmutenden Erkenntnissen zu öffnen. Machen wir also Platz für die Vorstellung des Unvorstellbaren; Platz für ein neues, wegweisendes Weltbild. Die Zeit dafür ist mehr als reif!

[S] Sammlung philosophischer Schriften des Hinduismus.

10.3 Das Erwachen des Ökologischen Selbst

Was bedeutet ein verbundenes Weltbild für uns als einzelne Individuen? Vielleicht fragst du dich an dieser Stelle ja sogar, ob es in solch einer Sichtweise denn überhaupt noch sinnvoll ist, von einzelnen Individuen zu sprechen? Unsere Antwort dazu ist ein klares Ja. Natürlich ist jeder von uns ein eigenständiges Wesen mit eigenem Intellekt, eigenen Bedürfnissen, einer eigenen Wahrheit und eigenen Träumen. Die wichtige Erkenntnis ist jedoch, dass wir trotz aller Einzigartigkeiten und Unterschiede keine isolierten Wesen sind. Wir sind Teil des Lebens und abhängig von unserer Umwelt, unseren menschlichen Beziehungen und all den anderen Lebewesen. Wenn wir im Weltbild der Verbundenheit also von einem »Ich« sprechen, müssen wir diesen Begriff weiter fassen, als wir das bisher getan haben.

In der Tiefenökologie[t] wird die schrittweise Ausdehnung des eigenen Ichs als das »Ökologische Selbst« bezeichnet.[150] Es ist jener Teil in uns, der weit über die eigene Persönlichkeit hinausgeht und sukzessive auch andere Menschen, Gruppen und Lebewesen miteinschließt. Das kleine »Ich« wird sozusagen zu einem umfassenderen »Wir«. Das Ökologische Selbst in uns weiß: Ich bin dieser Mensch, aber ich sehe mich auch in einem anderen Menschen. Ich bin aus Fleisch und Blut, aber gleichzeitig sehe ich mich auch als Teil einer Pflanze oder sogar als Teil eines Steins.

Uns ist klar, dass dies für manche etwas verrückt klingen mag beziehungsweise gar nicht so leicht zu verstehen ist. Und das ist auch gut so! Denn, du ahnst es sicher schon, es ist auch nicht für den Verstand gedacht. Bewusst eingesetzt ist der Verstand eine großartige Sache. Doch durch seinen ständigen Willen zu kontrollieren und sein ewiges Wiederkäuen der immer gleichen Dinge vernebelt er oft die Sicht auf den tieferen Kern.

Wir werden dazu im nächsten Kapitel noch einige Methoden behandeln, wie wir unseren Verstand ruhigstellen können, um unsere

---

[t] Ganzheitliche Umwelt- und Naturphilosophie.

Sicht freier zu machen. Falls du damit nicht viel anfangen kannst oder die Ausdehnung des Ichs bei Meditationen oder anderswo noch nicht erlebt hast, verstehe die folgenden Zeilen fürs Erste bitte als Gedankenexperiment:

Erlaube dir einmal in aller Offenheit und Neugier den Gedanken, dass du, liebe Leserin, lieber Leser, ein Stein bist. Ja, ein Stein! Du bist größer als nur du. Du bist du plus ein Stein. Nicht nur das, vielleicht bist du sogar eine ganze Schottergrube. Du willst keine Schottergrube sein? Na gut, dann probiere es doch mal mit einem Menschen. Eine intensive Verbindung zu einem anderen Menschen zu spüren, ist sicher einfacher. Dieses Gefühl kennen wir in der Regel alle. In manchen Momenten erleben wir es sogar derart stark, dass wir fast verschmelzen mit dieser anderen Person. Wir fühlen uns eins mit ihr. Solch innige Liebe lässt die Grenzen zwischen dem Ich und dem Du für kurze Zeit verschwinden und ist, du wirst das wohl bestätigen, eines der schönsten Gefühle überhaupt.

Hol dir dieses Gefühl also einmal her und versuche es tief in dir zu fühlen. Denk an die geliebte Person und an die innige Verbindung zu ihr. Nun stell deinem Verstand die Frage, wieso ein derartiges Gefühl nicht auch für andere Lebewesen möglich sein sollte? Wieso diese wunderbare Verbundenheit auf einen kleinen Kreis von Menschen beschränkt sein sollte? Eigentlich paradox, oder? Begrenzen wir unsere Liebe auf nur eine Handvoll Menschen, begrenzen wir uns eigentlich selbst. Wenn wir uns nur ganz wenigen Menschen verbunden fühlen, trennen wir uns automatisch von allen anderen ab. Wollen wir diese Trennung aber lösen, dürfen wir uns und unserem eigenen Ich-Konstrukt erlauben, sich zu weiten und auszudehnen. Bis hin zu jenem Punkt, wo wir uns nicht nur unseren Liebsten, sondern der gesamten Weltgemeinschaft verbunden fühlen.

Dieser Zustand beschreibt genau das, was hier als »Ökologisches Selbst« benannt wurde: Ich bin Teil der Weltgemeinschaft. Ich bin Teil der Erde. Das gesamte Universum lebt in mir. Ich bin ein Rad im großen Spiel des Lebens und brauche alles Leben um mich herum, um gedeihen und mich entfalten zu können.

Die Grenzen des Ichs weiten

Ein gesundes Gefühl von Verbundenheit zu entwickeln, ist ein Grundpfeiler auf dem Weg in eine zukunftsfähige Gesellschaft. Es hilft uns aber auch im täglichen Leben und im Umgang mit anderen. Denn wer schadet schon absichtlich jemandem, mit dem er sich verbunden fühlt? Eben! Wir wollen doch niemanden leiden, sondern vielmehr glücklich sehen, den wir zu unserer gefühlten Familie zählen.

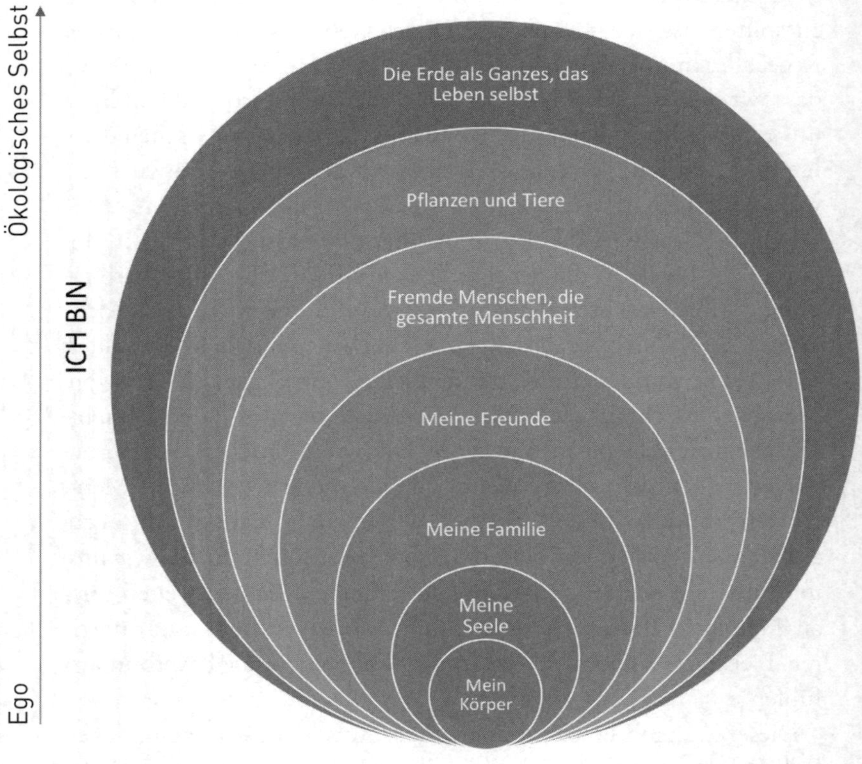

Abb. 6: Vom kleinen Ich zum Ökologischen Selbst

Nur wir selbst entscheiden, bewusst oder auch unbewusst, wen wir zu unserer »Familie« zählen und wen nicht, das heißt, wer irgendwie zu uns gehört und wer nicht. Je nachdem, wie eng oder wie weit wir die Grenze unserer persönlichen Identität ziehen, wird sich auch unser Verständnis von Verwandtschaft verändern. Menschen mit einer engen Ich-Grenze sehen ihr eigenes Ego im Mittelpunkt des Geschehens. Dieses Ego endet exakt da, wo auch der Körper endet. Alles andere ist außerhalb und somit getrennt von ihnen.

Während solche Menschen ihre Fürsorge lediglich sich selbst, ihrer biologischen Familie und vielleicht ein paar engeren Freunden zuteilwerden lassen, dehnen Menschen mit einem breiteren Selbst-Verständnis ihre Definition von Verwandtschaft immer weiter aus: auf die gesamte Menschheitsfamilie, auf alles Lebendige, auf die Erde als Ganzes und schließlich auf das Leben selbst. An diesem Punkt sehen wir den Bruder auch im Fremden, den Freund auch im Tier und das Einzigartige und Ehrbare im gesamten Planeten. Wir begreifen uns selbst als tief eingebunden in das lebendige Netz des Lebens und erkennen, dass wir so viel mehr sind als unser scheinbar getrennter Körper. Und so könnte man durchaus sagen, dass das Erwachen des Ökologischen Selbst einer »irdischen Erleuchtung« gleichkommt.

In der Wissenschaft gibt es seit Neuestem sogar einen Fachbegriff für das Erwachen des Ökologischen Selbst: Global Identity – globales Identitätsgefühl. Es beschreibt ein Gefühl von Verbundenheit mit allen Menschen auf der Welt und eine Sorge um ihr Wohlergehen.

In einer kürzlich veröffentlichten Studie hat man herausgefunden, dass Menschen mit einer hohen globalen Identität viel eher umweltfreundlich und sozial handeln als Menschen mit geringeren globalen Verbundenheitsgefühlen.[151] Ist das nicht interessant? Je mehr wir uns selbst als Teil der Weltgemeinschaft verstehen, desto nachhaltiger verhalten wir uns. Je mehr Ähnlichkeiten statt Unterschiede wir zwischen uns und anderen sehen, desto inklusiver und gemeinschaftlicher denken wir. Je verbundener wir uns mit anderen fühlen, desto mitfühlender und freundlicher agieren wir. Damit lässt sich auch schlussfolgern, dass in einem Weltbild der Verbundenheit ein menschenfeindliches oder umweltschädigendes Verhalten immer absurder und unmöglicher wird.

Ich bin, weil du bist

Eine solch verbundene Lebensphilosophie ist in anderen Kulturen keineswegs neu und reicht auch weit über die Nische spiritueller Gruppen hinaus. In der südafrikanischen Xhosa-Kultur hat man sie beispielsweise im Wort »Ubuntu« zusammengefasst: »Ich bin, weil du bist – und ich kann nur sein, wenn du bist.«[152] Ubuntu kann auch übersetzt werden mit Menschlichkeit, Nächstenliebe oder Gemeinsinn. Es ist der Glaube an etwas Universelles, das die gesamte Menschheit verbindet. Eine Person mit Ubuntu zieht ihr Ich-Gefühl aus einem gemeinsamen Wir. Das Menschsein wird damit zu einer Eigenschaft, die wir uns gegenseitig verdanken. Wir bedingen und erschaffen uns gegenseitig und nehmen an den Kreationen der anderen teil.

Eine schöne Geschichte zum Spirit von Ubuntu ist die folgende:

Ein Anthropologe soll Kindern eines afrikanischen Stammes einmal ein neues Spiel angeboten haben. Er stellte einen Korb voller Obst in der Nähe eines Baumes ab und sagte ihnen: »Wer zuerst dort ist, gewinnt die süßen Früchte.« Als er ihnen das Startsignal gab, nahmen sie sich gegenseitig an den Händen und liefen miteinander zum Ziel. Dort setzten sie sich gemeinsam hin und genossen die Leckereien. Als er sie fragte, weshalb sie Hand in Hand gelaufen seien, wo doch jeder die Chance hatte, die Früchte für sich selbst zu gewinnen, sagten sie: »Ubuntu! Wie kann einer von uns froh sein, wenn all die anderen traurig sind?«[153]

Eine andere Geschichte erzählt von einem afrikanischen Stamm, bei dem jedes Stammesmitglied, das etwas Verletzendes oder Falsches getan hat, bei einer Versammlung in die Mitte genommen wird. Die anderen Stammesmitglieder erzählen ihm dann zwei Tage lang alles Gute und Schöne, was er je in seinem Leben getan hat. Sie glauben, dass jeder Mensch im Grund gut ist und sich Sicherheit, Liebe, Frieden und Glück wünscht. Seine Missetat ist nur ein

Hilferuf, begangen in seelischer Not. Auf diese Weise verbinden sie ihn wieder mit seiner wahren Natur. So kann er erkennen, wie er sich von der Wahrheit vorübergehend getrennt hatte, und darf sich wieder erinnern, wer er wirklich ist.[154]

Was wir hier vermitteln wollen, ist ein Gespür für eine Lebensphilosophie, von der wir so vieles lernen können. Die Geschichten sollen uns zeigen, dass wir einander zum Leben brauchen und daher ein grundlegendes Interesse an unserem gegenseitigen Wachsen und Gedeihen haben.

Egal wie wir es nennen, ob Ubuntu, das Ökologische Selbst oder Global Identity: Wichtig ist, dass wir zu einem neuen Selbstverständnis kommen und begreifen, dass wir mehr sind als unser kleines Ich, mit dem wir bisher unser Leben bestritten haben. Diese Ausdehnung kann nicht kognitiv erreicht werden, sie kann auch nicht verordnet und nicht über Unterlagen erlernt werden.

Die Ausdehnung des Ichs ist eine geistige, innere Angelegenheit. Es ist ein real erlebbarer Prozess, der das Gefühl der Verbundenheit in uns immer weiter stärkt, je öfter wir ihn anregen. Und ja, dieser Prozess findet nicht von heute auf morgen statt – er erfordert meist viel Zeit, Geduld und auch Übung.

Wenn du nun Lust hast, dein Ich weiter auszudehnen, wollen wir dir gleich folgende Meditation ans Herz legen. Viel Spaß dabei!

Ü: Eine Herzensmeditation

Finde zuerst eine angenehme aufrechte Sitzposition. Schließe die Augen. Richte langsam deinen Blick nach innen und komme immer mehr in deinem Körper an. Spüre, wie du auf deiner Unterlage sitzt. Spüre dein Sein, genauso wie es sich jetzt gerade zeigt.

Konzentriere dich nun auf deine Herzgegend, in der Mitte deiner Brust. Atme 4 bis 6 Sekunden lang bewusst ein. Stelle dir vor, wie du frische, helle Luft in dir aufnimmst. Diese Luft ist voll Leben, voll Gesundheit, voll Ausgeglichenheit, voll Freude. Sie ist prickelnd, strahlend und versorgt dich mit lebenswichtiger Energie und Sauerstoff.

Beim langsamen Ausatmen stellst du dir vor, wie all das Negative, all das, was dich heute oder in letzter Zeit belastet hat, aus dir hinausgeatmet wird. Mit jedem Einatemzug tankt dein Herz Licht, Leben und Freude. Mit jedem Ausatemzug fällt Belastendes von dir ab. Bleibe einige Minuten bei dieser Herzatmung, in deinem Rhythmus.

Verstärke diesen harmonisierenden Zustand, indem du dir vorstellst, wie dein Herz von einer warmen Brise oder von den Strahlen der Sonne oder von warmem Wasser erwärmt wird. Spüre, wie sich Wärme und Wohligkeit in dir ausbreiten. Du kannst dir auch eine bestimmte Situation aus deinem Leben vorstellen, in der du dich sehr glücklich oder geliebt gefühlt hast. Erlaube all den aufkommenden positiven Empfindungen, sich in deinem Herzen auszubreiten. Bade in Empfindungen von Glück, Liebe und tiefem Frieden. Lass dich ganz von dieser Energie durchtränken und umhüllen. Werde zur Lebensfreude, zur Glückseligkeit, zur Liebe.

Lass diese Energie über deine Körpergrenze hinaus in deine Umgebung strömen. Die Liebe deines Herzens erfüllt den Raum, in dem du dich gerade befindest. Sie fließt weiter in deine Stadt, das ganze Land und breitet sich schließlich auf der ganzen Erde aus. Spüre, wie alle Menschen und Lebewesen auf dieser Welt durch deine Liebe bereichert werden und wie du durch ihre Liebe berührt und bereichert wirst. Fühle, wie nahe du allen Menschen und Wesen bist, wenn du mit dem Herzen schaust. Nimm wahr, dass du ein wichtiger Teil des großen Ganzen bist. Fühle die Verbundenheit mit der Gemeinschaft allen Lebens.

Wenn du magst, lege nun deine Hände auf dein Herz und spüre die Dankbarkeit darüber, gemeinsam mit so vielen wunderbaren Menschen ein neues Bewusstsein auf die Erde bringen zu dürfen. Allein schon dadurch, dass wir uns gedanklich miteinander verbinden, erschaffen wir eine neue Realität!

Wenn du bereit bist, komm langsam wieder zurück in deinen Körper und in den Raum, in dem du dich befindest. Nimm ein paar tiefe Atemzüge und mach ganz behutsam die ersten kleinen Bewegungen. Öffne dann, in deinem Tempo, die Augen.

11. Wege zu neuer Bewusstheit

Wir haben in den letzten beiden Kapiteln das alte und das neue Narrativ in seinen Grundzügen einander gegenübergestellt. Wir haben uns vor Augen geführt, woher wir kommen und wo wir als Gesellschaft in Zukunft hinwollen beziehungsweise hinmüssen. Nun stellt sich die Frage, wie wir da hingelangen.

Wie machen wir Platz für ein Weltbild der Verbundenheit, das die geistige Grundlage für eine nachhaltige Entwicklung bereitet? Wie lösen wir uns aus den Verstrickungen und Verblendungen unseres kleinen »Ichs«? Wie können wir jenen Platz in der Welt einnehmen, der uns Menschen wirklich entspricht? Und wie können wir alles verabschieden, das dem wahren Ausdruck unseres Herzens im Wege steht?

Zugegeben, das sind anspruchsvolle Fragen, deren Beantwortung viel Zeit und Geduld erfordert. Wir wollen versuchen, dir auf den folgenden Seiten ein paar Antworten darauf zu geben. Wir haben selbst einen jahrzehntelangen Prozess hinter uns – und wohl noch einen ebensolchen vor uns! Wir durften auf unserem bisherigen Weg Dutzende Methoden kennenlernen, die uns bei der inneren Transformation hin zu einem verbundenen Weltbild sehr behilflich waren. Einige dieser Methoden und Ansätze wollen wir dir in diesem Kapitel vorstellen.

Gleich zu Beginn sind die Schattenarbeit und das Erlangen einer gewissen emotionalen Reife als wesentliche Voraussetzungen für ein neues Bewusstsein zu nennen. Dies haben wir bereits ausführlich im vorherigen Teil des Buchs beschrieben, wollen es aber noch einmal betonen: Ohne gesunden Umgang mit den eigenen, tiefer liegenden Ängsten, Wunden und Glaubenssätzen kann keine neue Bewusstheit entstehen!

Natürlich gibt es immer wieder spirituelle Menschen, und zwar nicht wenige, die in irgendwelchen Fantasien eines glorreichen Zeitalters schwelgen und von Frieden, Freude, Eierkuchen träumen, ohne aber den Unfrieden in sich selbst betrachten zu wollen. Wir möchten hier in aller Deutlichkeit klarstellen, dass dieser Weg nicht funktionieren wird. Man kann sich die Weltsicht der Verbundenheit nicht einreden oder positiv herdenken. Vielmehr stellt sie eine tiefere Essenz von uns dar.

Geboren als verbundene Wesen versperren uns allerdings Konditionierungen, Glaubenssätze, Ängste und Sozialisierungen den Blick auf diese innere Weisheit. Diese Kräfte halten uns in der Illusion der Trennung gefangen – und solange wir uns damit identifizieren, geben wir ihnen täglich das Recht, uns zu manipulieren. Wir erfahren uns und unser Leben dann genauso: getrennt, verengt und manchmal auch ängstlich.

Was es also braucht, ist nicht der »Erwerb« von etwas Neuem, sondern die Erinnerung an das, was wir bereits sind und schon immer waren. Wir sind unendlicher Geist! Wir sind verbundene Herzen! Wir sind beseelte Natur! Wir brauchen nur jene Dinge liebevoll zu verabschieden, die dieser Erkenntnis im Weg stehen. Genau dafür ist die Schattenarbeit von unschätzbarem Wert.

Auf den folgenden Seiten wollen wir noch weitere Methoden beschreiben, die eine solche Transformation bewirken können. Wir sind der Ansicht, dass sich die verschiedenen Zugänge, Ansätze und Werkzeuge, die wir im Lauf dieses Buchs beleuchten, positiv ergänzen und in ihrer gegenseitigen Wirkung fördern. So kann zum Beispiel die Reflexion über die eigenen Werte dazu führen, dass wir mehr Zeit in der Natur verbringen wollen. Naturerfahrungen wiederum unterstützen die Achtsamkeit. Diese hilft ihrerseits massiv bei der Schattenarbeit sowie bei der Erlangung einer verbundenen Weltsicht. Dies wiederum ist die grundlegende Voraussetzung für ein neues Handeln in der Welt.

11.1 Nachhaltig leben mit Achtsamkeit

Achtsamkeit oder »Mindfulness« ist längst kein spirituelles Relikt aus Buddhas Zeiten mehr. Kontemplative[u] Techniken wie Meditationen oder Achtsamkeitspraktiken erfreuen sich heutzutage großer Beliebtheit. Jon Kabat-Zinn prägte dazu den Begriff als ein Gewahrsein und Beobachten des gegenwärtigen Moments, ohne zu bewerten oder etwas weghaben zu wollen.[155] Empfindungen des Körpers, eigene Gedanken und auftretende Gefühle werden einfach wahrgenommen, ohne sich damit zu identifizieren und ohne darauf mit automatischen Verhaltensmustern zu reagieren.

Egal ob als spirituelle Praxis, als psychologisches Konzept oder als Methode in der Mindfulness-Based Stress Reduction (MBSR[v]), Achtsamkeit kann uns in vielen Lebenslagen auf wertvolle Weise unterstützen. Sie schult unsere Aufmerksamkeit und Präsenz. Sie öffnet unseren Blick für das wahrhaft Wichtige. Sie macht uns bewusst, dass unser Leben aus einer Folge von Augenblicken besteht. Sie unterstützt uns im Umgang mit unseren Gefühlen und stärkt unser Sozialverhalten sowie unsere emotionale Resilienz. Nicht zuletzt fördert sie unsere kognitiven Fähigkeiten, reduziert Stress und verschafft uns dadurch mehr individuelles Wohlbefinden. Tja, wenn das mal kein Wundermittel ist!

Bevor wir dir aber all die Vorteile von Achtsamkeit genauer vorstellen, wollen wir eine kleine Übung mit dir machen. Texte über Achtsamkeit lesen sich viel achtsamer, wenn man sich zuvor in die Achtsamkeit begeben hat. Logisch, oder?

> Beobachte kurz einmal den Raum oder Ort, an dem du dich gerade befindest. Nimm wahr, welche Objekte oder auch Menschen du sehen kannst. Siehst du etwa einen Plüschpinguin, lass deine innere Stimme sagen: »Da ist ein Pinguin.« Siehst du eine metallene Vase, erkenne diese Vase. Geh alles, was du in der

---

[u] Kontemplation ist das konzentrierte Betrachten von etwas.
[v] Achtsamkeitsbasierte Stressreduktion.

Außenwelt wahrnehmen kannst, einmal kurz durch und werde dir bewusst, dass du vermutlich auf Dinge stößt, die dir zuvor gar nicht so aufgefallen sind.

Werde dir ganz des Ortes bewusst, an dem du dich gerade befindest. Lass dir dabei wirklich ausreichend Zeit! Hast du deine Umgebung schließlich wahrgenommen, so begib dich auf eine kurze Reise in dein Inneres. Spüre einmal nach, wie sich dein Körper gerade anfühlt. Sind irgendwelche Verspannungen spürbar, knurrt der Magen oder macht sich ein anderer Körperteil auf irgendeine Art und Weise bemerkbar? Nimm deinen Körper als Ganzes wahr und beobachte auch deinen Atem, wie er einströmt und dann wieder ausströmt.

Zu guter Letzt fokussiere deine Aufmerksamkeit auf deine Gedanken und Gefühle. Welche Gedanken bemerkst du gerade in deinem Kopf? Wie ist dein emotionales Befinden an diesem heutigen Tag und in diesem aktuellen Moment? Beobachte deine Gedanken, spür hinein in deine Gefühle und vergiss nicht: Zeit lassen, Zeit lassen, Zeit lassen …

»Hello again!« Wenn du unsere kleine Einstiegsübung bewusst und achtsam mitgemacht hast, ist dein Kopf nun hoffentlich frei und aufnahmefähig für ein paar knackige Daten und Fakten! Mindfulness ist nämlich weit mehr als nur ein Weg in die Stille. Sie ist mittlerweile auf breiter Ebene anerkannt und wird in vielen Bereichen eingesetzt – von der Gesundheitsprävention über die Pädagogik bis in die Unternehmenswelt ist alles dabei.

Gerade in der Wirtschaft hat Achtsamkeit beinahe Kultstatus erlangt. So hatten im Jahr 2018 knapp 44 Prozent aller US-amerikanischen Unternehmen Achtsamkeitstrainings für ihre Mitarbeiter im Programm.[156] Unter anderem deshalb, weil dies nachweislich die Gesundheitskosten reduziert, den Sprachfluss sowie die visuellräumliche Vorstellung erhöht und das Arbeitsgedächtnis verbessert.

»Ecological Mindfulness« als innovatives Forschungsfeld

Achtsamkeit ist mittlerweile zu einem modernen und intensiv beforschten Wissenschaftsgebiet avanciert. Die Zahl der wissenschaftlichen Publikationen zum Thema wuchs ab der Jahrtausendwende regelrecht exponentiell.[157] Das zeigt sehr schön, dass Spiritualität und Wissenschaft keine Widersprüche mehr sein müssen. Für eine zukunftsfähige Gesellschaft ist es unserer Ansicht nach sogar notwendig, diese beiden Bereiche wieder stärker zusammenzubringen.

Durch die Wissenschaft können wir verstehen, wie und warum spirituelle Techniken auf uns wirken. In spirituellen Techniken finden wir wiederum einen Schlüssel zur Transformation unseres Verhaltens, der weit über die Wissensebene hinausgeht. In letzter Zeit hat sich auch die Umwelt- und Nachhaltigkeitsforschung diesem Thema stärker zugewandt. Langsam scheint durchzusickern, dass eine regenerative Kultur auf Erden nicht allein über technologische Innovationen, politische Maßnahmen oder rein äußerliche Korrekturen gelingen kann.

Das neue Forschungsfeld der »Ecological Mindfulness« widmet sich spannenden Fragen: Inwiefern kann Achtsamkeit ein Schlüssel für eine nachhaltige Entwicklung sein? Haben achtsame Menschen wirklich mehr Gespür für andere Menschen oder den Planeten? Leben wir womöglich nachhaltiger, wenn wir mehr meditieren? Dies und anderes gilt es zu klären. Die Wissenschaft steht dabei zwar erst am Anfang, dennoch wurden schon überaus brauchbare Antworten gefunden, die wir dir nicht vorenthalten möchten.

Richtig angewandt, können die Praktiken der Achtsamkeit sowohl Stress, Depressionen als auch Ängste nachweislich reduzieren.[158] Darüber hinaus können die kognitive Leistung unseres Gedächtnisses sowie unsere Konzentrations- und Entscheidungsfähigkeit verbessert werden. Auch die emotionale Stabilität und die psychologische Resilienz nehmen zu. Wir werden klarer im Kopf, sind kreativer und dadurch insgesamt positiver drauf.[159]

Für die Nachhaltigkeit haben diese Erkenntnisse immense Auswirkungen. Denn wenn wir uns nicht gesund oder glücklich fühlen, haben wir wohl kaum die nötige Energie, uns für Umweltschutz oder soziale Themen einzusetzen. Das eigene Wohlergehen ist also eine wichtige Voraussetzung, um uns überhaupt anderen Themen zuwenden zu können. So verwundert es nicht, dass sich glücklichere Menschen erwiesenermaßen viel eher umweltfreundlich verhalten als unglückliche.[160]

Ein weiterer Aspekt der Achtsamkeit ist die Stärkung unserer intrinsischen Werte. Achtsamkeit verhilft uns zu mehr Klarheit bei den eigenen Werten und wir handeln mehr in Übereinstimmung mit diesen. Wenn wir wissen, was für uns selbst zählt, sind wir weniger empfänglich für die Beeinflussung durch andere oder etwa die Werbung.

Auch der Drang nach materiellen Besitztümern nimmt ab. Vieles von unserem Konsumverhalten läuft automatisiert ab und ist weit mehr von unbewussten Routinen beeinflusst als von achtsamen Überlegungen. Deshalb kaufen wir oftmals die ständig gleichen Dinge – weil wir es immer schon so getan haben. Achtsamkeit kann dabei helfen, solche Gewohnheiten zu erkennen, zu stoppen und dadurch zwanghafte Konsummuster zu brechen.[161]

Wenn wir unsere Gedanken und Gefühle bewusster wahrnehmen, bekommen wir mehr Flexibilität und Wahlfreiheit über unser Verhalten und sind weniger in Automatismen gefangen.[162] Zudem nimmt unsere Selbstkontrolle zu, was natürlich in Situationen, wo wir zwischen nachhaltigen und nicht-nachhaltigen Alternativen wählen müssen, vorteilhaft ist. Über eine erhöhte Achtsamkeit können wir im täglichen Dasein also unseren eigenen Lebensstil bewusster und zukunftsfähiger gestalten.

Und als ob diese Vorteile nicht schon genug wären, geht es noch weiter! Achtsamkeit macht uns sozialer im Umgang mit uns selbst und mit anderen. Sie erhöht die Empathie und das Mitgefühl für andere Menschen, stärkt den Altruismus und die soziale Kohäsion. Und das hat weitreichende Konsequenzen für die Nachhaltigkeit.[163] Wenn Mitgefühl und Altruismus die Grundlage unseres Handelns sind, sorgen wir uns mehr um das Wohlergehen anderer und sind viel eher bemüht, negative Beeinträchtigungen für andere Menschen zu vermeiden.

Durch unsere erhöhte Präsenz fällt es uns zudem leichter, anderen zuzuhören, was unsere Fähigkeiten bezüglich Kooperation sowie Kommunikation stärkt.[164] Du erinnerst dich vielleicht an den Zeitverlauf einer Emotion aus Kapitel 7.1: Trigger -> Wahrnehmung -> Reaktion. Viele Probleme in der Kommunikation entstehen, weil wir bei einem entsprechenden Trigger sofort mit gewohnten Mustern reagieren. Werden wir verbal angegriffen, gehen wir sofort in den Gegenangriff oder lassen es auch kommentarlos über uns ergehen. Wer sich hingegen in Achtsamkeit übt, kann den Reiz von der Reaktion besser trennen. Wir erkennen den Trigger als solchen und können die in uns losgetretene Emotion besser spüren. Diese bewusstere Wahrnehmung des Moments lässt uns kurz innehalten und viel konstruktiver und verständnisvoller reagieren. Verständnisvoll für den anderen und auch für uns selbst.

Aber – aufgepasst – Achtsamkeit bedeutet nicht, dass wir immer klein beigeben und ruhig und leise kommunizieren müssen. Eine achtsame Reaktion kann durchaus einmal laut und wild ausfallen, solange sie im vollen Bewusstsein der eigenen Emotionen geschieht.

Achtsamkeit hat weitreichende Konsequenzen, sowohl für uns als Individuen wie auch für die Gesellschaft als Ganzes. Doch wie bringen wir all diese Benefits ins eigene Leben? Wie können wir einen achtsamen Umgang in unserem Alltag praktizieren und kultivieren? Um eine Antwort darauf zu finden, haben spirituelle Lehrer und Trainer auf der ganzen Welt eine Fülle an Übungen entwickelt. Die Bandbreite reicht von klassischen Stille-Meditationen, wie wir sie aus dem Zen-Buddhismus oder der Vipassana-Tradition kennen, über spezielle Atemtechniken bis hin zu bekannten Übungen wie dem Body Scan oder der Rosinenübung aus der MBSR. All diese Ansätze unterstützen uns dabei, im gegenwärtigen Moment anzukommen und unsere Präsenz zu erfahren. Diese Präsenz geht stets mit einem stillen Frieden und einem Gefühl tiefer Verbundenheit einher, denn im Hier und Jetzt werden wir zu dem, was wir normalerweise durch unsere Gedanken und Gefühle nicht wahrnehmen können: Wir werden wir selbst, und zwar ganz ursprünglich und frei.

Ü: Rosinen-Übung

Diese Übung ist einfach und zugleich extrem ressourcenschonend. Und auch wenn sie im ersten Moment etwas skurril anmutet, ist sie sehr wirksam!

Nimm eine einzelne Rosine zur Hand und betrachte sie erst einmal aus verschiedenen Blickwinkeln. Wie sieht sie aus? Beschreibe ihre Form, Farbe, Größe und Oberfläche. Frage dich nun, woher sie wohl kommt und wer sie gepflückt hat.

Dann schließe die Augen und beginne, die Rosine in deiner Hand zu fühlen. Wie schwer ist sie? Welche Temperatur hat sie? Wo auf deiner Hand liegt sie auf? Im Anschluss riechst du an der Rosine und erforschst sie mit all deinen Sinnen.

Nun leg die Rosine auf die Zunge und versuche, den Geschmack zu erahnen. Kaue die Rosine ein einziges Mal und nimm im Mund und auf deinen Lippen wahr, was jetzt passiert. Daraufhin kaust du noch zehn weitere Male und beobachtest deine Wahrnehmung erneut.

Zuletzt schluckst du die Rosine und begleitest sie die Speiseröhre hinab. Wie fühlt sie sich im Körper an und was spürst du im Mundraum? Wenn die letzte Essenz der Rosine in deiner Wahrnehmung verschwunden ist, endet die Übung. Es sollten mittlerweile mindestens 10 bis 15 Minuten vergangen sein.

Diese Übung ist ein guter und niederschwelliger Einstieg in die Wahrnehmung des Moments. Sie kann natürlich auch mit anderen Lebensmitteln durchgeführt werden. Wir kennen Leute, die ihre ganze Gewürzlade durchgeübt haben und dadurch wohl auch in ihrer Kochkunst aufgestiegen sind. Wenn du also Lust hast, nimm dir doch beim nächsten Mal ein anderes Gewürz vor und entdecke dabei das Gewürz UND den gegenwärtigen Moment.

Ü: Body Scan

Wenn du gerade Zeit hast und dich zu Hause oder im eigenen Büro befindest, kannst du den Body Scan gern auch unter Anleitung durchführen. Dazu finden sich im Internet Dutzende CDs und Videos. Geh einfach mal auf die ökologische Suchmaschine »Ecosia« und suche nach »Anleitung – Body Scan«.

Prinzipiell braucht diese Übung aber keine Anleitung und kann an allen möglichen Orten einfach selbst durchgeführt werden. Am besten suchst du dir einen Platz, wo du entspannt liegen oder aufrecht sitzen kannst und weitgehend ungestört bist.

Schließe die Augen und mach ein paar lange, tiefe Atemzüge. Hast du eine bewusste und regelmäßige Atmung erreicht, beginnst du mit dem Body Scan. Dafür wanderst du mit deiner Wahrnehmung zuerst zu den Füßen. Fühle, wie sie den Boden berühren. Nimm die Fußsohlen, die Zehen und den Fußrücken von innen her wahr. Wandere nach einiger Zeit mit deiner Aufmerksamkeit weiter zu den Unterschenkeln und noch weiter zu den Knien und Oberschenkeln. Fühle alle Körperteile ganz bewusst.

Gehe dann langsam und achtsam weiter und spüre dein Becken, deinen Bauchraum, deinen Brustkorb. Wie fühlen sich diese Bereiche deines Körpers heute an? Spüre, wie dich dein eigener Atem bewegt. Jetzt fühlst du in den Rücken hinein. Zuerst in den unteren und dann in den oberen Bereich. Sofern du liegst, spüre auch, wo der Rücken auf der Unterlage aufliegt.

Gehe weiter zum Nacken, den Schultern, hinein in deine Arme, Ellbogen, bis hinunter in deine Hände und Finger. Im Anschluss fühle auch deinen gesamten Kopfbereich von innen. Entspanne alle Gesichtsmuskeln, deine Augen, deine Schädeldecke, deine Stirn.

Zum Schluss richtest du den Fokus noch einmal auf deinen gesamten Körper: Wie fühlt er sich gerade an? Spüre ich Kälte oder Wärme? Wie gleichmäßig ist mein Atem? Nimm noch mal drei lange, tiefe Atemzüge, ehe du die Augen wieder öffnest und damit die Übung beendest.

Je nach Situation und je nachdem, wie viel Zeit du zur Verfügung hast, kann ein Body Scan sehr lang oder auch nur ganz kurz stattfinden. Stefan macht zum Beispiel vor Vorträgen oder Meetings gern einen kurzen, maximal zehnminütigen Body Scan im Sitzen. Andere wiederum lieben einen einstündigen Body Scan als Meditation am Abend. Entdecke am besten selbst, wie und wann diese Übung für dich Sinn macht.

11.2 Komm in Kontakt mit deiner Natur

Ein ausgedehnter Waldspaziergang, eine Wanderung durch Schluchten, die taufrische Wiese unter den Füßen, der Anblick von Bergen, das Atmen der Meeresluft oder ein Sprung ins kühle Nass – wir alle kennen die Magie solcher Erfahrungen. Je mehr wir uns bewusst und achtsam darauf einlassen, desto intensiver können wir sie wahrnehmen und genießen. Solche Momente können uns zudem tiefe Einblicke in die Verwobenheit des Lebens schenken. Die Weite und der Raum der Naturlandschaft kitzeln auch die Weite und den Raum unseres wahren Wesens wach. In der Stille der Natur können wir in uns selbst Stille finden. Im bewussten Ein- und Ausatmen von frischer Luft spiegeln sich der Rhythmus und der Puls des eigenen Lebens wider.

Wenn wir stärker in Kontakt mit unserer Natur kommen wollen, sind konkrete Naturerfahrungen ein wesentlicher Schlüssel dafür. In der Natur kommt die Seele zur Ruhe und der Mensch wieder zu sich. Darüber hinaus haben Naturerfahrungen viele positive körperliche Effekte, die in den letzten Jahrzehnten gut erforscht wurden und uns spannende Erkenntnisse liefern können: Ein Aufenthalt im Wald ist förderlich bei hoher Stressbelastung, hohem Blutdruck, einem schwachen Immunsystem, innerer Unruhe, Konzentrationsschwierigkeiten oder auch Atemwegsbeschwerden.[165] 2008 fand der Japaner Qing Li von der Nippon Medical School heraus, dass Menschen, die in Waldregionen leben, seltener an Krebs erkranken als Menschen in unbewaldeten Regionen. So konnte gezeigt werden, dass Waldbesuche die Bildung von Anti-Krebs-Proteinen und der Herzschutz-Substanz DHEA begünstigen. Man entdeckte auch, dass das Adrenalin- und Kortisol-Level deutlich sinkt, wenn sich

Menschen einen ganzen Tag im Wald aufhalten.[166] Dieser Effekt hält bis zu sieben Tage an und stärkt das Immunsystem nachhaltig.

Als Grund für die vielen positiven Wirkungen des Waldes werden unter anderem die Terpene genannt. Das sind chemische Verbindungen, die von den Bäumen produziert und in die Waldluft abgegeben werden. Atmen wir diese ein, aktiviert das den Parasympathikus, einen Teil unseres vegetativen Nervensystems, der wiederum unsere Zellen und Organe entspannt und sie dadurch heilen lässt.[167]

Es ist somit nicht verwunderlich, dass das sogenannte Waldbaden bereits im heimischen Gesundheitssektor Eingang und viele Anhänger gefunden hat. Aber aufgepasst! Waldbaden hat nichts mit einem Waldlauf oder einer sportlichen Wanderung zu tun. Das aus dem Japanischen kommende »Shinrin Yoku« beschreibt vielmehr die aufmerksame und entschleunigte Art des Spazierens im Wald. Es ist also verwandt mit der Methode der Achtsamkeit, nur diesmal im Wald angewandt.

Bestimmt brauchen wir dir hier nicht länger zu erklären, warum Naturerfahrungen so gut für dich sind. Denn bestimmt hast du die Kraft der Natur schon oft am eigenen Leib erlebt; konntest wahrnehmen, wie sich ein Gefühl der Freiheit einstellte und du aufgeladen wurdest mit frischer Energie; hast einen Tag im Grünen genossen und dich danach ruhiger, entspannter und ausgeglichener gefühlt. Wenn du solche Gefühle noch intensiver erleben willst, möchten wir dir die Methode des »achtsamen Gehens« ans Herz legen. Ich, Julia, möchte dir dazu eine kleine Anekdote aus meinem Leben erzählen:

- Als ich im April 2014 den berühmten Zen-Meister Thích Nhất Hạnh in seinem Kloster im südfranzösischen Village des Pruniers besuchte, verstand ich anfangs nicht, was es mit diesen bloßfüßigen und ultralangsamen Gehmeditationen in der Natur auf sich hatte. In tiefer geistiger Versenkung legten wir pro Minute etwa einen Meter zurück. Das war für mein tendenziell ungeduldiges Gemüt, zugegeben, eine richtig große Herausforderung. Zu Beginn war es eine regelrechte Tortur – mich quälte ständig der Gedanke, endlich damit aufhören zu können. Nach ein paar Tagen regelmäßiger Übung jedoch spürte ich plötzlich die Wirkung: Dieses langsame Voranschreiten fühlte sich an, als würde ich bei jedem Schritt die Erde mit meinen Füßen küssen. Ganz in Verbindung mit Mutter Erde zu kommen und bei jedem Schritt zu spüren, wie sie mich trägt und hält, erfüllte mich mit großer Dankbarkeit und tiefer Demut gegenüber dem Leben. Bis heute kann ich auf dieses Gefühl zugreifen. Denn wenn die emotionalen Bande zwischen unserem innersten Herzen und dem Herzen der Erde einmal geknüpft sind, reißen sie so schnell nicht mehr auseinander.

Der Kreislauf der Natur als Sinnbild des Lebens

Abseits der erlebbaren Naturerfahrung können wir Menschen auch von den Vorgängen in der Natur viel lernen. Eine alte Weisheit besagt, dass der Lauf des Lebens dem Lauf der Natur und ihren Jahreszeiten in vielem gleicht. Der Frühling steht für die Reinheit der Kindheit und eine unschuldige Art zu leben. Wir sind wie zarte Knospen, gerade geboren und schon bereit aufzublühen. Die eigene Natur offenbart sich immer mehr, so wie es auch die äußere Natur im Frühling tut. Es ist eine Zeit der Hoffnung, der Träume, des Pläne-Schmiedens, der Inspiration und Magie.

Der Sommer steht für das Erwachsenenstadium. Viele unserer Ziele und Pläne haben wir umgesetzt. Viele Niederlagen und Rückschläge haben uns beim Wachsen geholfen. In jedem Fall sind wir reifer geworden. Wir sind extrovertiert, aktiv und ganz im Familien- und Berufsleben angekommen. Der Sommer schenkt uns die Qualität von Fruchtbarkeit, Leidenschaft, Lust und Fülle.

Mit dem Herbst wiederum beginnt der Übergang zur dunkleren Jahreszeit. Es ist eine Phase der Reflexion und Dankbarkeit. Nicht umsonst feiern wir im Herbst Erntedank und erfreuen uns an den Gaben der Natur. Auf geistiger Ebene steht der Herbst für die Integration und das Verdauen des Erlebten. Wir sammeln uns und kehren langsam nach innen.

Der Winter schenkt uns schließlich eine Zeit der Ruhe und Regeneration. So wie in der Natur alles zurückgezogen lebt und in die Stille gekommen ist, so dürfen auch wir ganz in uns selbst ankommen. Es ist eine Zeit des Loslassens und der Erneuerung. Vieles von dem, was uns nicht mehr dient, darf verabschiedet werden, um Platz für Neues zu machen. So ist der natürliche Tod im Winter die Voraussetzung für das Erblühen des darauffolgenden Frühlings – und der ewige Kreislauf beginnt von Neuem.

Metaphorisch gesprochen bringt jede Jahreszeit bestimmte Qualitäten mit sich, die wir auch in unserem eigenen Leben sehr häufig beobachten können. Und dies nicht nur in der menschlichen Entwicklung vom Kind bis zum Greis, sondern zum Beispiel auch, wenn wir ein neues Projekt beginnen: es startet mit einer aufkeimenden Idee (Frühling), wird kraftvoll umgesetzt (Sommer), die ersten Erfolge werden geerntet (Herbst) und zuletzt wird es reflektiert und neu ausgerichtet (Winter).

Die Natur, ebenso wie das menschliche Leben, gestaltet sich ständig in Kreisläufen. Als wache Menschen tun wir also gut daran, uns wieder in das Rad des Lebens einzugliedern und mit den natürlichen Rhythmen mitzugehen. Ansonsten berauben wir uns schnell mal der so wichtigen Phasen der Stille und Regeneration.

In unserer westlichen Kultur sind im Grunde meist nur Frühling und Sommer akzeptiert: die ewige Jugend, die ewige Fruchtbarkeit, der ewige Erfolg, die ewige Fülle. Dabei wäre es so wichtig, auch eine tiefe Selbstreflexion zu wagen und uns der eigenen inneren Wiedergeburt zu stellen. Denn wer den Herbst und den Winter verachtet, wird emotional nie erwachsen werden! Wer umgekehrt den Frühling nicht wagt, wird sein Leben steif und leblos durchschreiten. Nur im Annehmen und Durchleben aller Jahreszeiten unseres Lebens können wir Reife, Tiefe, Weisheit und einen Einblick in die Mysterien des Lebens erlangen.

Hat Corona einen tieferen Sinn?

Machen wir doch kurz einen Abstecher in das aktuelle Zeitgeschehen und denken an die Schrecken der Corona-Pandemie, die im Dezember 2019 in China ihren Ausgang nahm. Ist alles wirklich nur schrecklich oder hält das Pandemiegeschehen doch einen tieferen Sinn für uns bereit?

Corona hat unzählige Menschen weltweit das Leben gekostet, ja. Es hat den jungen Menschen einen Teil ihrer Jugend geraubt, ja. Es hat Tausende Arbeitsplätze vernichtet und viele Menschen auch psychisch gefordert oder sogar in eine Depression getrieben, ja! Diese und andere Folgen sind tragisch. Das verstehen wir und haben tiefes Mitgefühl mit jenen, die unter dieser Pandemie litten oder nach wie vor leiden.

Nichtsdestotrotz sind wir der Überzeugung, dass selbst ein hochsensibles Thema wie Corona auch noch von einer anderen Seite betrachtet werden muss. Jede Medaille hat zwei Seiten, so auch diese Pandemie. Nehmen wir als Beispiel den ersten Lockdown im Frühjahr 2020 her. Kaum zuvor in unserer Erinnerung wurden so viele Menschen plötzlich für so lange Zeit in ihren inneren Herbst bzw. Winter verfrachtet; kaum zuvor mussten sich so viele Menschen plötzlich intensiv mit sich selbst und ihren Ängsten beschäftigen. Dass dies so viele in Schrecken versetzt hat, zeigt mitunter, dass unsere Gesellschaft nicht vorbereitet ist auf belastende Situationen und mit Reflexion und Stille nicht umgehen kann. Wie denn auch, diese Qualitäten sind in unserem System nicht vorgesehen. Ein 3-Tage-Ausflug ins Wellnessresort oder eine Woche Ski fahren machen noch keine resiliente Persönlichkeit und haben auch nichts mit Selbstreflexion und Stille – im Sinn von innerem Herbst oder Winter – zu tun.

Doch, Corona sei Dank, haben viele Menschen die Erfahrung gemacht, wie es ist, in sich selbst hineinzuschauen. Corona sei Dank, haben viele endlich einmal Zeit bekommen, sich und ihre eigene Lebensrealität zu hinterfragen. Corona sei Dank, blieb vielen Menschen nichts anderes übrig, anstatt Dutzender, teils aufreibender Aktivitäten einfach »nur« in der Natur spazieren zu gehen. Und Corona sei Dank, haben manche vielleicht sogar begriffen, dass ein zukunftsfähiger Weg nicht gegen, sondern nur mit der Natur gelingen kann!

Leider hatten unsere Verantwortlichen kaum die Möglichkeit, diese schwierige Zeit für Reflexion und Innenschau zu nutzen. Und so führten sie uns in einen dauerhaften Lockdown, der uns wiederum in einen ständigen inneren Herbst bzw. Winter verfrachtet hat, was ebenso gefährlich ist wie der ständige Frühling und Sommer von zuvor.

Doch viele Menschen werden selbst davon etwas Positives fürs Leben mitnehmen können. Und wer weiß, vielleicht wird ein großer Teil unserer Mitbürger irgendwann die Lehre daraus ziehen, dass solch eine (erzwungene) Reflexionsphase auch ihr Gutes hat und man sich regelmäßige Stillepausen auch ohne Pandemie vergönnen darf. Das wäre jedenfalls wünschenswert und auch notwendig. Um für künftige Krisen gewappnet zu sein, täten wir gut daran, Reflexion und Ruhe bewusst in unser Leben zu integrieren. Einerseits werden wir überlegter und weitsichtiger auf die Probleme unserer Zeit reagieren, andererseits werden wir auch persönlich gelassener, wenn das nächste Unvorhergesehene an die Tür klopft und unser gesamtes Leben auf den Kopf zu stellen versucht.

Das Erlebnis der Natur und ihrer jahreszeitlichen Zyklen kann uns dabei eine wertvolle Unterstützung sein. In der Stille der Natur werden lästige, überflüssige Gedanken schnell unbedeutend und unser wahrer Kern tritt klarer und deutlicher hervor. Vielleicht lassen wir dann auch den inneren Räumen mehr Platz, denken mehr kreative und inspirierende Gedanken, erleben mehr liebevolle und erhebende Gefühle und treffen mutigere Entscheidungen. Vielleicht verbinden wir uns auch wieder mit unserem »inneren Kind« und beginnen über all die natürlichen, oft unbeachteten Wunder, wie eine prachtvolle Blüte, einen glitzernden See oder einen fröhlich zwitschernden Vogel, zu staunen. Und vielleicht lernen wir dann wieder wertzuschätzen, was uns die Erde tagtäglich zur Deckung unserer Grundbedürfnisse schenkt: Nahrung, Wasser, Luft und Rohstoffe. Das macht uns unermesslich dankbar für die Existenz und demütig gegenüber dem Leben.

In Kontakt mit dem Herzen der Erde

Wer tief und bewusst in die Naturerfahrung eintaucht, kann noch weit erstaunlichere Entdeckungen machen, als bisher beschrieben. Zum Beispiel, dass wir in der Lage sind, mit der Erde zu kommunizieren. Jetzt schreckst du im ersten Moment vielleicht zurück. Aber mal ganz ehrlich: Hast du noch nie mit deinen Haustieren gesprochen? Hast du noch nie deine Zimmerpflanze gefragt, was sie braucht, um nicht zu welken? Warum also nicht mal deinem Lieblingsbaum herzlich begegnen und ihn wie einen Freund umarmen? Warum nicht das Gespräch suchen mit dem sanft rauschenden Bach? Warum nicht ein paar Tage im Freien übernachten und die Zeichen der Natur für dein Leben deuten? Und warum nicht zu Mutter Erde beten, wo wir es doch jahrtausendelang schon zu Vater Himmel tun?

Es gibt so vieles, was wir nicht wissen! So vieles, was sich unserem Verstand und seiner Vorstellungskraft entzieht. Wir können jedoch transzendente Erfahrungen machen und tiefe Gefühle fühlen, eben weil wir aus mehr als nur unserem Verstand bestehen.

Vielleicht hattest du schon Momente, wo du die Seele eines Tieres in seinen Augen erkanntest, und vielleicht hattest du sogar Erlebnisse, wo du vermeintest, der Fluss oder der Wind spreche zu dir? Auf rationaler Ebene werden wir so etwas niemals belegen oder verstehen können. Doch darum geht es auch gar nicht, sondern schlicht darum, wieder offen zu werden für das Mysterium des Lebens, wie auch immer es sich in deiner Realität entfalten mag.

Warum also nicht einfach mal den Gedanken zulassen, dass die Erde, so wie wir, aus Materie UND Geist besteht? Dass sie nach dem Gleichgewicht strebt und, ebenso wie wir auch, ein liebevolles und beseeltes »Wesen« ist.

Ja, du hast richtig gelesen! Wir sprechen hier von einem emotionalen Band zu unserer Erde. Wie dir sicher bereits klar geworden ist, sind wir nicht der Ansicht, dass echte oder emotionale Verbindungen nur mit anderen Menschen oder mit irgendwelchen ausgewählten Göttern möglich sind. Wir Menschen können in Kontakt treten mit Mutter Erde, mit ihrer Kraft und ihrer Inspiration. Wir können Ruhe und Trost in ihr finden. Wir können uns erden in ihr, uns verzaubern lassen von ihr, eine Freundin finden in ihr, ihre Verbündeten werden.

Wir können der Erde lauschen, mit ihr sprechen, mit ihr atmen. Um das zu erleben, musst du dich »einfach« nur frei machen von allem, was dich von deiner natürlichen Verbundenheit mit Mutter Erde trennt. Werde zu einem naturverbundenen, naturverliebten Menschen! Nur liebende Menschen können das Lied und das Leid der Erde hören – und ihr somit eine Stimme geben.

Ü: Sich verwurzeln im Hier und Jetzt

Wir haben in den vorigen Kapiteln viel von Naturerfahrungen berichtet und empfehlen dir, für diese Übung einen natürlichen, naturnahen Ort zu suchen. Sollte dies nicht möglich sein, reicht auch ein Raum, wo du rund um dich genügend Platz hast und ungestört bist.

Phase 1: Schütteln (ca. 5 Minuten)
Ähnlich der Aktiven Meditation (Kapitel 7.2) beginnst du dich von innen heraus zu schütteln. Deine Augen sind geschlossen. Starte langsam und werde immer schneller. Schüttle alles ab, was dich im Moment beschäftigt oder belastet. Bleibe mit der Aufmerksamkeit immer in deinem Körper.

Phase 2: Freie Bewegung (ca. 5 Minuten)
Gehe nun über in eine freie Bewegung. Lass deinen Körper tun, was er gerade tun möchte. Strecken, dehnen, beugen, tanzen, hüpfen, wippen, wiegen – mach, wonach dir ist, aber bleibe immer in Bewegung. Du kannst auch gern laut jauchzen, stöhnen oder schreien. Halte dich nicht zurück und lass einfach alles raus, was kommt.

Phase 3: Wurzeln wachsen lassen (ca. 5 Minuten)
Du lässt deinen Körper auspendeln und kommst langsam zum Stehen. Lenke dabei die Aufmerksamkeit in deine Fußsohlen und spüre nach, wo

und wie diese am Boden aufliegen. Stell dir nun vor, wie aus deinen Fußsohlen heraus langsam Wurzeln wachsen. Lass diese Wurzeln immer weiter nach unten wachsen, bis zum Mittelpunkt der Erde. Spüre die Verbindung zwischen dir und der Erde.

Phase 4: Verbundenheit mit Mutter Erde (ca. 5 Minuten)
Sei ganz in Kontakt mit dir und der Erde – spüre die Stabilität, Kraft und Energie, die sie für dich bereithält. Lass diese Qualitäten direkt von der Erde über deine Fußsohlen langsam in deinem Körper aufsteigen. Fühle, wie die Kraft und Energie der Erde bis hoch zu deinem Scheitelpunkt wandert, und nimm dich und deine Lebendigkeit voll wahr. Genieße einige Momente lang dieses Gefühl des Eingebundenseins.

Atme zum Schluss ein paar Mal ein und aus, ehe du die Augen wieder öffnest. Natürlich kannst du dich auch hinsetzen und eine Zeit lang nachspüren.

Willkommen im Hier und Jetzt! Schön, dass du da bist, schön, dass es dich gibt!

11.3 Dem Weltschmerz begegnen

Uns ist bewusst, dass es für den Verstand absurd klingen mag, in Beziehung mit einem Planeten zu treten. Wir können nachvollziehen, dass das nicht für jeden leicht zu nehmen ist. Gleichsam hoffen wir, dass du diese Zeilen nicht nur mit deinem Verstand, sondern auch mit deinem offenen Herzen liest. Wir sind davon überzeugt, dass dein Herz um seine Verbundenheit zu Mutter Erde weiß. Diese Verbindung existiert seit jeher, nur der »moderne« Mensch hat sie vergessen und in den Tiefen seiner Unbewusstheit verschüttet. Warum wir das so genau wissen wollen? Na, weil wir diese Verbindung selbst erst wieder Stück für Stück »ausgraben« mussten!

In diesem Abschnitt wollen wir nun noch etwas weiter graben und einen zusätzlichen Schlüssel zur Transformation unserer alten

Denkweise vorstellen. Dabei geht es um das Zulassen von Weltschmerz. Womöglich hast du selbst schon mal einen Weltschmerz in der einen oder anderen Form erlebt. Vielleicht hat dich das Leid von Tieren in der Massentierhaltung schon einmal tief bedrückt? Vielleicht bist du schon mal richtig in Rage geraten, wenn du soziale Ungerechtigkeiten miterleben musstest? Vielleicht warst du schon mal richtig verzweifelt, als du über die Medien von Naturkatastrophen hörtest und nichts tun konntest? Hinter all diesen Emotionen, die wir in der Regel gern wegdrücken, versteckt sich Weltschmerz: eine tiefe Anteilnahme am kollektiven Schmerz und am Schmerz der Erde.

Du magst nun verleitet sein zu fragen, wie das ein Schlüssel sein kann? Wie kann etwas so Schmerzvolles wichtig sein? Wir Autoren empfinden es als ein großes Geschenk, wenn jemand emotional Anteil nehmen kann an den Geschehnissen in der Welt, an dem, was rund um uns passiert. Viele Menschen spüren de facto nichts mehr angesichts der Lage, in der sich unsere Welt befindet. Viele sind der kollektiven Ignoranz anheimgefallen. Und wie viele verbarrikadieren die Tore ihres Herzens vor jeder Art von Verletzlichkeit?

Apathie und Gleichgültigkeit zählen zu den größten Gefahren für eine zukunftsfähige Gesellschaft! Wenn es uns nicht mehr tangiert, was »draußen« passiert, woher sollten wir die Kraft zur Veränderung nehmen? Es ist immer noch besser, Schmerz oder Wut zu fühlen, als gar nichts zu fühlen.

Weltschmerz ist ein lebendiger Ausdruck unserer Verbundenheit und ein Zeichen dafür, dass die engen Grenzen unserer Ich-Persönlichkeit gedehnt worden sind und wir uns als Teil eines größeren Ganzen verstehen. Dazu möchte ich, Julia, dir noch eine persönliche Anekdote aus meinem Leben erzählen:

- Als ich im Jahr 2009 zum ersten Mal den Schmerz der Erde fühlte, war ich vollkommen überwältigt und konnte anfangs gar nicht einordnen, was mit mir los war. Ich weinte über mehrere Monate hinweg unkontrollierbar und oft aus heiterem Himmel. Es gab keine wirklichen Auslöser. Niemand hatte mich beleidigt, es gab keine Probleme in meinem Leben und nichts Aufregendes war passiert. Vielmehr hatte ich das Empfinden, an einem kollektiven Schmerz anzudocken. Lange Zeit wusste ich nicht wirklich, was da in mir geschah.

Erst ein Zitat von Thích Nhất Hạnh half mir später, meine Gefühle zu verstehen, sie ernst zu nehmen und ihnen den nötigen Raum zu geben: »Die Welt braucht Menschen, die die Erde tief in ihrem Innersten weinen hören.« Nach diesen Zeilen war mir schnell klar, dass es wichtig und gut war, was ich fühlte. Bald schon unternahm ich keine Anstrengungen mehr, den Weltschmerz zu unterbinden. Im Gegenteil, wann immer sich mir die Gelegenheit bot, diesem Gefühl den ganzen Raum zu geben, es auszudrücken, zu schluchzen und zu plärren, dann tat ich es. Denn eines wusste ich damals schon: Was auch immer in Liebe angenommen wird, entspannt sich. Was immer sich mir zeigen möchte, tut es nicht ohne Grund. Was immer ich bejahe, kann frei fließen, und das gilt für alle Gefühle.

Ich spürte also, dass etwas gesehen werden wollte, was üblicherweise nicht gesehen, nicht gefühlt und schon gar nicht bejaht wird. Und so empfand ich es schon bald als große Ehre, dass ich es ausdrücken durfte und Anteil haben durfte an einem Schmerz, der weit größer war als ich selbst. Dass er sich durch mich ein Stückchen weiter entspannen konnte. Ich hatte das Gefühl, ein Werkzeug der Erde zu sein, war unendlich dankbar und demütig für diese Erfahrung und bin es heute noch. Die Erfahrung hat mein Leben verändert und ohne sie hätte ich wohl nicht dieses Buch geschrieben.

Aus dem Schmerz wächst Liebe

Zum Glück gab es damals viele Menschen in meinem Leben, denen es ähnlich ging wie mir. Während ich von meiner »heiligen Traurigkeit« erzählte, sprachen andere von ihrer »heiligen Wut« und darüber, dass sie zutiefst Sorge empfanden angesichts dessen, was auf der Erde geschieht. Es tat gut, Menschen in meinem Leben zu wissen, die ebenso emotional Anteil nahmen und sich nicht von der »kollektiven Wurschtigkeit« mitreißen ließen.

Ich lernte zu dieser Zeit auch die tiefenökologische Arbeit kennen, bei der man sich ganz bewusst mit diesen kollektiven Schmerzfeldern auseinandersetzt. Die bekannte Systemtheoretikerin und Tiefenökologin Dr. Joanna Macy sagte einmal: »Wenn wir den Schmerz, den wir für die Welt fühlen, unterdrücken, dann isoliert uns das. Wenn wir ihn aber akzeptieren, anerkennen und darüber sprechen, dann wird er zum Beweis unserer Verbundenheit mit allem Lebendigen.«[168] Ihrer Ansicht nach ist der Schmerz um den Zustand der Welt eng verbunden mit der Liebe für die Welt. Schmerz und Liebe sind zwei Seiten derselben Medaille!

Ich persönlich kann das nur bestätigen. Bestimmt könnte ich heute die Welt nicht so sehr lieben, wenn ich den Schmerz damals nicht zugelassen hätte. Es ist doch im eigenen Leben nichts anderes: Je mehr wir uns unseren Schattenaspekten zuwenden, desto mehr Licht ist möglich; je mehr wir uns unseren Ängsten stellen, desto furchtloser werden wir; je mehr Wunden wir bluten lassen, desto mehr Heilung finden wir. Das ist eines der größten und auch schönsten Paradoxa des Lebens.

Beim Weltschmerz ist es nichts anderes. Die Traurigkeit bleibt nicht, sie verändert sich. Wenn wir den Weltschmerz zulassen, dann wird er produktiv. Anstatt uns zu lähmen, spornt er uns dazu an, aktiv zu werden! Er sensibilisiert uns für das, was für uns wirklich wichtig ist und verbindet uns mit unserem Wesenskern. Er macht uns zu Dienern des großen Ganzen; er nimmt uns unseren Egoismus und hinterlässt nichts als ein weites, offenes Herz; er dehnt und öffnet uns für etwas, das weit größer ist als wir selbst.

Probiere es einfach selbst einmal aus. Wann immer ein Weltschmerz dich packt – »just let it flow!« Lass es raus und halte es nicht zurück! Wir dürfen angesichts der zahlreichen Missstände in der Welt betrübt sein und weinen; wir dürfen Mitgefühl haben mit den Menschen in Not, hier und auf der anderen Seite des Erdballs; wir dürfen wütend und verzweifelt sein über die vielen Ungerechtigkeiten, die wir überall sehen; und unser Herz darf bluten, wenn unserer Natur und der Umwelt Leid angetan wird.

Lass dir bloß nicht einreden, deshalb schwach zu sein! Nein, ganz im Gegenteil. Wahre Stärke kommt aus dem Annehmen unserer Verletzlichkeit. Darum wollen wir dich ermutigen, zu einem »Gefäß« zu werden, in dem der Schmerz sich zeigen darf. Nur so kann er kollektiv langsam ins Bewusstsein kommen. Wie sonst wollen wir das Unrecht erkennen, wenn wir es emotional gar nicht an uns heranlassen? Wie sollen wir jemals etwas verändern, wenn wir das Übel, das durch unsere Taten geschieht, gar nicht fühlen oder wahrnehmen können?

Wir müssen uns mit Bestimmtheit von der Gleichgültigkeit verabschieden! Die Apathie ist eine der größten Krankheiten, die das Weltbild der Trennung hervorgebracht hat. Im Weltbild der Verbundenheit hat sie keinen Platz mehr.

Lassen wir den Schmerz einfach zu! Es ist keine große Kunst, denn unser Herz weiß, wie das geht. Die Tränen, die wir aus Liebe zum großen Ganzen vergießen, zeugen von Mut und Stärke und sind zutiefst heilig.

11.4 Zeitgemäße Spiritualität

Um einen grundlegenden Paradigmenwechsel in unserer Gesellschaft vollziehen zu können, müssen wir unsere alte Sicht auf die Welt entsprechend transformieren. Damit dieser Prozess gelingen kann, dürfen wir auch der Spiritualität wieder einen Platz in unserem Leben einräumen. Doch für viele ist das gar nicht so einfach, denn bei kaum einem anderen Thema hat der heutige Mensch mehr Projektionen sitzen als bei diesem.

Wen wundert's, werden Religion und Spiritualität doch seit Tausenden Jahren für alle möglichen Zwecke missbraucht. Du kennst das ja vielleicht aus deinem eigenen Leben. Du hörst jemanden von Keuschheit und Gehorsam sprechen, und es zieht sich innerlich alles in dir zusammen? Es klopft jemand an deiner Tür und will dir erklären, dass nur er und seine Religion dir dabei helfen können, zu Gott zu finden? Du besuchst voller Vorfreude einen heiligen Tempel in Indien, nur um dort feststellen zu müssen, dass die Statuen aus Stein wichtiger genommen werden als die in Elend lebenden Menschen vor dem Eingang? Diese Dinge passieren, und sie passieren im Namen der Spiritualität, haben aber nichts mit Spiritualität zu tun. Aus diesem Grund müssen wir die verschiedenen Zugänge zur Spiritualität neu denken und einer kritischen Reflexion unterziehen.

Bei einer solchen Neuausrichtung fallen einem zahlreiche Dinge ein, die wir in jedem Fall hinter uns lassen dürfen. Zum Beispiel, dass man im Namen Gottes Kriege führen muss. Oder dass Gott ein alter Mann ist, der im Himmel sitzt und strafend auf uns herabblickt. Oder der Glaube an einen intervenierenden Schöpfer, der alles für uns regelt.

Bei einem Symposium zum Thema Spiritualität und Nachhaltigkeit mussten wir einmal einem überzeugten Redner lauschen, der meinte, dass Gott seine Schöpfung schon selbst beschützen würde und der Mensch sich nicht um die Natur zu kümmern brauche. Solche und ähnliche Glaubenssätze entspringen einem alten Verständnis von Religion und sind so frisch wie sieben Jahre altes Brot. Und was macht man mit altem Brot? Einverleiben sollte man es sich jedenfalls nicht mehr!

Uns Autoren ist ein bodenständiges und authentisches Verständnis von Spiritualität wichtig; eines, wo keine Dogmen geprägt werden und einem niemand einzureden versucht, was man zu glauben oder zu tun hätte. Denn Spiritualität hat nichts mit Glaubensfragen oder Rechthabereien zu tun. Jeder Mensch ist Weisheitsträger, und im Herzen jedes Menschen steckt seine eigene Wahrheit.

Spiritualität bedeutet, dieser eigenen Wahrheit zu folgen und dem eigenen Wissen im Herzen zu lauschen. Es bedeutet eine tiefe Auseinandersetzung mit uns selbst und mit dem, was uns wirklich ausmacht und antreibt. Es geht um das Reflektieren unseres Lebens, unseres Platzes in der Welt und darum, über uns selbst und unsere Ängste hinauszuwachsen. Aber nicht, um dadurch immer besser, stärker oder leistungsfähiger zu werden, sondern um dieser Welt immer mehr ein Licht sein zu können.

Zeitgemäße Spiritualität verspricht dir weder die Instant-Erleuchtung noch den schnellen Reichtum, und sie liefert auch keine Standardlösungen für dein Lebensglück. Was sie aber tut, ist, dich langsam für deine eigene Tiefe zu sensibilisieren und dir die richtigen Fragen zu stellen. Fragen wie die folgende: »Was machst du, um deine ureigene Authentizität als Ausdruck von Göttlichkeit in der Welt zu leben und zu verschenken?«

Merkmale zeitgemäßer Spiritualität

Da wir Autoren uns bereits mit sehr vielen spirituellen Richtungen auseinandergesetzt haben und viel Zeit in verschiedenen Klöstern, Ashrams und Retreat-Zentren dieser Welt verbracht haben, möchten wir hier ein paar Gedanken zu den Merkmalen zeitgemäßer Spiritualität mit dir teilen.

Zeitgemäße Spiritualität ist für uns in erster Linie konfessionsübergreifend. Sie erkennt und schätzt die Vielfalt unterschiedlicher Zugänge und spiritueller Richtungen. Sie stellt keinen alleinigen Wahrheitsanspruch. Sie ist frei, offen und braucht keine Dogmen. Sie orientiert sich inhaltlich nicht an bestimmten Formen von Gott oder einem bestimmten Gottesverständnis, sondern überlässt es dem Einzelnen, für sich zu entscheiden, woran er glauben will oder was der Vorstellung von Gott in seinem Herzen am nächsten kommt.

Sie sagt nicht: »Folge nur mir!«, sondern: »Höre in dich selbst! Denn in dir liegt alle Wahrheit und alle Schönheit verborgen, und am Urgrund deines eigenen Herzens wohnt Gott oder das Göttliche oder die Liebe, oder wie immer du es nennen willst.«

Zeitgemäße Spiritualität darf außerdem humorvoll, leicht, frech, witzig, freudvoll und fröhlich sein! »Leichtigkeit mit Tiefgang« wäre ein schönes Motto. Spiritualität muss nicht streng und immer ernsthaft ablaufen. Tut sie es doch, bekommt sie schnell einen Anflug von Scheinheiligkeit.

Ein zeitgemäß spiritueller Mensch lebt sein Leben authentisch und versucht nicht, seine eigentlichen Impulse zu verstecken, nur um in irgendein spirituelles Konzept zu passen oder einem Bild zu entsprechen, wie sich erleuchtete oder religiöse Menschen zu verhalten hätten. Das sogenannte »spirituelle Ego« kann uns nämlich ordentlich im Weg stehen, wenn wir glauben, Spiritualität müsste besonders tiefgehend, mystisch, heilig, achtsam, weise, friedlich oder liebevoll sein. Obwohl wir innerlich »die Kacke am Dampfen« haben, verstecken wir dies, weil wir glauben, es wäre nicht spirituell, mal mit der Faust auf den Tisch zu schlagen. Dem ist aber nicht so.

Jeder Moment unseres Lebens ist heilig und wir sind spirituelle Wesen, ganz egal ob wir lachen, lieben, meditieren oder wütend sind. Zeitgemäße Spiritualität führt mit Lebensfreude und unendlicher Liebe in die Tiefe. Und nicht mit Angst, Ernsthaftigkeit oder Manipulation.

Schließlich muss eine moderne Spiritualität im 21. Jahrhundert vor allem auch weltorientiert sein. Das heißt, sie ist nicht nur am Wohlbefinden des Individuums interessiert, sondern auch an der gesamtgesellschaftlichen Entwicklung. Sie zielt auf das Wohl aller ab und will dem großen Ganzen dienen. Dazu gehört, dass alle Gebete, Rituale und Praktiken aus dem geistigen Bereich heraus auch in konkrete Handlungen münden.

Frei nach dem Motto »Get some feet under your prayer« sollten Menschen beginnen, aktiv zu werden. Das bedeutet, dass sie für das einstehen, was ihnen wichtig und heilig ist. Das müssen nicht immer der Umweltschutz oder soziale Themen sein, obwohl wir hier besonders gefordert sind. Es geht darum, das zu tun und dem zu folgen, was man wirklich in sich trägt, und diesen Samen auch in die Welt zu pflanzen.

Manche spirituell Suchenden verkriechen sich gern ein Leben lang in die Einsiedelei und kapseln sich vom Weltgeschehen ab. Zeitgemäß spirituelle Menschen hingegen übernehmen Verantwortung und engagieren sich, weil sie ihren eigenen Wert für die Welt erkannt haben und sich aus Liebe an sie verschenken wollen.

Spiritualität ins Leben einladen

Um eine zeitgemäße Spiritualität etablieren zu können, sind wir alle gefragt, mögliche Vorbehalte abzubauen. Ein innerer Wandel wird kaum stattfinden können, wenn wir spirituelle Menschen hinter vorgehaltener Hand weiterhin belächeln, mystische Erlebnisse herabspielen und unseren eigenen Zugang zu einer höheren Weisheit nicht (an)erkennen. Wir leugnen damit einen ganz wesentlichen Teil von uns selbst. Den Teil nämlich, der über unseren materiellen Körper hinausgeht – unsere Träume und Sehnsüchte, unsere Liebe, unsere Einzigartigkeit, unsere Leidenschaft und auch die Kraft unserer Seele. Ohne diese Teile kann es keinen echten Wandel geben.

Auf dem Weg in eine nachhaltige Zukunft wird es wesentlich sein, dass wir wieder offen werden für das Mysterium des Lebens! Diese Offenheit muss aus dem Herzen kommen und kann nicht auf Basis von Vernunft oder auf Basis von Daten und Fakten geschehen.

Auch wird es keine großen Institutionen brauchen, die uns erklären, was richtig und was falsch ist. Stattdessen darf jeder Mensch für sich entscheiden, welche Weisheit für ihn passt, welchen Dingen er sich zuwenden möchte und mit welchen Mitteln und Methoden der innere Weg beschritten werden will.

Um dieser spirituellen Dimension überhaupt erst einmal näher zu kommen, ist eine innere Öffnung nötig. Wer dieses Buch liest und daraufhin festlegt, ob er sich für die Spiritualität oder doch lieber für den Atheismus entscheidet, hat nicht wirklich etwas verstanden. Öffnung passiert nicht beim Lesen. Spiritualität kann auch nicht erdacht werden, und die Verbindung zu allen Lebewesen lässt sich nicht einfach so herzaubern.

Spiritualität muss erlebt und vor allem gelebt werden! Ansonsten wird sie nur ein Konzept bleiben und ihre Magie, Schönheit und Liebe werden sich nicht in uns entfalten können. Für eine tiefe Öffnung braucht es Hingabe, Mut, Geduld, Willen und jede Menge Durchhaltevermögen. Sicher, es gibt Menschen, die klettern auf einen Berggipfel und müssen plötzlich stundenlang weinen ob der tiefen inneren Erkenntnis, die sie plötzlich überkommt. Manch andere erleben diese Gnade im Angesicht des Todes oder über einen plötzlichen Schicksalsschlag. Wieder andere entdecken schon bei den ersten Meditationen ihre tiefere Verbundenheit mit allem Sein. Die meisten von uns materiell geprägten und ständig beschäftigten Menschen brauchen allerdings Jahre, nur um einmal im Leben frei von Gedanken zu werden und einen Hauch ihrer eigenen Tiefe wahrnehmen zu können.

Hat man einen solch tiefen Zustand der Verbundenheit erst einmal erlebt, und sei es nur einen kurzen Augenblick, wird sich die Sicht auf die Welt garantiert ändern! Diese neue Sicht wird kein Dogma sein und es wird auch keine absolute Wahrheit brauchen, um sie zu beschreiben. Es ist unserer Ansicht nach sogar relativ belanglos, ob man sich dann dem Theismus, Atheismus, Pantheismus oder irgendwelchen anderen Lehren und Systemen zugehörig fühlt. Für manche Menschen sind spirituelle Erfahrungen ein Beweis für Gott. Andere fühlen dadurch die Verbindung zu ihrer eigenen, höheren Wahrheit und wieder andere erleben eine tiefe Verbindung, ohne sie aber spirituell deuten zu wollen.

Was allen gemeinsam zu sein scheint, ist ein stetig wachsendes Gefühl der Verbundenheit mit sich selbst, den Mitmenschen und der Natur. So werden etwa Meditationen sowohl von Atheisten als auch von spirituellen und religiösen Menschen praktiziert, und in all diesen Gruppen findet man Menschen, die diese Verbundenheit als tieferes Lebensprinzip verankert haben. Wenn wir als Menschen wieder achtsam mit uns selbst, unseren Mitmenschen und der Natur umzugehen wissen, dann ist es auch gar nicht mehr so wichtig, ob jemand an einen Gott glaubt oder nicht.

Eine zeitgemäß ausgerichtete Spiritualität lässt uns immer nach den Gemeinsamkeiten suchen! Sie verbindet das Diesseitige mit dem Jenseitigen, schöpft Kraft aus der inneren Erfahrung und lässt uns unter Einbezug unserer Vernunft schließlich ganzheitliche und weise Entscheidungen treffen. So werden wir in Zukunft nicht nur Wissen, sondern vor allem auch Weisheit brauchen, um einer guten und für alle Menschen lebenswerten Welt näher zu kommen.

Wissen ist wichtig für das Erlangen von Weisheit, aber Wissen allein führt nie zu Weisheit. Für eine gelingende Zukunft brauchen wir beide Dimensionen. Das Wissen der materiellen Realität UND die Weisheit der spirituellen Realität. Das rationale Verstehen UND das ganzheitliche Durchdringen. Das durchdachte Vorgehen UND das Vertrauen auf die eigene Intuition. Denn wir Menschen sind Kinder des Himmels UND der Erde. Wir sind gemacht aus Materie UND Geist. Deshalb lass uns beiden Seiten Rechnung tragen. Lass uns wieder die ganzheitlichen Wesen werden, als die wir geboren wurden. Lass uns wieder offen werden und uns selbst als jene spirituelle Wesen erfahren, die zugleich ihre Beine fest am Boden haben.

Dieser Brückenschlag ist möglich, und eine zeitgemäße Spiritualität kann ein wichtiger Schlüssel für diese Ganzwerdung sein. Sie kann uns den abhandengekommenen Lebenssinn wieder ein Stück weit zurückgeben. Sie kann uns die Zusammenhänge und das Verbindende zwischen Menschen und Nationen wieder erkennen lassen. Sie kann unseren Blick für das Wesentliche im Leben schärfen. Sie kann uns an unser ureigenes Potenzial erinnern. Und sie kann die Liebe, die Freude und die Dankbarkeit in unseren Herzen entfachen. Also jene Qualitäten, nach denen diese Welt so dürstet!

TEIL V

Die Quintessenz

Etymologisch geht die »Quintessenz« auf die frühe griechische Naturwissenschaft zurück. Sie wurde damals als ein fünftes Element gesehen, das neben Feuer, Wasser, Erde und Luft die Essenz allen Seins ausmachen sollte. Tausende Jahre danach sprach auch die Alchemie von der »Quinta Essentia« und deutete sie als jenen Kernstoff, den es zu finden galt, um die feinste Kraft – den Spiritus, den Stoff des Lebens – zu entschlüsseln.

Die meisten Menschen kennen die Alchemie nur als Lehre von den Eigenschaften der Stoffe oder als Transformation dieser Stoffe zu Gold. Ein in unserem Kontext weit wichtigeres Merkmal der Alchemie ist jedoch die Einbeziehung der Innenwelt. Im Gleichklang mit der Elementenlehre beschäftigte sich die Alchemie nämlich immer auch mit der inneren Transformation des Menschen. Und so sahen viele Alchemisten die Quintessenz nicht nur als einen Stoff im klassischen Sinn, sondern auch als eine tiefere Weisheit, die es zu entdecken galt.

Unsere Zukunft braucht wieder eine solche Alchemie, eine »Zukunftsalchemie« sozusagen. Wie schon vor Tausenden Jahren brauchen wir wieder Menschen, die sich bei all ihrem äußeren Tun und Forschen auch ihrer Innenwelt bewusst sind. Und wir meinen hier nicht nur Wissenschaftlerinnen und Wissenschaftler, sondern uns alle. Wir alle sind Teil der Gesellschaft, Teil des Planeten und Teil der notwendigen Transformation!

In diesem Buch haben wir bisher zahlreiche Hypothesen, Studien, Instrumente, Metaphern, Geschichten, Wege, Übungen, Methoden, Tipps, Ideen und Möglichkeiten vorgestellt, wie diese Transformation aus unserer Sicht gelingen kann. Wir sind mit dir ins Abenteuerland gereist, haben unsere Werte reflektiert, mit unseren Schatten gerungen und unsere Sicht auf die Welt herausgefordert. Wir sind mit dir durch Höhen und Tiefen gegangen und haben sowohl das Helle als auch das Dunkle im Menschsein konfrontiert. In diesem abschließenden Teil dürfen wir wieder ganz in unserer Mitte ankommen. Alles Gelesene darf langsam und friedvoll verdaut, verarbeitet und in einer neuen Synthese verschmolzen werden.

12. Wenn die Ethik des Herzens erwacht

Möchte man dieses Buch in einem Satz zusammenfassen, so müsste dieser wohl lauten: »Komm zurück zu deinem Herzen, denn in deinem Herzen liegt der größte Hebel für eine nachhaltige Kehrtwende im 21. Jahrhundert!« Natürlich wird auch der Verstand eine Rolle spielen, und natürlich müssen wir auch Hand anlegen, um die von uns gewünschte Zukunft zu gestalten. Doch was immer wir denken, planen oder tun, muss vom Kern her einem offenen Herzen entspringen. Die Welt von morgen braucht alle Kräfte zusammen – Hirn, Herz und Hand – wobei das Herz immer das Zentrum bildet, aus dem heraus all unsere schöpferischen Tätigkeiten entspringen.

Diese Weisheit mag manchen neu erscheinen, doch ist sie es keineswegs. Schon die Traditionelle Chinesische Medizin (TCM) beschreibt unseren Organismus als einen kleinen Hofstaat, in dessen Zentrum das Herz thront. Das Herz herrscht dabei über alle Organe und »regiert« sowohl unseren Geist als auch unser Bewusstsein und unsere Gefühle.

Auch in unseren alten Volksweisheiten wird das Herz seit jeher als der Sitz der Liebe, der Fürsorge und des Mitgefühls beschrieben, es ist gewissermaßen unser emotionales und innerstes Zentrum. Allein viele Redewendungen zeugen davon, wie: sich ein Herz fassen, etwas auf dem Herzen haben, jemandem sein Herz ausschütten, das Herz auf der Zunge tragen, sich etwas zu Herzen nehmen, jemandem das Herz brechen, aus dem Herzen sprechen und viele andere mehr.

Das Herz hat uns Menschen schon immer bewegt. Es ist jener Teil in uns, der Zusammenhalt und Miteinander schafft. Unser Herz ist die Stimme der Güte und Friedfertigkeit. Es steht für die tiefe Menschlichkeit, das freundliche Lächeln, die feinfühlige Intuition. Durch unser Herz erkennen wir unsere innere Wahrheit, unsere lebendige Verbundenheit und unsere tiefsten Träume. Es verhilft uns zu einem strahlenden Leuchten, zu mutigen Entscheidungen und zum Loslassen von allem, was wir nicht mehr brauchen. Somit ist unser Herz weit mehr als ein bloßes Organ oder Sinnbild – es beschreibt unsere tiefste Sehnsucht und zeigt uns den Weg zu einem neuen Bewusstsein.

Nur wenn wir vom Herzen her offen und empfänglich sind, können Visionen und Inspirationen zu uns kommen. Nur wenn wir uns auch mal verletzlich zeigen, kann wahre Stärke entstehen. Nur wenn wir erkennen, dass wir so viel mehr sind als diese kleinen abgetrennten Egos, können wir in unsere Schöpferkraft hineinwachsen. Nur wenn wir sehen, wie sehr sich alles wechselseitig bedingt, können wir echte Verantwortung für unser aller Dasein übernehmen. Nur in der Fürsorglichkeit zueinander können solidarische Gemeinschaften keimen. Und nur wenn wir Akzeptanz und Güte lernen, werden wir zum Frieden fähig.

Das alles möchten wir die Wiederentdeckung der »Ethik des Herzens« nennen. Die Ethik des Herzens ist jener Teil in uns, der sieht, dass alles Leben wertvoll, heilig und schützenswert ist. Und auch jener Teil, der entsprechend dieser Erkenntnis handelt. Der Verstand hat schon längst verlernt, die Wunder der Schöpfung und die Heiligkeit des Lebens wahrzunehmen. Deshalb kann eine solche Ethik nur aus dem Herzen heraus geboren werden.

In der Tiefe unseres Herzens wissen wir um den gemeinsamen Ursprung allen Seins. Wir wissen um die Verwandtschaft allen Lebens. Wir wissen um die Liebe, die alles verbindet. Schau in die Augen eines anderen Menschen, eines Tieres. Beginne wahrhaft zu sehen, wahrhaft zu fühlen! Öffne dich für diesen Zugang, denn er ist immer da!

Die Ethik des Herzens kann die größte Entdeckung des 21. Jahrhunderts werden. Und sie muss es werden, wenn wir eine lebenswerte, gesunde und nachhaltige Welt erschaffen wollen. Denn mit ihr verändert sich unsere Wahrnehmung von der Welt. Wir entwickeln dann das, was der Arzt, Philosoph und Friedensnobelpreisträger Albert Schweitzer bereits in den frühen 1900er-Jahren als »die Ehrfurcht vor dem Leben« beschrieben hat. Ein sehr schönes Zitat von ihm lautet: »Ich bin Leben, das leben will, inmitten von Leben, das leben will.« Alles Leben um uns herum will genau so leben wie wir! Wenn wir das verstehen, werden wir anderen Lebewesen automatisch mit Respekt und Ehrfurcht begegnen und unsere Haltung gegenüber dem Leben wird von Dankbarkeit, Wertschätzung und Demut geprägt sein.

Ein waches Herz verwandelt

Wer die Ethik seines eigenen Herzens erwecken und leben will, muss nur loslassen, was ihr entgegensteht. Denn sie ist die Ethik, mit der wir bereits geboren wurden. Als Kind ist unser Geist noch ungefiltert und unverdorben. Wir leben ganz natürlich aus unserem Herzen heraus, folgen ganz natürlich unseren inneren Impulsen. Erst im Lauf des Erwachsenwerdens kommen uns die Zartheit und Unschuld des Herzens langsam abhanden, weil wir sie unter den Erwartungen und Anforderungen der Gesellschaft sowie unter den Pflichten des Alltags begraben.

Um die Weisheit unseres Herzens freizulegen, können wir uns selbst immer wieder fragen: »Wie geht es meinem Herzen heute? Wie möchte mein Herz jetzt antworten? Was würde die Liebe jetzt tun? Wo kann ich heute mein Herz offen halten? Was kann ich heute in mir und dir umarmen?«

Wenn wir beginnen, uns unserem Herzen zuzuwenden, dann verabschiedet sich vieles, was gar nicht wirklich zu uns gehört: Muster, die wir von anderen übernommen haben; Etiketten, die uns andere verpasst haben; Höflichkeiten, die wir einstudieren mussten; Glaubenssätze, die sich in uns eingebrannt haben. Durch die Hinwendung zum eigenen Herzen lernen wir, all das langsam gehen zu lassen. Nicht weil wir jemand anderer, jemand Besserer werden wollen. Sondern weil wir die werden wollen, die wir in Wahrheit sind! In Wahrheit ist jeder Mensch ein Geschenk. Jeder ist eine Facette des Ganzen und jeder hat so viel Schönes zu geben.

Innere Arbeit bringt Menschen hervor, die sich trauen, ihr Licht strahlen zu lassen und ihre Größe zu zeigen. Sie entfalten und offenbaren sich. So wird die Tiefe der eigenen Seele sichtbar, die Reinheit des eigenen Herzens erfahrbar, die Unendlichkeit des eigenen Mitgefühls spürbar und die Süße der Liebe und des Lebens kehren in unseren Alltag zurück. Und genau das verändert einfach alles! Denn wenn ein Mensch für sich zu leuchten beginnt, so leuchtet er unweigerlich auch für die Welt!

13. Dein Beitrag in der Welt

Wenn wir den inneren Weg beschreiten und Schritt für Schritt freilegen, was uns tief in uns ausmacht, werden wir uns irgendwann fragen, wie wir unseren inneren Schatz auch in die äußere Wirkung bringen können. »Was will ich eigentlich vom Leben? Wie kann das Leben mir dienen? Was möchte ich in meiner Zeit auf Erden erreichen?«

Solche und ähnliche Fragen kommen uns dann schnell in den Sinn, wenn wir über unseren Berufs- oder Lebensweg nachdenken. Wir wollen dir heute jedoch einen Perspektivenwechsel vorschlagen und dich einladen, diese Fragen einmal umzudrehen und wie folgt zu formulieren: »Was will das Leben von mir? Wie kann ich dem Leben dienen? Wie kann ich ein Geschenk sein für die Welt und sie mit meinen Gaben bereichern?«

Gerade bei den großen Fragen des Lebens tun wir gut daran, nicht unser kleines Ich als Ratgeber heranzuziehen. Das Ego will immer einen unmittelbaren Nutzen sehen und strebt meist nach jenen Dingen, die uns von klein auf als erstrebenswert verkauft wurden. Wenn wir uns aber öffnen und gedulden, so erlauben wir einer tieferen Weisheit, durch uns und in uns zu wirken. Aus »Ich will das oder jenes erreichen« wird: »Lass mich wissen, liebes Leben, was ich für dich erreichen darf.« Aus »Ich will das haben« wird: »Lass mich wissen, was du brauchst.«

Mit dieser Haltung erlauben wir dem Leben, uns dorthin zu führen, wo wir tief in unserem Herzen schon immer hinwollten. Wir erlauben einer größeren Weisheit, uns zu ihrem Werkzeug zu machen. Wir signalisieren, dass wir bereit sind, dem Ruf zu folgen, unseren Auftrag anzunehmen und unseren Dienst im Sinne eines höheren Wohles anzutreten.

Das Leben schenkt uns stets Hinweise, Menschen, Situationen und vieles mehr, um uns an jenen Platz zu führen, an dem unser Daseinsgrund den Bedürfnissen der Welt begegnet und wir optimal für das große Ganze wirken können. Wir dürfen somit das Leben selbst als Forschungsreise verstehen und genau hinhören, was es von uns möchte.

Also einfach einmal nach innen lauschen, auf Empfangsmodus schalten, die Segel setzen und dem Wind vertrauensvoll die Führung überlassen. Vielleicht – wie es Rainer Maria Rilke einst so wunderbar ausdrückte – leben wir dann allmählich, ohne es zu merken, eines Tages »in die Antwort hinein«.

»Sei du selbst – alle anderen sind bereits vergeben!«[w]

Eine weitere Weisheit auf dem Weg zu einem authentischen Wirken ist, nicht jemand anderes sein zu wollen. Wer heute ein erfolgreicher Wissenschaftler werden möchte, hat womöglich Albert Einstein als Vorbild. Die engagierte Friedensaktivistin sieht sich in ihren Träumen als zweite Bertha von Suttner und viele spirituell Suchende möchten zum neuen Buddha werden. Doch Buddha wollte garantiert nicht, dass irgendjemand anderer auch zu Buddha wird. Natürlich macht es Sinn, sich dem Buddha-Bewusstsein hinzuwenden. Dem nahezukommen bedeutet aber nicht, dass man plötzlich nur noch in Stille unter einem Bodhi-Baum sitzt. Manche leben ihren inneren Buddha im Tanz aus, andere tun es als Maler, manche klettern auf Bäume zum Schutz vor deren Rodung und wieder andere führen uns mit ihren Unternehmen in eine bessere Zukunft.

Wer seinem Leben zu Bedeutung verhelfen möchte, braucht also weder still zu sitzen noch die Naturwissenschaften zu revolutionieren oder unvergessliche Schriften zutage zu bringen. Wer seinen Beitrag leisten möchte, sollte viel eher lernen, sich voll und ganz an das Leben zu verschenken! Genau das macht auch die großen und inspirierenden Vorbilder aus. Sie alle haben sich an das Leben verschenkt und sind ihren eigenen Weg gegangen.

Frag also nicht, wer du sein könntest. Frag stattdessen, wie du dich am besten verschenken kannst. Diese Frage wird dir helfen,

---

[w] Zitat von Oscar Wilde (1854–1900), irischer Schriftsteller.

deinem höchsten Potenzial näherzukommen. Sei unverwechselbar du selbst und vergiss niemals, dass nur du dein Ideal sein kannst!

Im Außen zu wirken bedeutet für uns Autoren nicht, sein ganzes berufliches Leben dem Naturschutz oder sozialen Projekten zu widmen. Sicher, wenn dich der Umweltschutz innerlich ruft, dann folge diesem Ruf. Und wenn du klar spürst, dass du mit deinen Fähigkeiten im Sozialbereich glücklich wirst, dann mach es. Aber engagiere dich nicht für eine Sache, nur weil es andere dir einreden oder du glaubst, es »gehöre« sich so. Es ist sinnlos, selbst einen sogenannten »sinnvollen« Beruf auszuüben, wenn dir dieser nicht gefällt oder entspricht. Ein BeRUF muss dich rufen! Nur dann wirst du dich an ihn verschenken und dein ganzes Potenzial und Engagement in ihn investieren.

Nachhaltig im Außen zu wirken bedeutet also, sich in den Dienst des Ganzen zu stellen, egal wie dieser Dienst auch aussehen mag.

Für die einen ist es tatsächlich irgendein weltbewegendes Projekt. Für die anderen ist es die Pflege eines kranken Familienmitglieds oder das offene Ohr für die Kollegen. Für wieder andere ist es das kreative Visionieren, das verbindende Netzwerken oder das akribische Planen. Für manche hat es damit zu tun, mit Kunst und Kreativität mehr Lebendigkeit in das Leben der Menschen zu zaubern. Manch andere wollen einfach möglichst viel Wissen in einem bestimmten Lebensbereich ansammeln und dieses mit anderen teilen. Und wieder andere wollen uns mit ihren technischen und handwerklichen Fähigkeiten unterstützen.

Jeder Mensch hat seinen ganz eigenen und unverwechselbaren Beitrag zu geben. Alles, was deinen tieferen Wünschen, Fähigkeiten und Bedürfnissen entspricht, hat hier Platz. Alles, was du aus deinem innersten Kern und aus deinem vollen Herzen heraus machst, bereichert diese Welt zutiefst und dient ihr unweigerlich.

Und ja, natürlich ist es wichtig, seine Fähigkeiten im Sinn einer ökologischen und sozial gerechten Welt einzusetzen. Die Fähigkeit an sich muss damit aber nichts zu tun haben.

Nimm dir also ein Herz und probiere dich aus! Warte nicht ewig mit der Umsetzung. Spür in dich hinein, experimentiere und vergiss nicht, dass die Welt auf dich und deinen Beitrag wartet. Mehr noch, sie freut sich schon darauf.

Allerdings kann dein Beitrag nicht nur erdacht werden, du musst ihn leben. Oftmals halten uns innere Kräfte aber genau davon ab! Es ist die Stimme der Angst, die Zweifel und Sorgen streut, damit wir immer in den gewohnten Bahnen bleiben und uns nicht mit dem Unbekannten konfrontieren. Es ist die Stimme des Verstands, die uns daran hindern will, den Weg des Herzens zu gehen.

Doch irgendwann kommt der Tag, »wo das Risiko, in der Knospe zu verharren, schmerzlicher wird als das Risiko zu blühen«, wusste schon die Schriftstellerin Anaïs Nin. Wenn dieser Tag kommt, setzen wir den alles entscheidenden Schritt. Wir fassen all unser Herz, all unseren Mut und all unsere Kraft zusammen und tun es einfach. Wir riskieren es einfach. Und wenn dann die Alarmglocken unseres Reptiliengehirns losgehen, ist es wichtig zu wissen, wie man mit Ängsten und alten Triggerpunkten umgeht. Die Methoden dafür hast du ja spätestens in diesem Buch kennengelernt. Also trau dich! Geh deinen Weg, mach dein Ding. Und sei dir gewiss, dass es dir auf deinem Lebensweg behilflich sein wird, egal was passiert.

Wir sind viele

Ist der Schritt über die Schwelle einmal geschafft und die eigene Heldenreise angetreten, geht es darum, sich fest mit jenen Kraft- und Mutquellen zu verbinden, die uns zum Weitergehen motivieren. Das kann dieses innere Feuer sein, das genau weiß, wofür es brennt; das kann die eine große Lebensvision sein, die man unbedingt umsetzen möchte; das kann diese Stimme im Herzen sein, die uns zuflüstert, welcher Schritt der nächste ist. Häufig sind es auch Gleichgesinnte, die sich gegenseitig auf dem Weg unterstützen und inspirieren.

In einer Welt voller Einzelkämpfer vergessen wir oft, wie sehr wir einander in unserer Wirkmacht begleiten und fördern können. Wir glauben, dass wir es allein schaffen müssen. Aber gerade, wenn es um nachhaltige Zukunftswege geht, dürfen wir nicht vergessen, dass wir bereits sehr viele sind! Viele Menschen arbeiten schon daran, unsere Welt fair und lebenswert zu gestalten. Viele Menschen haben sich schon auf den Weg gemacht, ihre Vision einer lebenswerten Zukunft Wirklichkeit werden zu lassen.

Wir dürfen also ruhig darauf vertrauen, dass wir immer und zu jeder Zeit Unterstützung bekommen, sobald wir unseren Weg antreten. Wir dürfen darauf vertrauen, dass eine neue Kultur bereits im Werden und Wachsen ist. Und dass wir stärkende und ermutigende Netzwerke bilden können, die letztlich den Wandel in der Welt vorantreiben werden.

Wer seinen Weg geht und an sich glaubt, wird diesen Weg nicht lang allein gehen. Die Gefährten werden kommen! Denn strahlende Menschen ziehen wiederum andere solche an. Und wo Liebe ist, wächst noch mehr Liebe. Je mehr du verschenkst, desto mehr wird dir gegeben. Das ist ein Gesetz des Lebens. Wir alle tragen die Sehnsucht in uns, das zu leben, was als höchstes Potenzial in uns angelegt ist. Wir alle sehnen uns danach, unsere Fähigkeiten, Talente und Geschenke mit anderen Menschen zu teilen. Wir alle sehnen uns nach einer bunten, wilden und zugleich liebevollen Welt. Und eines ist gewiss: Wo immer Sehnsucht ist, da ist auch Hoffnung.

14. Utopische Ideen für eine bewusste Gesellschaft

»The world is now too dangerous for anything less than utopia.«
R. Buckminster Fuller

Utopien sind so alt wie die Menschheit. Eine der ersten uns bekannten ist die Vorstellung von Atlantis, die aufgrund des Untergangs dieser sagenumwobenen Insel zugleich als Dystopie gesehen werden kann. Auch die Religionen machten immer wieder von Utopien Gebrauch, indem sie das Reich Gottes oder den Garten Eden als paradiesisches Land beschrieben. Zu späteren Zeiten waren es vor allem gesellschaftliche Utopien, die uns den Blick in die Zukunft ermöglichen sollten. So sprach Thomas Morus im Jahr 1516 von der perfekt organisierten Insel Utopia und der US-amerikanische Schriftsteller Ernest Callenbach zeichnete 1975 mit seinem Buch »Ökotopia« die erste dezidiert auf Nachhaltigkeit ausgerichtete Zukunftsvorstellung. Erfreulicherweise kann man heute sagen, dass viele seiner Ideen auf großflächiger Basis bereits umgesetzt wurden.

Dennoch scheint unsere Welt momentan nicht gerade so, als wäre sie das Paradies auf Erden. Dabei könnte sie das bald sein! Dafür braucht es streng genommen auch »nur« ein neues Bewusstsein, eine neue Haltung gegenüber dem Leben. Denn der Planet ist bereits ein Paradies und wird es, langfristig gesehen, auch immer bleiben. Einzig wir Menschen sind oft nicht in der Lage, die Welt mit solchen Augen zu sehen. Und so laufen wir mit einem grauen Schleier herum und stecken in ausgetretenen Pfaden fest.

Wie aber kann dieses neue Bewusstsein in unsere Welt kommen? Wie schaffen wir es, dass sich immer mehr Menschen der notwendigen Innenschau zuwenden? Wie bekommen wir neue und zukunftsfähige Werte in die Köpfe unserer Gesellschaft? Und wie lässt sich ein verbundenes Weltbild von der individuellen auf die kollektive Ebene übersetzen?

Es wäre zu kurz gegriffen, all diese Fragen nur damit zu beantworten, dass sich jeder Mensch um seine eigene Transformation kümmern sollte. Auch würde es nicht reichen zu sagen, jeder solle einfach regelmäßig meditieren und dann wird das mit der nachhaltigen Kehrtwende schon funktionieren. Die Verantwortung für einen gesellschaftlichen Bewusstseinswandel kann nicht allein auf das Individuum abgewälzt werden! Natürlich trägt jeder zum kollektiven Bewusstseinswandel bei und jeder muss bei sich selbst beginnen. Dennoch braucht es zusätzlich systemische und gesellschaftliche Hebel, die den inneren Wandel auf einer kollektiven Ebene begünstigen.

Einige solcher Hebelpunkte aus den Bereichen Bildung, Wirtschaft, Gesundheit, Kunst und Politik werden wir im Folgenden kurz vorstellen. Dies möchten wir nicht anhand klassischer oder trockener Empfehlungen machen, sondern besser anhand kreativer, unkonventioneller und utopischer Ideen – die Palette reicht dabei von neuen Berufsbildern bis hin zu institutionellen Innovationen. Und auch der Spaß darf nicht fehlen, denn die Welt von morgen soll uns ja ein Lächeln aufs Gesicht zaubern. Abseits unserer eigenen Ideen ist vieles davon in Gesprächen und Kreativgruppen entstanden und wir möchten hiermit allen Beteiligten nochmals für ihre Unterstützung danken.

Jetzt aber los!

Die Stadtcolorateurin: Diese wunderbare Malerin macht unsere Städte in Zukunft bunter. Sie betreut die Umgestaltung unserer grauen und eintönigen Städte und sorgt für mehr Farbe und Freude im Leben. Das Innen wirkt ja bekanntlich auf das Außen, aber das geht auch umgekehrt!

Um die optimalen Farben für ein bestimmtes Gebäude zu finden, organisiert die Stadtcolorateurin Gesprächsrunden, bei denen die Bewohner ihre Ideen einbringen können. Damit die nicht gerade änderungsaffinen Mitteleuropäer gar nicht erst auf die Idee kommen, wieder alle Häuser in eintönigem Grau, Gelb oder Beige zu bemalen, hat sie eine stets wandelnde Liste mit Tabufarben dabei und außerdem die Aufgabe, mindestens drei verschiedene Farben an die Wand zu knallen.

Zudem arbeitet die Stadtcolorateurin zusammen mit anderen Stadtkünstlern an bunten Zebrastreifen, bemoosten Gehwegen, lebendigen Grünoasen, essbaren Parkgärten, inspirierenden Stille-Zonen, mystischen Kraftplätzen und verzaubernden Wildnispfaden mitten in der Stadt. Selbst für meditative Zen-Musik an öffentlichen Plätzen ist gesorgt. Ihr liebevolles und erhebendes Design verwandelt jede Stadt in ein einzigartiges Erlebnis, und das Herz der Menschen ist berührt und erfüllt, wenn sie durch die Straßen wandeln.

Der heilige Aktivist: Die einfachste Form des Aktivismus ist meist jene, sich in irgendeiner Form gegen das herrschende System aufzulehnen. Das kleine Ich kämpft gegen das feindliche System. Doch streng genommen gibt es so etwas wie das »feindliche System« nur in unseren Gedanken. Und weil wir unsere Gedanken ja selbst denken, sind auch wir immer ein Teil dieses Systems. Womit der Kampf gegen das System auch ein Kampf gegen uns selbst ist. Der heilige Aktivist hat dies im Herzen verstanden und den Kampf gegen das System längst beendet. Anstatt immer neue Feindbilder zu suchen, führt er einen Kampf FÜR etwas.

Der heilige Aktivist hat einen guten Zugang zu seinen Gefühlen und lässt sich nicht zu Gewalt und Hass verleiten. Auf Demonstrationen ist er stets friedlich und dennoch bestimmt und zielgerichtet. Er lässt sich nicht unterkriegen, weder vom vermeintlichen Feind noch von sich selbst und seinen Gedanken. Dank dieser inneren Ausrichtung hält er länger durch als andere und gibt diesen anderen zugleich Kraft, ebenso weiterzumachen. Der heilige Aktivist hält uns auf friedliche Art den Spiegel vor und zeigt uns, dass sich selbst schwierige Situationen in Frieden lösen lassen.

Die »Terrapeutin«: Terra kommt aus dem Lateinischen und bedeutet Erde. Und so ist die »Terrapeutin« keine Seelenklempnerin im klassischen Sinn. Vielmehr macht sie uns den Schmerz der Erde sichtbar und zeigt uns, wieso dieser Weltschmerz auch in uns selbst so schmerzt. Die Terrapeutin reist viel herum und besucht immer jene Plätze, wo wir Menschen unachtsam gewütet haben. Man findet sie an plastikverseuchten Stränden, inmitten gerodeter Wälder oder in erdölverseuchten Gebieten. Und auch wenn das Ausmaß solcher Katastrophen meist schnell ersichtlich ist, können sich viele der Betroffenen ihren Schmerz nur selten eingestehen. So hilft die Terrapeutin den Menschen vor Ort, die Trauer um die Zerstörung der Natur einmal in sich selbst wahrzunehmen. Dadurch schwindet die apathische Ohnmacht und auch die Wut und der Hass auf die Verursacher werden geringer. Genau das braucht es, um das Problem zu lösen und eine Zukunft zu erschaffen, in der solche Katastrophen nicht mehr passieren.

Das Schulfach »Schmerz«: Um sich eines inneren Schmerzes bewusst zu werden, muss man erst einmal wissen, dass es so etwas überhaupt gibt. Viele Menschen sind so verhärtet, dass sie bei all ihren Problemen und Konflikten noch nie auch nur auf die Idee gekommen sind, dass dies mit ihren inneren Verletzungen oder einer Angst zu tun haben könnte.

Damit künftige Generationen nicht ein ähnliches Schicksal durchleben, braucht es die Beschäftigung mit der inneren Landschaft bereits von klein auf. Das Schulfach »Schmerz« behandelt seelische Themen schon in der Schule und hilft den Kleinsten, ihre jugendliche Leichtigkeit und Neugier zu behalten. So werden diese etwa darin geschult, wie man Konflikte löst, wie gewaltfreie Kommunikation funktioniert, was emotionale Kompetenz bedeutet und wie man eine resiliente Verbindung zu sich selbst aufbaut.

Während wir Erwachsene oft zig-Tausende Euros ausgeben, um unsere Wunden zu heilen, erledigen wir in Zukunft vieles bereits in der Grundschule. So werden wir schon in jungen Jahren zu freien, wachen, empathischen und emotional reifen Menschen erzogen.

Und ja, keine Sorge, dieses Schulfach würde in der Praxis sicherlich anders genannt.

Transformative Bildung: Die Bildung der Zukunft hat sich schon längst verabschiedet von all den grauen und staubigen Lehrplänen, die sich bis ins 21. Jahrhundert hinübergerettet haben. Die Bildungsidee der Industrialisierung ist einer modernen Form der Bildung gewichen. Kein Auswendiglernen mehr von Jahreszahlen, die man binnen drei Sekunden im Internet nachschlagen kann; keine ständig neuen Formeln, die ohnehin nur die wenigsten verstehen und sofort nach der Prüfung wieder vergessen werden.

In Zukunft wird Bildung zum Erlebnis! So dürfen die Schüler in Reallaboren experimentieren, sich an spielerischen Zugängen erfreuen, Kooperationsprojekte mit internationalen Partnerschulen entwickeln und in lokalen und regionalen Organisationen mit anpacken. Dabei kann jedes Kind selbst für sich entdecken, wo die eigenen Talente liegen und mit welchen Themen es sich im jeweiligen Schuljahr beschäftigen möchte. All dies wird natürlich von den Lehrern begleitet und in regelmäßigen Abständen mit den Eltern besprochen.

Auch die Umwelt- und Nachhaltigkeitsbildung hat einen festen Platz in den Lehrplänen. So wird in Englisch die aktuelle Klimapolitik diskutiert, im Sportunterricht eine gesunde Ernährungsweise gelehrt, in politischer Bildung über globale Ungleichheiten gesprochen, und im Fach Wirtschaft lernen die Kinder, wie Geld entsteht oder wie wichtig regionale Kreisläufe sind. Als Ausgleich zum Unterricht im Klassenraum fahren die Schüler regelmäßig in den Wald, besuchen verschiedene Gewässer oder gehen in die Berge. Und zwar nicht nur, um neues Wissen über diese Ökosysteme zu erlernen, sondern auch um die Verbundenheit mit der Natur zu erfahren und sich selbst als Teil dieses großen Organismus zu verstehen. Das motiviert sie später, aus ihrer Liebe zur Welt heraus einen naturverbundenen und selbstverantwortlichen Lebensweg zu gehen.

Salutogenese-Zentren: Wo früher einmal Krankenhäuser standen, blühen in Zukunft die landesweiten Salutogenese-Zentren. Hier herrschen optimale Bedingungen, um die Gesundheit des Menschen aufrechtzuerhalten und zu fördern. Die Gebäude haben behagliche, freundliche und bauökologisch gesunde Innenräume. Jedes Zimmer blickt ins Grüne, was die Gesundung ebenso beschleunigt.

Täglich kann man ein für sich passendes Programm aus einer Fülle von Workshops, Vorträgen, Trainingsstunden oder Beratungen wählen – von der Meditation über Joggen, Fasten und Blutzuckerchecks bis zu Glücksforschungsvorträgen ist alles dabei. Auch einen »Streichelstall« gibt es, weil die Menschen durch den Kontakt zu Tieren zu mehr Lebensfreude finden. Und die charmante Geschichtenerzählerin, die an die früheren Klinikclowns erinnert, unterhält Patienten und Belegschaft jeden Abend mit spannenden und lustigen Geschichten aus aller Welt. Wie schön, dass jeder Bürger zwei Wochen pro Jahr in so einem Zentrum kostenlos verbringen darf!

Auch die Ärzte in diesen Zentren sind nicht mehr so, wie man es von früher noch kennt. Sie versprühen keine unantastbare Autorität mehr und sehen sich auch selbst nicht mehr wie »Handwerker«, die mit den richtigen Schrauben und Medikamenten den kranken Körperteil zu reparieren versuchen. Vielmehr sind sie wie Mentoren, die versuchen, gemeinsam mit den Patienten die tiefer liegenden Ursachen der Beschwerden zu erkennen, zu verstehen und zu heilen.

So treffen sich im Salutogenese-Zentrum moderne und traditionelle Mediziner, europäische und fernöstliche Weisheitslehrerinnen, Naturheilkundler und Pharmakologinnen, Therapeuten und auch Energetikerinnen. Kein Zugang ist besser oder schlechter als der andere und alles hat seine Berechtigung für bestimmte Menschen und bestimmte Zwecke. Im Salutogenese-Zentrum ist man sich bewusst, dass nur durch die Offenheit und Wertschätzung dieser Vielfalt für jedes Leiden die richtige Behandlung gefunden werden kann.

Spirit TV und Good News: Die Medien haben eine ungeheure Hebelwirkung für den kollektiven Bewusstseinswandel. Daher werden die Medien der Zukunft lebensbejahende, lösungsorientierte und verbindende Schlagzeilen bringen, um die Menschen zu stärken anstatt sie mit Katastrophenszenarien und Angstbildern zu bombardieren. Der Fokus auf gute Nachrichten spendet nicht nur Mut und Hoffnung, sondern motiviert die Menschen auch, ihren eigenen Beitrag zu leisten und sich dem kollektiven Feld der Lösungen anzuschließen. So gibt es eigene TV-Sender, die Themen auf eine völlig neue, nicht reißerische und verbindende Sicht vermitteln.

Das morgendliche Body-Work-out zum Mitmachen ist ebenso Standard wie die anschließenden positiven Affirmationen für den Tag. Am Vormittag werden dann von Laien selbst produzierte und Crowd-finanzierte Sendungen zu eigenen Herzensthemen ausgestrahlt, und im anschließenden Mittagsjournal sind Mut machende Geschichten aus aller Welt zu hören. Am Nachmittag läuft eine spannende Dokumentation über den aktuellen Stand der Reinkarnationsforschung und am frühen Abend eine Diskussionssendung zur Selbstwirksamkeit mit Vertretern unterschiedlichster Perspektiven. Zur Primetime gibt es einen inspirierenden Spielfilm, der das Herz beflügelt und einen gut schlafen lässt.

Und weißt du, was das Beste am neuen Fernsehen ist? Es gibt keine nervigen Werbeunterbrechungen, die zu immer mehr Konsum von irgendwelchen sinnfreien Produkten aufrufen. So kann man kann endlich wieder eintauchen in die Geschichte eines Films, ohne alle zwanzig Minuten drei Dutzend Anzeigen vorbeiflimmern zu sehen.

Chief Spirit Officer: Im Unternehmen der Zukunft kümmert sich der CSO um den Spirit, die Grundhaltung, innerhalb des Unternehmens. Er ist eine Mischung aus Mediator und Change Manager und die Methoden reichen von Coachings über Achtsamkeitspraktiken bis hin zur Kunst des Hostings.[x] Der Chief Spirit Officer sorgt

---

[x] Art of Hosting: Die Kunst, Meetings zu veranstalten und Gruppen zu führen.

dafür, dass die Kommunikation in Meetings wertschätzend abläuft und dass jede Person zu Wort kommt. Außerdem achtet er auf das Betriebsklima und bildet eine Ombudsstelle für Konflikte aller Art. Als hauseigener Motivationscoach hilft er den Mitarbeitern bei deren Problemen. Als Eventmanager sorgt er für kreative Aktionen, die den Arbeitsalltag aufheitern und die Belegschaft daran erinnern, was der tiefere Sinn des Unternehmens ist. Der CSO verbindet Leichtigkeit mit Tiefgang und weiß die beiden Qualitäten im richtigen Maß einzusetzen. Emotionen sind sein Fachgebiet und mit diesen begleitet er sein Unternehmen bei allen Veränderungsprozessen auf dem Weg in die Zukunft.

Das INNEN-Ministerium: In der Welt von morgen wird das Innen-Ministerium endlich seinem Namen gerecht. Als Ministerium für »Inneres« ist es für alle psychischen und seelischen Anliegen des Volkes zuständig und damit Anlaufstelle für die »inneren Belange« der Bevölkerung. Hier werden neue Indikatoren zur Messung von echter Lebensqualität entwickelt und Maßnahmen zur Förderung des »Bruttonationalglücks« verabschiedet. Darüber hinaus werden Fördergelder für innovative Unternehmen vergeben, die sich um das psychische Wohl ihrer Mitarbeiter kümmern, sowie Forschungsprojekte finanziert, die den erforderlichen Bewusstseinswandel erkunden. Das alles macht das Innen-Ministerium zu einer zentralen politischen, positiven Kraft bei der Bewältigung der Herausforderungen unserer Zeit.

Zusätzlich hat das Innen-Ministerium die Aufgabe, alle anderen Ministerien zu reflektieren und zu verbinden. So warnt es etwa davor, Beschlüsse aus Angst zu treffen, blind alten Mustern zu folgen, und hat im Konfliktfall stets neue, weisere Handlungsoptionen parat. Außerdem sorgt es dafür, dass politische Grabenkämpfe ein Ende nehmen und unsere Volksvertreter gemeinsam für eine gute Zukunft einstehen.

In diesem Zusammenhang kümmert sich das Innen-Ministerium auch um die Genesung der »Volksseele«, zum Beispiel wenn politische Korruptionsfälle unser Vertrauen erschüttern. Da eine rein rechtliche Aufarbeitung oft nicht reicht, um das Vertrauen wiederherzustellen, hilft das neue Innen-Ministerium allen Betroffenen, sich auf einer tieferen Ebene mit all den Enttäuschungen und ihren Folgen auseinanderzusetzen. So lernen die Parteien, ihre eigenen Fehler ehrlich einzugestehen, und die Bevölkerung lernt genauer hinzusehen, wen oder was sie mit ihrer Stimme unterstützt.

Der Rat der Weisen: In der Welt von morgen werden wichtige Entscheidungen nicht mehr nur von Politikern, sondern von den Bürgerinnen und Bürgern selbst beschlossen. Diese direkte Form der Demokratie spiegelt sich im »Rat der Weisen« wider. Dessen Mitglieder werden nicht anhand ihres äußeren Erfolgs, ihrer Parteizugehörigkeit oder der Dicke ihrer Brieftasche gewählt, sondern – wie der Name schon sagt – anhand ihrer Weisheit. Die Mitglieder besitzen also die Fähigkeit zum integrativen und ganzheitlichen Denken, sie wissen, was Empathie bedeutet und fühlen sich als Teil einer global verbundenen Weltgemeinschaft.

Im Rat der Weisen sind Menschen aus den unterschiedlichsten Berufen, Altersgruppen und Lebensrealitäten ebenso vertreten wie jene Gruppen, die normalerweise keine Stimme haben. So sind auch Kinder und Jugendliche mit dabei – immerhin werden sie unseren schönen Planeten noch viel länger bewohnen als wir »Alten«. Auch Menschen fremder Länder werden im Rat der Weisen gehört. Denn was heute bei uns in Europa beschlossen wird, hat oft morgen schon konkrete Auswirkungen auf das Leben in anderen Ländern. So schaltet sich vielleicht ein Senegalese per Videokonferenz zu, wenn wir unsere nicht mehr verwendeten Altstoffe wieder einmal in sein Land verschiffen wollen. Und natürlich haben auch die Tiere und ganze Ökosysteme eine Stimme am Entscheidungstisch. Wer weiß, vielleicht kommt in Zukunft sogar die Ente mit zum Treffen, wenn über die Verbauung eines Baggersees entschieden wird – oder die Sitzung findet gleich direkt am Seeufer statt.

Der Rat der Weisen gibt allen Beteiligten eine Stimme, weit über die Grenzen der Region hinaus. Dies schafft gegenseitiges Verständnis und hilft dabei, die bestmögliche Lösung für alle zu finden. Auf dem Weg in ein neues Zeitalter werden alle größeren Gemeinschaften, wie Gemeinden, Regionen, Firmen oder ganze Nationen, ein derartiges Gremium benötigen, um ihre Schritte in die Zukunft mit Weitsicht zu planen.

Schlussworte

Es gäbe noch viele weitere Ideen, um den Bewusstseinswandel voranzutreiben und eine neue und gemeinschaftlichere Welt zu gestalten. Bestimmt sind auch dir schon genügend Dinge in den Sinn gekommen, wie sich unsere Welt verwandeln lässt. Auf jeden Fall hoffen wir, dass du nach der Lektüre dieses Buchs mehr als motiviert bist, im Innen weiter zu wachsen und deine Projekte und Fähigkeiten voll und ganz in die Welt zu bringen.

Die Krisen der vergangenen Jahrzehnte haben uns gezeigt, dass wir gerade jetzt an einer entscheidenden Weggabelung in der Menschheitsgeschichte stehen; an einem Punkt, wo wir wählen müssen – zwischen den beharrenden Kräften des Alten und den sehnsüchtigen Impulsen des Neuen. Auf dem Weg zum Neuen zählt jeder einzelne Tag und jeder einzelne Mensch!

Jeden Tag können wir an uns selbst arbeiten. Jeden Tag können wir einander Hoffnung und Mut zusprechen. Jeden Tag können wir uns ausrichten auf das, was wir wirklich erschaffen wollen. Jeder Tag kann der Beginn von etwas ganz Neuem sein!

Um es mit den Worten von Joanna Macy zu sagen: »Wir alle sind Sterbebegleiter einer alten Welt und zugleich Geburtshelfer einer neuen.« Wir alle sind wunderbare Schöpferwesen, die Großartiges vollbringen können. Wir alle sind Natur und eingebunden in das große Netz des Lebens. Wir alle sind liebende Wesen, und tief in unseren Herzen wissen wir, dass alles – wirklich alles –, was wir uns wünschen, auch immer möglich ist!

Danksagung

Wir möchten uns bei allen Menschen bedanken, die uns während unseres Buchprozesses und aller damit verbundenen Höhen und Tiefen begleitet und unterstützt haben. Ein besonderer Dank gilt unseren Testleserinnen und Testlesern, die im Sommer 2020 unsere ersten Entwürfe gelesen haben und für deren Feedback wir sehr dankbar sind: Danke an Michael Ambros, Hans-Peter Baum, Christine Bruckbacher, Marion Ettl, Peter Gruber, Katharina Hofbauer, Sandra Hurtig, Petra Joos, Ueli Keller, Wolfgang Kerschbaummayr, Hinrich Kley-Olsen, Patrick Primus, Magdalena Schredl, Michael Schütz, Irmgard Stelzer und Peter Zimmeter.

Weiters danken wir allen, die uns in den Kreativsessions bei der Entwicklung unserer Zukunftsutopien geholfen haben. Danke an Thomas Lindenthal, Laura Bakmann, Elena Anders, Stephan Pfeffer und vielen mehr. Danke an Wolfgang Lalouschek für sein inspirierendes Vorwort und ein herzliches Danke auch an all die wunderbaren Menschen vom Ennsthaler Verlag.

Ein riesiges Dankeschön geht zudem an all die weisen und wundervollen Wegbegleiterinnen und Wegbegleiter, die unser Leben so maßgeblich inspiriert, geprägt und bereichert haben, allen voran Alfred Strigl, Sylvia Brenzel sowie alle Kolleginnen und Freunde, von denen wir so vieles lernen durften. Ganz besonders bedanken möchten wir uns auch bei unseren Familien, insbesondere bei unseren Eltern – Edith und Hans, Gitti und Wolfgang –, die uns dieses wundervolle Leben auf Erden geschenkt haben und ohne deren Liebe und Unterstützung wir heute nicht an diesem Punkt stehen würden.

Ein weiterer Dank gilt all den wunderbaren Orten, an denen dieses Buch entstanden ist. Im Dezember 2019 haben wir uns ins südfranzösische La Bauzeille-Haute zurückgezogen, wo wir vier Wochen kreative Schreibzeit in schönster Umgebung genießen durften. Auch in Puchenstuben und Schladming sind, von der Natur inspiriert, viele Texte dieses Buchs entstanden. Und natürlich danken wir unserem feinen und ruhigen Eigenheim in Wien, wo der Großteil unserer Texte zum Leben erweckt wurde.

Ich danke dir, liebe Julia, für all deine kreativen Ideen, deinen ständigen Willen zur Verbesserung und Überarbeitung und dein Engagement, dieses komplexe Projekt klar und verständlich zu strukturieren; und ich liebe dich für all dein Feingefühl und deine Herzensqualität, mit der du diesem Buch so viel Liebevolles und Motivierendes eingeflößt hast.

Ich danke dir, lieber Stefan, von Herzen, dass du stets an dieses Buch geglaubt hast und mich mit deinem Optimismus und deiner Kraft immer wieder zum Weitermachen motiviert hast; und dass du dieses Projekt nie aufgegeben hast, auch wenn es zwischenzeitlich wirklich herausfordernde und anstrengende Strecken gab. Ohne dich würde dieses Buch heute nicht existieren. Danke, dass es dich gibt und wir diesen Weg gemeinsam gehen.

Endnoten / Literaturverzeichnis

Teil I
Kapitel 1

1 Lebreton, L.; Slat, B.; Ferrari, F.; Sainte-Rose, B.; Aitken, J.; Marthouse, R.; Hajbane, S.; Cunsolo, S.; Schwarz, A.; Levivier, A.; Noble, K.; Debeljak, P.; Maral, H.; Schoeneich-Argent, R.; Brambini, R. & Reisser, J. (2018): Evidence that the Great Pacific Garbage Patch is rapidly accumulating plastic; Nature Sci Rep 8; 4666; https://doi.org/10.1038/s41598-018-22939-w.

2 Reisinger, R. (2019): Circular Economy – die Transformation der Kunststoffindustrie; Business Art Magazin 3/2019, St. Pölten.

3 Welt (2013): Was Sie über die Plastik-Pest wissen sollten; Welt.de; zuletzt abgerufen am 10.02.2021: https://www.welt.de/wissenschaft/umwelt/article114474624/Was-Sie-ueber-die-Plastik-Pest-wissen-sollten.html

4 WWF (2019): Aufnahme von Mikroplastik aus der Umwelt beim Menschen – Eine Analyse für WWF von Dalberg und University of Newcastle, Australia (PDF).

5 NZZ (2019): Die WHO hält Mikroplastik im Trinkwasser für ungefährlich; Neue Züricher Zeitung 22.08.2019; zuletzt abgerufen am 21.01.2021: https://www.nzz.ch/wissenschaft/die-who-haelt-mikroplastik-im-trinkwasser-fuer-nicht-gefaehrlich-ld.1503253?reduced=true

6 Umweltdachverband (2015): Biodiversität: Alarmstufe Rot in Österreich und weltweit; zuletzt abgerufen am 21.01.2021: https://www.umweltdachverband.at/themen/naturschutz/biodiversitaet/alarmstufe-rot/

7 Schweizer Bundesamt für Umwelt (2017): Zustand der Artenvielfalt in der Schweiz (Bedrohte Arten in der Schweiz).

8 Mulvey, K.; Shulman, S. (2015): The Climate Deception Dossiers – Internal Fossil Fuel Industry Memos Reveal – Decades of Corporate Disinformation; Union of Concerned Scientists.

9 Climate.gov (2020): Climate Change: Atmospheric Carbon Dioxide – Carbon Dioxide over 800.000 Years; zuletzt abgerufen am 08.06.2021: https://www.climate.gov/news-features/understanding-climate/climate-change-atmospheric-carbon-dioxide

10 Podbregar, N. (2019): 2018 war wärmstes Jahr für Europa; zuletzt abgerufen am 21.01.2021: https://www.scinexx.de/news/geowissen/2018-war-waermstes-jahr-fuer-europa/

11 IPCC (2018): Global Warming of 1.5°C – Summary for Policymakers; The Intergovernmental Panel on Climate Change.

12 Zentralanstalt für Meteorologie und Geodynamik – ZAMG (2021): Lufttemperatur; zuletzt abgerufen am 07.06.2021: https://www.zamg.ac.at/cms/de/klima/informationsportal-klimawandel/klimavergangenheit/neoklima/lufttemperatur

13 Deutsches Klima-Konsortium, Deutsche Meteorologische Gesellschaft, Deutscher Wetterdienst, Extremwetterkongress Hamburg, Helmholtz-Klima-Initiative, klimafakten.de (2020): Was wir heute übers Klima wissen. Basisfakten zum Klimawandel, die in der Wissenschaft unumstritten sind; zuletzt abgerufen am 07.06.2021: https://www.klimafakten.de/sites/default/files/downloads/20200909klimafaktenweb-final-final.pdf

14 Die Binnenschifferin (2018): Niedrigwasser am Rhein 2018 – Schicht Oktober 2018; zuletzt abgerufen am 21.01.2021: https://diebinnenschifferin.de/blog/beitrag_4/beitrag_4.html

15 Deutsches Bundesministerium für Ernährung und Landwirtschaft (2018): Erntebericht 2018; BMEL.

16 Steffen, W.; Richardson, K.; Rockström, J.; Cornell, S.; Fetzer, I.; Bennett, E.; Biggs, R.; Carpenter, S.; Vries, W.; de Wit, C.; Folke, C.; Gerten, D.; Heinke, J.; Persson, L.; Ramanathan, V.; Reyers, B. & Sörlin, S. (2015): Science Supplementary Materials for Planetary Boundaries: Guiding human development on a changing planet. Science Express.

17 Greenpeace (2011): Auf Spurensuche – Ein Jahr nach Deepwater Horizon; Greenpeace Hamburg.

18 Boote, W.; Hartmann, K.; Pauser, M.; Schindlecker, E. (2017): The Green Lie; Österreich, Deutschland, Brasilien, Indonesien, USA.

19 European Environment Agency EEA (2019): Air quality in Europe – 2019 report, Publications Office of the European Union, Luxembourg.

20 Büntig, W. (2003): Krise als Chance zum Wachstum; In: Lüpke, G.: Politik des Herzens – Nachhaltige Konzepte für das 21. Jahrhundert; Arun-Verlag, Uhlstädt – Kirchhasel (DE).

21 Musalek, M.; Scheibenbogen, O.; Andorfer, U. & Kuderer, M. (2017): Prävalenz des Burnout-Syndroms in Österreich – Verlaufsformen und relevante Präventions- und Behandlungsstrategien; Bundesministerium für Arbeit, Soziales und Konsumentenschutz (BMASK).

22 Compact (2010): Großes Wörterbuch Psychologie – Grundwissen von A–Z; Compact.

23 Global Footprint Network (2020): Earth Overshoot Day; http://data.footprintnetwork.org 24 Der Standard (2020): Gesichtsmasken für Kühe – der Umwelt zuliebe, nicht wegen Corona; der Standard; zuletzt abgerufen am 21.01.2021: https://www.derstandard.at/story/2000117045521/gesichtsmasken-fuer-kuehe-der-umwelt-zuliebe-nicht-wegen-corona

25 Daniel Christian Wahl (2016): Designing regenerative cultures; Triarchy Press.

26 Vereinte Nationen (2015): Transformation unserer Welt: Die Agenda 2030 für nachhaltige Entwicklung – Resolution der Generalversammlung, verabschiedet am 25. September 2015; Vereinte Nationen.

27 Earth Council (2000): Die Erd-Charta; Internationales Erd-Charta-Sekretariat; deutsche Übersetzung vom 08.05.2001.

28 WWU Münster (2018): Religiöse Akteure in der Klimapolitik einflussreich; Westfälische Wilhelms-Universität Münster, Exzellenzcluster »Religion & Politik«.

29 Papst Franziskus (2015): Laudato si! Die Umwelt-Enzyklika des Papstes; Herder Verlag, Wien.

30 Vereinte Nationen (2016): Transforming our world – the 2030 Agenda for Sustainable Development; Vereinte Nationen; zuletzt abgerufen am 21.01.2021: https://sdgs.un.org/2030agenda

31 Forschungsprojekt Tales of Tomorrow (2021), finanziert vom österreichischen Klima- und Energiefonds; Projektergebnisse unter https://www.klimawandelanpassung.at/ratgeber/kwa-tales/kwa-tales-ergebnisse

Kapitel 2

32 Gerten, D.; Heck, V.; Jägermeyr, J.; Bodirsky, B. L.; Fetzer, I.; Jalava, M.; Kummu, M.; Lucht, W.; Rockström, J.; Schaphoff, S.; Schellnhuber, H. J. (2020): Feeding ten billion people is possible within four terrestrial planetary boundaries; Nature Sustainability 3, S. 200–208.

33 Wallstreet online (2017): Aussage vor Untersuchungsausschuss; zuletzt abgerufen am 22.01.2021: https://www.wallstreet-online.de/nachricht/9245909-aussage-untersuchungsausschuss-winterkorn-beteuert-unwissenheit-dieselaffaire

34 Umweltbundesamt (2020): Umweltbewusstsein und Umweltverhalten; zuletzt abgerufen am 22.01.2021: https://www.umweltbundesamt.de/daten/private-haushalte-konsum/umweltbewusstsein-umweltverhalten#bewertung-der-umweltqualitat

35 Burger, K. (2008): »Vorsicht Joschka!«; Bild der Wissenschaft 3/2008, S. 43, ddp/wissenschaft.de, Ilka Lehnen-Beyel.

36 Herring, H.; Sorrell, S. (2009): Energy Efficiency and Sustainable Consumption – The Rebound Effect; Palgrave Macmillan.

37 Gifford, R. (2011): The dragons of inaction: Psychological barriers that limit climate change mitigation and adaption. American Psychologist, 66(4), S. 290–302.

38 Dohm, L. (2020): Vom Denken zum Handeln; Vortrag von Psychologists 4 Future; zuletzt aufgerufen am 22.01.2021: https://www.psychologistsforfuture.org/wp-content/uploads/2020/08/20200822_VortragPur-v.1.1.1.pdf

39 Kast, V. (2014): Die Tiefenpsychologie nach C.G. Jung. Eine praktische Orientierungshilfe; Patmos Verlag, 6. Edition.

Teil II
Kapitel 3

40 Schwartz, S. H. (1996): Value Priorities and Behavior: Applying a Theory of Integrated Value Systems. In: Seligmann, C.; Olson, J. M. und Janna, M. P.(Hrsg.): The Psychology of Values: The Ontario Symposium Vol. 8. New Jersey: Lawrence Erlbaum Associates.

41 Schwartz, S. H. (1992): Universals in the content and structure of values: Theoretical advances and empirical tests in 20 countries. In: Advances in Experimental Social Psychology. Volume 25. London: Academic Press Limited.

42 Parsons Wertewandeltheorie, zitiert in: Balog, A. und Cyba, E. (1986): Werte und Wertwandel – ein kritischer Beitrag zur gegenwärtigen Diskussion. Forschungsbericht/Research Memorandum Nr. 228.

43 Crompton, T. (2010): Common Cause: The Case for Working With Our Cultural Values. WWF-UK.

44 Parsons Wertewandeltheorie, zitiert in: Balog, A. und Cyba, E. (1986): Werte und Wertwandel – ein kritischer Beitrag zur gegenwärtigen Diskussion. Forschungsbericht/Research Memorandum Nr. 228.

45 Crompton, T. (2010): Common Cause – The Case for Working With Our Cultural Values. WWF-UK.

46 Schwartz, S. H. (1992): Universals in the content and structure of values: Theoretical advances and empirical tests in 20 countries. In: Advances in Experimental Social Psychology. Volume 25. London: Academic Press Limited.

47 Schwartz, S. H. (1992): Universals in the content and structure of values: Theoretical advances and empirical tests in 20 countries. In: Advances in Experimental Social Psychology. Volume 25, S. 14; London; Academic Press Limited.

48 Corner A., Markowitz E. und Pidgeon N. (2014): Public engagement with climate change: the role of human values. Wiley Interdisciplinary Reviews: Climate Change, 5: 411–422.

49 Kasser, T. und Ryan, R. M. (1993): A dark side of the American dream: Correlates of financial success as a central life aspiration; Journal of Personality and Social Psychology 65, pp. 410–422. Oder auch: Schmuck, P.; Kasser, T.; Ryan, R. M. (2000): Intrinsic and extrinsic goals: their structure and relationship to well-being in German and US college students. Social Indicators Research 50: 225–241, 2000.

50 Schultz, PW., Gouveia, VV., Cameron, LD., Tankha, G., Schmuck, P. and Frank, M. (2005): Values and their relationship to environmental concern and conservation behaviour. Journal of Cross-Cultural Psychology, 36(4), 457–475.

51 Kasser, T. (2011): Cultural Values and the Well-Being of Future Generations: A Cross-National Study. Journal of Cross-Cultural Psychology 42(2) 206–215.

52 Schultz, P.W.; Estrada, M., Schmitt, J.; Sokoloski, R., Silva-Send, N. (2015). Using in-home displays to provide smart meter feedback about household electricity consumption: A randomized control trial comparing kilowatts, cost, and social norms. In: Energy, Volume 90, 1: 351–358.

53 Goldstein N. J., Cialdini, R. B und Griskevicius, V. (2008): A Room with a Viewpoint: Using Social Norms to Motivate Environmental Conservation in Hotels. In: Journal of Consumer Research, Inc. Vol. 35.

54 Cialdini, R. B., Reno, R. R., & Kallgren, C. A. (1990). A focus theory of normative conduct: Recycling the concept of norms to reduce littering in public places. In: Journal of Personality and Social Psychology, 58(6), 1015–1026.

55 Becker, A. E. (2004): Television, disordered eating, and young women in Fiji: Negotiating body image and identity during rapid social change. Culture, Medicine and Psychiatry, 28 (4), 533–559.

56 Sheldon, KM. und Krieger, LS. (2004): Does legal education have undermining effects on law students? Evaluating changes, motivation, values and well-being. Behavioral Sciences & the Law, 22(2), S. 261–286.

57 Schönauer, A.; Astleithner, F.; Nocker, M.; Mairhuber, I.; Mittelberger, T. (2016): Überstunden und Mehrarbeitsstunden in Österreich: Entstehung und Verbreitung in Österreich; Umgang im internationalen Vergleich – Ergebnisbericht; FORBA-Forschungsbericht 5/2016.

58 De la Fuente Layos, L. A. (2007): Mobilität im Personenverkehr in Europa; eurostat, Statistik kurz gefasst – Verkehr 87/2007, Europäische Gemeinschaften.

59 Gallup (2011): Österreich: 17 Prozent wünschen sich Kaiser zurück; Gallup-Umfrage (800 Personen); zuletzt abgerufen am 24.01.2021: https://www.ots.at/presseaussendung/OTS_20110710_OTS0001/oesterreich-17-prozent-wuenschen-sich-kaiser-zurueck

60 Deutsche Welle – DW (2018): China erlaubt Handel mit Nashorn- und Tigerprodukten; Deutsche Welle; zuletzt abgerufen am 24.01.2021: https://www.dw.com/de/china-erlaubt-handel-mit-nashorn-und-tigerprodukten/a-46083145

61 Bale, R. (2018): China beendet seinen legalen Elfenbeinhandel; National Geographic; zuletzt abgerufen am 24.02.2021: https://www.nationalgeographic.de/tiere/2018/01/china-beendet-seinen-legalen-elfenbeinhandel

62 Stiftung Schweizerischer Nationalpark (s. a.): Wie der Steinbock zurück in den Nationalpark fand; parc naziunal svizzer; zuletzt abgerufen am 24.01.2021: https://www.nationalpark.ch/de/flora-und-fauna/tiere/steinbock/wiederansiedlung-steinbock/

63 Frohn, L. P. (2020): Wirkstoff Lexikon - Diclofenac; Deutsche Apotheker Zeitung (DAZ); zuletzt abgerufen am 24.01.2021: https://www.deutsche-apotheker-zeitung.de/news/artikel/2020/04/03/diclofenac

64 Baumgart, W. (2017): Das durch Diclofenac verursachte Geiersterben in Indien – Ein Tierarzneimittel erschüttert einen subkontinentalen Kulturkreis; Deutsches Tierärzteblatt.

65 Die Tagespresse (2020): Ungleichheit immer größer: 1 % der Bevölkerung besitzt bereits 90 % des Klopapiers; zuletzt aufgerufen am 24.01.2021: https://dietagespresse.com/ungleichheit-immer-groesser-1-der-bevoelkerung-besitzt-bereits-90-des-klopapiers/

66 Lovelock, J. (2003): Die Erde ist ein lebendiger Organismus; In: Lüpke, G.: Politik des Herzens – Nachhaltige Konzepte für das 21. Jahrhundert; Arun-Verlag, Uhlstädt – Kirchhasel.

Kapitel 4

67 Verwiebe, R.; Seewann, L.; Wolf, M.; Klaiber, J.; Haindorfer, R. (2017): Forschungsprojekt »Wertebildung: Inhalte – Orte – Prozesse«; In: Universität Wien (2017): Welche Werte sind den ÖsterreicherInnen wichtig?; Medienportal der Universität Wien.

68 Steinebach, C.; Schrenk, A.; Steinebach, U.; Brendtro, L. K. (2018): Positive Peer Culture: Ein Manual für starke Gruppengespräche; Edition Sozial, Beltz Juventa.

69 Luders, J. E. (2010): The Civil Rights Movement and the Logic of Social Change; Yeshiva University, Cambridge University Press, New York.

70 Dudin, M. (2017): Frauenrechte in der arabischen Welt – Der Wille zur Veränderung; Quantara.de; zuletzt abgerufen am 24.01.2021: https://de.qantara.de/inhalt/frauenrechte-in-der-arabischen-welt-der-wille-zur-veraenderung.

71 Ranalli, R. (2019): Erica Chenoweth illuminates the value of nonviolent resistance in societal conflicts; zuletzt abgerufen am 15.02.2021: https://www.hks.harvard.edu/faculty-research/policy-topics/advocacy-social-movements/paths-resistance-erica-chenoweths-research

72 Centola, D., Becker, J.; Brackbill, D.; Baronchelli, A. (2018): Experimental evidence for tipping points in social convention. In: Science 08, Jun 2018: Vol. 360, Issue 6393: 1116–1119.

73 WBGU (2011): Hauptgutachten: Welt im Wandel – Gesellschaftsvertrag für eine Große Transformation; Wissenschaftlicher Beirat der Bundesregierung Globale Umweltveränderungen (DE); WBGU, Berlin.

74 WBGU (2011): 6.3 Wo und wie Pioniere des Wandels bereits heute die Transformation gestalten (S. 260–277); In: WBGU (2011): Hauptgutachten: Welt im Wandel – Gesellschaftsvertrag für eine Große Transformation; Wissenschaftlicher Beirat der Bundesregierung Globale Umweltveränderungen (DE); WBGU, Berlin.

75 Kopf, H.; Müller, S.; Rüede, D.; Lurtz, K.; Russo, P. (2015): Soziale Innovationen in Deutschland – Von der Idee zur gesellschaftlichen Wirkung; Springer VS, Wiesbaden.

76 EWS (s. a.): Die Geschichte der EWS; ElektrizitätsWerke Schönau (EWS); zuletzt abgerufen am 24.01.2021: https://www.ews-schoenau.de/ews/geschichte/

Kapitel 5

77 Schnell, T. (2016): Psychologie des Lebenssinns; Springer Verlag, Berlin, Heidelberg.

78 Harvard Medical School: The Grant Study und The Glueck Study; zuletzt abgerufen am 17.2.2020: https://www.adultdevelopmentstudy.org/grantandglueckstudy

79 Immanuel Kant (1724–1804), deutscher Philosoph der Aufklärung.

80 Strafgesetzbuch (2020): Bundesrecht konsolidiert: Gesamte Rechtsvorschrift für Strafgesetzbuch – § 283 Strafgesetzbuch (StGB) Verhetzung; Rechtsinformationssystem des Bundes (RIS):

81 Guinness World Records (2018): Wie Roger Bannisters Meile unter vier Minuten die Faszination für das Rekordbrechen weckte; Guinness World Records; zuletzt abgerufen am 24.01.2021: https://www.guinnessworldrecords.de/news/2018/3/wie-roger-bannisters-meile-unter-vier-minuten-die-faszination-fur-das-rekordbrech

82 Barysch, K. N. (2016): Selbstwirksamkeit (S. 201–211); In: Frey, D. (2016): Psychologie der Werte: Von Achtsamkeit bis Zivilcourage – Basiswissen aus Psychologie und Philosophie; Springer-Verlag, Berlin, Heidelberg.

83 Bandura, A. (1977): Self-efficacy: Toward a unifying theory of behavioral change (S.191–215); Psychological Review, Volume 84, No. 2.

84 Zahner, V. (2013): Der Schwarzspecht – Zeiger oder Verursacher von Stammfäulen?; Hochschule Weihenstephan-Triesdorf, Fakultät Wald und Forstwirtschaft; gefunden auf: www.waldwissen.net

85 Wohlleben, P. (2015): Das geheime Leben der Bäume: Was sie fühlen, wie sie kommunizieren – die Entdeckung einer verborgenen Welt; 40. Auflage, Ludwig Verlag, München.

86 Mondragon (s. a.): History; https://www.mondragon-corporation.com/en/co-operative-experience/history/

87 Mondragon (2018): Annual Report 2018; Mondragon Corporation. 88 Voß, E. (2013): Der Genossenschaftsverbund Mondragón – Insel im Meer der kapitalistischen Wachstumswirtschaft?; http://www.postwachstumsoekonomie.de/wp-content/uploads/2013-11-20_Voss-Genossenschaftsverbund-Mondragon.pdf

89 Magistrat der Stadt Wien (2015): Mariahilfer Straße neu! Der Prozess zur Umgestaltung und Neuorganisation; MAHÜ – Magazin zu Umgestaltung und Neuorganisation der Wiener Mariahilfer Straße, 2015

90 Der Standard (2019): Begegnungszonen sind gut fürs Geschäft; zuletzt aufgerufen am 24.01.2021: https://www.derstandard.at/story/2000110059521/begegnungszonen-sind-gut-fuers-geschaeft

91 McCrae, R. R. (1996): Social consequences of experiential openness. Psychological Bulletin, 120, p. 323–337.

Teil III
Kapitel 6

92 Roesler, C. (2016): Das Archetypenkonzept C.G. Jungs – Theorie, Forschung und Anwendung; Verlag W. Kohlhammer, Stuttgart.

93 Jung, C.G. (2019): Die Beziehungen zwischen dem Ich und dem Unbewussten; Edition C.G. Jung; Lorenz Jung (Hrsg); Patmos Verlag.

94 Leichsenring, F. (2004): Lehrbuch der Psychotherapie, Band 2: Psychoanalytische und tiefenpsychologisch fundierte Therapie; Psychosozial-Verlag.

95 Kast, V. (2020): Der Schatten in uns. Die subversive Lebenskraft; 3. Auflage, Patmos Verlag.

96 Wischmann, T. (2006): Der Individuationsprozess in der analytischen Psychologie C.G. Jungs – eine Einführung; 2. Auflage, Institut für Medizinische Psychologie, Universitätsklinikum Heidelberg.

97 Jung, C.G. (2001): II Der Schatten (S. 19); In: Jung, C.G. (2001): Aion – Beiträge zur Symbolik des Selbst – Gesammelte Werke, Band 9/2; 9. Auflage; Patmos Verlag, Düsseldorf und Zürich.

98 Bandelow, B.; Rufer, M. (s. a.): Angsterkrankungen – Ursachen; Neurologen und Psychiater im Netz; zuletzt aufgerufen am 25.01.2021: https://www.neurologen-und-psychiater-im-netz.org/psychiatrie-psychosomatik-psychotherapie/stoerungen-erkrankungen/angsterkrankungen/ursachen/

99 Ulsamer, B. (1999): Ohne Wurzeln keine Flügel. Die systemische Therapie von Bert Hellinger; Goldmann Verlag.

100 Riemann, F. (2019): Grundformen der Angst – Eine tiefenpsychologische Studie; 45. Auflage; Ernst Reinhardt Verlag, München.

101 Riemann, F. (2003): Grundformen der Angst. Der Bestseller zum Thema Angst als Hörbuch (CD 3); 4 CDs, Sprecherin: Katja Schild; Ernst Reinhardt Verlag, München.

102 Uhl-Hädicke, I. (2018): CCCA Fact Sheet #24: Unerwünschte Nebenwirkungen von Klimawandelkommunikation; Climate Change Centre Austria.

103 Richter-Appelt, H. (2000): Gewalt in der Familie und ihre transgenerationale Weitergabe; Jahrbuch für Psychohistorische Forschung, Mattes Verlag, Heidelberg; zuletzt abgerufen am 25.01.2021: http://www.mattes.de/buecher/psychohistorie/978-3-930978-50-2_richter-appelt.pdf

104 Maywald, J. (2013): Kinderschutz in der Kita. Ein praktischer Leitfaden für Erzieherinnen und Erzieher; Verlag Herder, Freiburg im Breisgau.

105 Macy, J.; Brown, M. (2017): Für das Leben! Ohne Warum: Ermutigung zu einer spirituell-ökologischen Revolution; 4. Auflage; Junfermann Verlag, Paderborn.

106 Popoola, R. (2019): Chefsache Freiheit; Springer Gabler.

107 NÖ Landesregierung – Abteilung Umwelt- und Energiewirtschaft (2020): Jugendreport Klima, Energie und Natur; Karmasin Research & Identity; zuletzt abgerufen am 29.01.2021: https://www.noel.gv.at/noe/Umweltschutz/Jugendreport_2020.pdf

108 Wippermann, P.; Krüger, J. (2019): Werte-Index 2018; Deutscher Fachverlag, Frankfurt am Main.

109 Shannon, H. (2015): 1970er Jahre: Wie Exxon den Klimawandel entdeckte – und leugnete; Spektrum; zuletzt abgerufen am 21.01.2021: https://www.spektrum.de/news/wie-exxon-den-klimawandel-entdeckte-und-leugnete/1374674

110 Mulvey, K.; Shulman, S. (2015): The Climate Deception Dossiers – Internal Fossil Fuel Industry Memos Reveal – Decades of Corporate Disinformation; Union of Concerned Scientists.

111 Exxonsecrets (s. a.): ExxonMobil Climate Denial Funding 1998–2014 (Total $ 30.925.235); exxonsecrets.org; zuletzt abgerufen am 21.01.2021: https://exxonsecrets.org/html/index.php

112 ExxonMobil Global (2019): Vier Jahrzehnte ExxonMobil-Forschung in den Klimawissenschaften; ExxonMobil; zuletzt abgerufen am 01.07.2020: https://corporate.exxonmobil.de/Energie-und-Umwelt/Umweltschutz/Klimawandel/Vier-Jahrzehnte-ExxonMobll-Forschung-in-den-Klimawissenschaften

113 Traxler, A. (2004): Vogelschlag, Meideverhalten & Habitatnutzung an bestehenden Windkraftanlagen: Prellenkirchen – Obersdorf – Steinberg/Prinzendorf: Endbericht Dezember 2004; Büro für Biologie, Ökologie und Naturschutzforschung.

114 Wang, Shifeng; Wang, Sicong; Smith, P. (2015): Ecological impacts of wind farms on birds: Questions, hypotheses, and research needs; Renewable and Sustainable Energy Reviews, Vol 44, S. 599–607.

115 Duden (2000): Gutmensch, der; Duden Wörterbuch; zuletzt abgerufen am 29.01.2021: https://www.duden.de/rechtschreibung/Gutmensch#close-cite

116 DJV (2006): Memorandum zur Initiative »Journalisten gegen Rassismus«; Deutscher Journalisten-Verband.

117 Der Standard (2019): Vergewaltigungswünsche: Thunberg-Hassgruppe »Fridays for Hubraum« ging offline; derstandard.at; zuletzt abgerufen am 21.01.2021: https://www.derstandard.at/story/2000109181929/vergewaltigungswuensche-thunberg-hassgruppe-fridays-for-hubraum-ging-offline

Kapitel 7

118 Huber, M.; Kraue, S. (2018): Emotion und Gefühl in der Bildungswissenschaft (S. 1–13); In: Huber, M.; Kraue, S. (2018): Bildung und Emotion; Springer VS; Wiesbaden.

119 Gatterer, H.; Horx, M.; Lösch, L.; Muntschick, V.; Schuldt, C.; Seitz, J. & Varga, C. (2018): Siegeszug der Emotionen – Erfolgreich in die intensivste Wirtschaft aller Zeiten; Zukunftsinstitut, Frankfurt am Main.

120 Ekman, P. (2010): Gefühle lesen – Wie Sie Emotionen erkennen und richtig interpretieren; 2. Auflage; Springer-Verlag, Berlin, Heidelberg.

121 Müsseler, J.; Rieger, M. (2017): Allgemeine Psychologie; Springer-Verlag, Berlin, Heidelberg.

122 Atlas of Emotions (s. a.); zuletzt abgerufen am: 29.01.2021: http://atlasofemotions.org/

123 Atlas of Emotions (s. a.): Emotional Episode Timeline; zuletzt abgerufen am 29.01.2021: http://atlasofemotions.org/#triggers

124 CEB (s. a.): Wie funktioniert CEB? Cultivating Emotional Balance; zuletzt abgerufen am 29.01.2021: http://cultivatingemotionalbalance.de/wie-funktioniert-ceb/

Kapitel 8

125 Singer, T.; Bolz, M. (2013): Mitgefühl in Alltag und Forschung. Max Planck Society, München.

126 Ericson, T.; Kjønstad BG.; Barstad A. (2014): Mindfulness and sustainability; Ecological Economics 104: S. 73–79.

127 Van der Leun, J. (2016): We are not such things – The murder of a young American, a South African township and the search for truth and reconciliation; Random House, New York.

128 Tapper, A. (2002): Die Mutter und die Mörder; chrismon – Das evangelische Magazin; zuletzt abgerufen am 31.01.2021: https://chrismon.evangelisch.de/artikel/2010/558/die-mutter-und-die-moerder

129 IGFM (s.a.): Jordanien: Junge Muslime schützen Kirchen als Zeichen für Zusammenhalt; Internationale Gesellschaft für Menschenrechte (IGFM); zuletzt abgerufen am 31.01.2021: https://www.igfm.de/junge-muslime-schuetzen-kirchen-als-zeichen-fuer-zusammenhalt/

130 Haselsteiner, F. (2019): Die richtigen Worte, die richtigen Gesten; Süddeutsche Zeitung; zuletzt abgerufen am 31.01.2021: https://www.sueddeutsche.de/politik/attentat-christchurch-ardern-1.4371540

Teil IV
Kapitel 9

131 World Bank (2013): Turn Down the Heat – Climate Extremes, Regional Impacts, and the Case for Resilience; A Report for the World Bank by the Potsdam Institute for Climate Impact Research and Climate Analytics. Washington, DC.

132 Lovelock, J. (2016): Gaia – A New Look at Life on Earth; Oxford University Press.

133 Alt, F. (2015): Papst Franziskus: Macht Euch der Erde untertan!; Sonnenseite – ökologische Kommunikation mit Franz Alt; zuletzt abgerufen am 21.01.2021: https://www.sonnenseite.com/de/franz-alt/kommentare-interviews/papst-franziskus-macht-euch-der-erde-untertan/

134 Büntig, W. (2008): Gesundheit kann man nicht machen – aber üben. Einführung in die Psychosomatik; Audio-CD; Auditorium-Verlag.

135 Büntig, W. (2003): Krise als Chance zum Wachstum; In: Lüpke, G.: Politik des Herzens. Nachhaltige Konzepte für das 21. Jahrhundert; Arun-Verlag, Uhlstädt – Kirchhasel.

136 Bucher, A. (2014): Psychologie der Spiritualität; 2. Auflage, Beltz Verlag.

137 Schnell, T. (2016): Exkurs: Sinn und Weltanschauung; S. 69–75; In: Schnell, T. (2016): Psychologie des Lebenssinns; Springer Verlag, Berlin, Heidelberg.

138 Grof, S.; Grof, C. (1991): Die stürmische Suche nach dem Selbst. Praktische Hilfe für spirituelle Krisen; Kösel Verlag.

139 Schirach, A. v. (2019): Die psychotische Gesellschaft. Wie wir Angst und Ohnmacht überwinden; Tropen Verlag.

Kapitel 10

140 Erdatmung, in ihrer ursprünglichen Form erlernt bei Eva Teja Tschiderer.

141 Carstens, P. (2007): Ohne Wüste kein Regenwald; GEO Magazin; zuletzt abgerufen am 31.01.2021: https://www.geo.de/natur/oekologie/8587-rtkl-ohne-wueste-kein-regenwald

142 Thích Nhất Hạnh (s. a.): Das ganze Universum in einem Stück Papier; Brunnenrand.de; zuletzt abgerufen am 31.01.2021: http://brunnenrand.de/projekte/Fenster09/das_ganze_universum_.pdf

143 Llanque, M. (2020): Aboriginals und die Buschfeuer – »Wir wissen am besten, wie man Australien beschützt«; enorm – Das Magazin für gesellschaftlichen Wandel; zuletzt abgerufen am 31.01.2021: https://enorm-magazin.de/umwelt/umweltschutz/cultural-burning-wir-wissen-am-besten-wie-man-australien-beschutzt

144 Venkateshwarlu, K. (2016): Tribal people's presence helps protect tigers; The Hindu; zuletzt abgerufen am 31.01.2021: https://www.thehindu.com/news/cities/Hyderabad/tribal-peoples-presence-helps-protect-tigers/article7982525.ece

145 Onori, L.; Visconti, G. (2012): The GAIA theory: from Lovelock to Margulis. From a homeostatic to a cognitive autopoietic worldview; Rendiconti Lincei 23, S. 375–386 (2012).

146 Dürr, H-P. (1986): Physik & Transzendenz; Scherz Verlag.

147 Woollacott, M.; Steiniger, T. (2021): Meditation und post-materialistische Wissenschaft – Dem Bewusstsein auf der Spur; in: Evolve – Magazin für Bewusstsein und Kultur, Vol. 29, S. 56–59.

148 Brewer, J. A. et al. (2011): Meditation experience is associated with differences in default mode network activity and connectivity; Psychological and Cognitive Sciences; PNAS, Dezember 13th 2011, 108(50).

149 Van Lommel, P. (2014): Endloses Bewusstsein – Neue medizinische Fakten zur Nahtoderfahrung; 6. Auflage, Patmos Verlag.

150 Macy, J.; Brown, M. (2017): Für das Leben! Ohne Warum: Ermutigung zu einer spirituell-ökologischen Revolution; 4. Auflage; Junfermann Verlag, Paderborn.

151 Loy, L. S.; Reese, G. (2019): Hype and hope? Mind-body practice predicts pro-environmental engagement through global identity; Journal of Environmental Psychology 66 (2019).

152 Helfrich, S.; Heinrich-Böll-Stiftung (2012): Commons – Für eine neue Politik jenseits von Markt und Staat; transcript verlag.

153 Kahl, T. (2019): Die Gretchenfrage von Greta Thunberg lautet: Wie könnt Ihr es wagen, kristallklare naturwissenschaftliche Wahrheiten zu ignorieren?; IMGE Publikation, FB1, Politik-Management; zuletzt abgerufen am 10.02.2021: http://www.imge.info/extdownloads/Die-Gretchen-Frage-von-Greta-Thunberg.pdf

154 Pfarre Pfandl (2016): BarmHERZigkeit – ich bin, weil wir sind; Gemeinsam unterwegs – mit der Pfarre Pfandl; Diözese Linz, Folge 178.

Kapitel 11

155 Kabat-Zinn, J. (2015): Das Abenteuer Achtsamkeit – Wie Sie Weisheit für Körper, Geist und Seele entwickeln; Arbor Verlag, Freiburg.

156 Levey J. und Levey, M. (2019): Mindful leadership for personal and organisational resilience. Clinical Radiology (2019) 74: S. 739–745.

157 Ericson, T.; Kjønstad, BG.; Barstad, A. (2014): Mindfulness and sustainability; Ecological Economics, 104: S. 73–79.

158 Loy, L. S.; Reese, G. (2019): Hype and hope? Mind-body practice predicts pro-environmental engagement through global identity; Journal of Environmental Psychology 66 (2019).

159 Ehrlich, J. (2017): Mindful leadership: Focusing leaders and organizations; Organizational Dynamics, 46: S. 233–243.

160 Brown, K. W.; Kasser, T. (2005): Are psychological and ecological well-being compatible? The role of values, mindfulness, and lifestyle; Social Indicators Research, 74: S. 349–368.

161 Fischer, D.; Stanszus, L.; Geiger, S.; Grossman, P.; Schrade, U. (2017): Mindfulness and sustainable consumption: A systematic literature review of research approaches and findings; Journal of Cleaner Production, 162: S. 544–558.

162 Shapiro, S. L.; Carlson, L. E.; Astin, J. A.; Freedman, B. (2006): Mechanisms of mindfulness; Journal of Clinical Psychology, 62 (3): S. 373–386.

163 Ericson T., Kjønstad BG., Barstad A. (2014): Mindfulness and sustainability. Ecological Economics, 104: 73–79

164 Loy, L. S.; Reese, G. (2019): Hype and hope? Mind-body practice predicts pro-environmental engagement through global identity; Journal of Environmental Psychology 66 (2019).

165 Li, Q. et al. (2008): Visiting a forest, but not a city, increases human natural killer activity and expression of anti-cancer proteins; International Journal of Immunopathology and Pharmacology, Vol. 21, S. 117–127.

166 Antonelli, M.; Barbieri, G.; Donelli, D. (2019): Effects of forest bathing (shinrin-yoku) on levels of cortisol as a stress biomarker: a systematic review and meta-analysis; International Journal of Biometeorology 63, S. 1117–1134.

167 Sommer, A. (2019): Waldbaden zum Stressabbau; Quarks.de; zuletzt abgerufen am 02.02.2021: https://www.quarks.de/gesundheit/waldbaden-zum-stressabbau/

168 Macy, J.; Young Brown, M. (2011): Die Reise in das lebendige Leben: Strategien zum Aufbau einer zukunftsfähigen Welt; Verlag Junfermann, Paderborn

Über die Autoren

Foto: © ninaromana – fine design

JULIA BUCHEBNER, geb. 1986, Dipl.-Ing., Umwelt- und CSR-Managerin, arbeitet im Bereich Globaler Wandel und Nachhaltigkeit an der Universität für Bodenkultur Wien. Als Bloggerin und Meditationslehrerin lehrt und forscht sie an der Schnittstelle zwischen Achtsamkeit und Nachhaltigkeit.

STEFAN STOCKINGER, geb. 1982, Dipl.-Ing., Redner und Coach im Bereich Nachhaltigkeit und Selbstwirksamkeit. Er motiviert Menschen und Organisationen, aktiv am Wandel mitzuwirken. Mit ausgefallenem Storytelling durfte er in 400 Vorträgen bereits über 60.000 Personen für Zukunftsthemen begeistern.

www.zukunftsalchemie.at

WEITERS ERSCHIENEN

Renate Woi
Mut ist ein Wildpferd, das du reiten kannst
In fünf Schritten zum mutigen Handeln
204 Seiten, Broschur
13,5 x 21 cm, illustriert
ISBN 978-3-7095-0111-5
E-Book: 978-3-7095-0113-9

ENNSTHALER VERLAG STEYR

WEITERS ERSCHIENEN

Christophe Massin
Lieben oder leiden
Gefühle wahrnehmen und wandeln
276 Seiten, Hardcover
13,5 x 21 cm

ISBN 978-3-85068-996-0
E-Book: 978-3-7095-0096-5

ENNSTHALER VERLAG STEYR

WEITERS ERSCHIENEN

Pam Grout

Sieben Weisheiten, die dein Leben verändern

Living Big: Mit Leidenschaft außergewöhnlich leben

176 Seiten, Broschur

13,5 x 21 cm

ISBN 978-3-85068-941-0

E-Book: 978-3-7095-0042-2

ENNSTHALER VERLAG STEYR

WEITERS ERSCHIENEN

Jürgen Herler
Hände in die Erde!
Vertical Gardening. Für grüne, essbare Städte der Zukunft
240 Seiten, Hardcover
16 x 23,5 cm, zahlreiche Abbildungen
ISBN 978-3-85068-993-9
E-Book: 978-3-7095-0101-6

ENNSTHALER VERLAG STEYR